BLUE BOOK

智 库 成 果 出 版 与 传 播 平 台

氢能汽车蓝皮书

BLUE BOOK OF HYDROGEN VEHICLE

中国车用氢能产业发展报告（2023）

ANNUAL REPORT ON THE DEVELOPMENT OF AUTOMOTIVE HYDROGEN
INDUSTRY IN CHINA (2023)

组织编写／中国汽车技术研究中心有限公司
　　　　　博世动力总成有限公司
主　　编／冯　屹
副 主 编／王学平　王建建

社会科学文献出版社
SOCIAL SCIENCES ACADEMIC PRESS (CHINA)

图书在版编目（CIP）数据

中国车用氢能产业发展报告 . 2023 / 中国汽车技术
研究中心有限公司，博世动力总成有限公司组织编写 . --
北京：社会科学文献出版社，2024.5
（氢能汽车蓝皮书）
ISBN 978-7-5228-3364-4

Ⅰ.①中… Ⅱ.①中… ②博… Ⅲ.①氢能-燃料电
池-电动汽车-产业发展-研究报告-中国-2023 Ⅳ.
①F426.471

中国国家版本馆 CIP 数据核字（2024）第 055405 号

氢能汽车蓝皮书
中国车用氢能产业发展报告（2023）

组织编写／中国汽车技术研究中心有限公司
　　　　　博世动力总成有限公司
主　　编／冯　屹
副 主 编／王学平　王建建

出 版 人／冀祥德
组稿编辑／曹义恒
责任编辑／吕霞云
责任印制／王京美

出　　版／社会科学文献出版社·马克思主义分社（010）59367126
　　　　　地址：北京市北三环中路甲 29 号院华龙大厦　邮编：100029
　　　　　网址：www.ssap.com.cn
发　　行／社会科学文献出版社（010）59367028
印　　装／天津千鹤文化传播有限公司

规　　格／开本：787mm×1092mm　1/16
　　　　　印张：22.5　字数：336 千字
版　　次／2024 年 5 月第 1 版　2024 年 5 月第 1 次印刷
书　　号／ISBN 978-7-5228-3364-4
定　　价／158.00 元

读者服务电话：4008918866

编　委　会

孔维峰	厉一平	卢林峰	史兆会	冯 屹
兰 昊	白 露	吕 旺	乔 丽	任海波
刘 珂	刘 顿	刘焕然	齐 亮	衣宝廉
孙 辉	孙晓行	贡 俊	苏智阳	陈梓依
李 妍	李冰阳	李沁玲	李炎培	李逸伦
杨 铮	吴志新	何云堂	何春辉	佟甜甜
张龙海	张成斌	张仲军	张秀丽	张妍懿
张焰峰	金 馨	金子儿	郑贤玲	郑贺婷
孟子厚	孟晓敏	孟德水	赵 强	赵 鑫
赵小军	赵凤超	赵吉诗	赵朝善	郝 冬
胡辰树	段志洁	原 田	徐锭明	高国强
常 维	梁 正	彭苏萍	焦道宽	曾 玥
温 倩	蔡仕荆	潘凤文	薛 晴	戴先知

单位简介

中国汽车技术研究中心有限公司（以下简称"中汽中心"）是国务院国资委直属中央企业，成立于 1985 年，是在国内外汽车行业具有广泛影响力的综合性科技企业集团。中汽中心始终坚守推动中国汽车工业科技进步的初心和"独立、公正、第三方"的行业定位，积淀了厚重的技术实力，构建起以行业智库服务、汽车产品检测认证、共性及前瞻性技术研发为核心，覆盖汽车全产业链和全生命周期的技术服务能力。业务涵盖检测试验、工程技术研发服务、数字化、工程设计、咨询服务、认证业务和战略新兴业务等十大领域，为中国汽车产业发展提供了强有力支撑。中汽中心拥有 4 个国家级研究平台、17 个省市级研究平台，围绕行业"卡脖子"技术和"双碳"目标等设立多项重大科研专项，推进行业共性核心技术攻关。联合多家行业企业共同发起"民族品牌向上计划"，积极承担支撑汽车强国建设的国家队责任。

氢能及燃料电池汽车领域，中汽中心在氢能与燃料电池汽车产业研究、政策研究、工程技术研发、产品测试及评价、标准研究、车用氢能数据平台建设等方面，为各级政府和产业链合作伙伴提供技术支撑和咨询服务，作为行业第三方技术服务机构，为国家五部门燃料电池汽车示范应用工作、城市群考核评价提供技术支撑。中汽中心作为 UNDP/GEF/国家科技部"促进中国燃料电池汽车商业化发展"项目办公室所在地，自 2003 年起牵头推进我国燃料电池汽车示范运行。同时，中汽中心积极开展燃料电池汽车领域科技创新，承担了《典型区域多种燃料电池汽车示范运行研究》《搭载瓶装氢气燃料电池汽车转运与集中存放技术与规范》等多项国家重点研发项目。

氢能与燃料电池汽车产业研究团队是中汽中心中汽数据有限公司旗下清洁能源业务领域的专业研究与咨询服务团队，团队聚焦氢能在汽车行业应用研究，致力于成为汽车产业与新能源行业跨界融合的推动者、汽车"碳中和"氢能路径的探索者。团队自 2018 年起开始组织和编制"氢能汽车蓝皮书"，针对产业发展中的战略性、前瞻性、长期性及热点、难点问题，凝聚行业智慧，连续六年积极搭建《氢能汽车蓝皮书》共性研究和行业交流平台，记录中国氢能及燃料电池汽车产业发展历程，深入开展产业调研和趋势研判，为国家和政府主管部门提供产业发展建议，支撑企业精准、高效决策，规避经营风险，全面助力中国氢能与燃料电池汽车产业高质量发展。

序　言

　　氢能是一种来源丰富、绿色低碳、应用广泛的二次能源，是全球能源技术革命的重要方向，开发和利用氢能是当前全球产业创新和能源转型的重大战略路径之一。燃料电池汽车是氢能应用的重要方向，也是新能源汽车发展的重要方向，加快氢燃料电池汽车技术创新和示范应用，促进燃料电池汽车与可再生能源协同发展，是落实"2030 碳达峰、2060 碳中和"目标的具体举措。

　　我国高度重视氢能与燃料电池汽车产业发展，氢能被列为战略性新兴产业和未来产业的重点发展方向，是新质生产力的典型代表。2024 年全国两会期间，加快氢能产业发展首次被写入政府工作报告，多位代表为氢能及燃料电池汽车产业发展建言献策。目前我国氢能产业链上下游体系已初步成形，以燃料电池汽车为代表的交通领域率先实现了大规模示范应用，截至2023 年底，我国已累计推广燃料电池汽车 2.1 万辆，建成加氢站超过 400座，交通领域先行先试为自主可控的氢能产业链建设做出了积极贡献，有效带动了氢能在工业、能源等领域的应用，中国氢能与燃料电池汽车产业正迎来前所未有的战略机遇期。

　　面向未来，百年大变局加速演变，融合创新成为常态，产业链体系加速重塑，绿色低碳发展成为主旋律，需要全行业携手同心、共担责任，加快推动能源与交通深度融合、协同发展。中国汽车技术研究中心有限公司将始终坚守"引领汽车行业进步、支撑汽车强国建设"的初心和使命，秉承打造成为"政府最认可的产业智库、行业最尊重的合作伙伴、公众最信赖的权

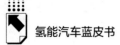
威机构和员工最自豪的事业平台"的发展宗旨，自觉承担服务政府、服务行业的政治责任和社会责任，切实担当央企国家队使命，为我国汽车强国建设贡献智慧。在氢能交通发展中，我们将锚定高质量发展方向，以新立质，创效促质，进一步强化汽车产业支撑功能和影响力，进一步巩固全价值链优势在技术服务行业的领先地位。

为及时应对氢能与燃料电池汽车技术创新、产业体系建设、车辆示范应用等领域出现的新问题，中汽数据氢能研究团队通过组织编撰《氢能汽车蓝皮书》，对我国氢能与燃料电池汽车产业发展进行了系统分析和深度研判。蓝皮书已经连续出版六年，研究成果得到行业充分肯定和积极评价，为政府决策、行业研究、企业发展提供了重要参考。

2023年4月皮书编委会召开了年度报告编写启动会，吸取了行业、企业专家的优化意见和完善建议，确定了总报告、专家观点、产业进展、政策标准、测评安全、市场应用、区域进展、国际借鉴等主要篇章的框架结构。其中，区域篇继续对国内五大燃料电池汽车示范应用城市群和重点省份的产业进展和示范应用情况进行了系统梳理和研究，旨在为读者提供典型区域产业最新进展和概览。

本书的编撰出版凝聚了众多人的厚望、关心和支持，我谨代表中汽中心和《氢能汽车蓝皮书》编委会，向为本书提供支持和帮助的各位专家、企业及相关单位表示衷心的感谢。尤其要感谢本书各位作者和中汽数据氢能源研究团队的辛勤工作，感谢社会科学文献出版社严谨、高效的编辑工作，保证了本书的顺利出版。由于时间仓促，书中难免还有不少疏漏和不足，敬请各位专家、同行和读者批评指正。

中国汽车技术研究中心有限公司党委书记、董事长

2024年3月12日

摘　要

当前，世界百年未有之大变局加速推进，全球新一轮能源革命和科技革命深度演变、方兴未艾，世界各国能源结构加快向绿色低碳转型，全球气候治理格局呈现新局面，能源体系和发展模式正在进入非化石能源主导的崭新阶段。迫切需要我国做大做强现代能源工业，加快规划建设新型能源体系，着力增强能源供应链的弹性和韧性，提高安全保障水平。氢能是新型能源体系的重要组成部分，当前新一轮科技革命和产业变革同我国经济高质量发展要求形成历史性交汇。以燃料电池为代表的氢能开发利用技术取得重大突破，为实现零排放的能源利用提供重要解决方案，需要牢牢把握全球能源变革发展大势和机遇，加快培育发展氢能产业，加速推进我国能源清洁低碳转型。燃料电池汽车是氢能应用的重要方向，也是新能源汽车发展的重要路线，氢能利用、发展氢燃料电池汽车符合我国能源技术革命和汽车产业转型升级的要求，是能源和交通行业加快落实"双碳"战略目标、应对气候变化的重要举措。

本书包括总报告、专家视点篇、产业篇、政策标准篇、测评安全篇、应用篇、区域篇和国际篇等八个部分。研究内容涵盖氢能汽车产业链上下游各环节，研究分析发现，我国氢能产业顶层设计趋于明朗，燃料电池汽车产业政策出台进程加快，城市群示范应用政策落地，氢能在国家多项重点产业和支持政策中体现，产业深度融合趋势明显。氢燃料电池汽车产业体系趋于完善，车用燃料电池技术快速进步，自主可控的燃料电池技术链和供应链基本形成，多元制氢体系正在形成，加氢基础设施建设快速推进，标准法规与测

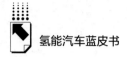
试评价等配套体系进一步完善，为氢燃料电池汽车发展提供了良好环境。2023年以来，国内燃料电池汽车市场在"双碳"和示范应用政策机遇下，保持了较快增长势头，示范场景不断拓展，重卡应用引发广泛关注。京津冀、上海、广东、河北、郑州五大燃料电池汽车示范应用城市群和山东、四川典型区域产业发展与示范应用取得显著成效。同时，我国氢燃料电池汽车产业发展还存在一些突出问题，基于能源管理的氢能政策体制机制还需创新，支撑未来商业化应用的规模化、稳定、经济的车用氢能供给体系建设有待完善，自主可控的关键零部件和核心材料技术创新能力还需补短板，降本增效、增加终端场景应用积极性等问题还需要加强分析研判、认真研究应对。建议持续加强政策支持，深度融入国家"双碳"政策体系，逐步突破传统政策性制约因素，强化核心技术创新，打造自主可控的供应链，开展多元场景应用，多措并举推动氢能与燃料电池汽车产业向高质量发展方向迈进。

2023年氢能汽车蓝皮书以"新征程上的氢燃料电池汽车产业发展"为主题，立足我国氢能及燃料电池汽车产业发展实际，对我国氢燃料电池汽车产业发展情况进行了全面系统的介绍和分析。既从受众的角度让广大读者了解中国氢燃料电池汽车产业发展现状和趋势，宣传普及氢能及燃料电池汽车发展理念；又从专业角度客观评价氢燃料电池汽车技术、产品，分析产业发展面临的问题并提出建议措施。本书将有助于各级政府能源及汽车产业管理部门、行业研究机构及科研院所、国际机构及国际企业、氢能及燃料电池相关企业、整车企业、投资机构、社会公众等了解中国氢能与燃料电池汽车产业进展，把握产业发展新动态和新形势，为政府部门研究制定氢能及燃料电池汽车相关政策法规、能源及汽车相关企业制定相关战略规划提供必要的借鉴和参考。

关键词： 氢能 燃料电池汽车 产业发展 示范应用

目　录 ↖↘

Ⅰ　总报告

Ⅱ　专家视点篇

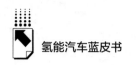
Ⅲ　产业篇

Ⅳ　政策标准篇

Ⅴ　测评安全篇

Ⅵ　应用篇

Ⅶ 区域篇

Ⅷ 国际篇

皮书数据库阅读**使用指南** 👆

总 报 告

General Report

B.1

2023年中国氢燃料电池汽车
产业发展报告

——新征程上的氢燃料电池汽车产业发展

王建建　吴志新　冯　屹　王学平　吕　旺[*]

摘　要： 加快氢能技术开发和应用，开展燃料电池汽车示范，是能源和汽车产业落实"双碳"战略目标的重要举措。燃料电池汽车是氢能应用的先行先试领域，对于带动氢能产业发展发挥了重要作用。近年来，我国氢能及燃料电池汽车政策环境持续完善，关键技术创新加快推进，制、储、运、加产业链上下游体系基本建成，燃料电池汽车示范应用规模不断壮大，国内燃料电池汽车市场迎来快速增长期，同时也面临政策环境仍需完善、自主可控产

---

* 王建建，中国汽车技术研究中心有限公司中汽数据有限公司补能战略室主管，高级工程师；吴志新，工学博士，教授级高级工程师，中国汽车技术研究中心有限公司副总经理；冯屹，教授级高级工程师，中国汽车技术研究中心有限公司中汽数据有限公司总经理；王学平，高级工程师，中国汽车技术研究中心有限公司中汽数据有限公司副总经理；吕旺，中国汽车技术研究中心有限公司中汽数据有限公司补能战略室主任。

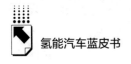
业体系还需补短板、降本提升竞争力等挑战。本文作为全书的总报告，系统研究和总结了氢能及燃料电池汽车产业新进展，提出"强化顶层设计、创新体制机制、引导地方有序发展、强化核心技术创新、扩大示范应用场景、完善配套生态体系"等发展建议，推动我国氢燃料电池汽车高质量发展。

关键词： 氢能　燃料电池汽车　产业发展　示范应用

党的二十大报告指出："积极稳妥推进碳达峰碳中和……推动能源清洁低碳高效利用，推进工业、建筑、交通等领域清洁低碳转型。"[①] 2022年以来，在国家氢能规划和燃料电池汽车示范应用城市群政策引导和支持下，国内多个地方政府密集出台支持政策，积极抢占氢能发展"新赛道"，在产业链各方的共同努力下，我国氢燃料电池汽车产业发展进程明显加快，氢能技术创新取得新突破，自主可控、较为完整的上下游产业链基本成型，燃料电池汽车示范应用快速推进，车用氢能供给体系进一步完善，我国氢燃料电池汽车产业迎来良好发展机遇期，迈入新征程。

一　顶层设计趋于明朗，各地产业政策密集出台

发展氢能是关乎实施"双碳"战略、推动能源革命和产业转型升级、培育未来产业的重大战略举措，积极布局氢能产业是加快形成新质生产力的重要方向。我国高度重视氢能产业发展，2022~2023 年第三季度，国内陆续发布氢能相关政策，涵盖技术创新、产业培育、标准规范和示范应用等，产业发展环境持续向好。

---

① 习近平：《高举中国特色社会主义伟大旗帜　为全面建设社会主义现代化国家而奋斗——在中国共产党第二十次全国代表大会上的报告》，人民出版社，2022，第 51~52 页。

（一）氢能在国家多项重磅政策中得以体现，产业深度融合趋势明显

2022 年 1 月，习近平主持中共中央政治局就努力实现碳达峰、碳中和目标进行第三十六次集体学习时强调："要把促进新能源和清洁能源发展放在更加突出的位置，积极有序发展光能源、硅能源、氢能源、可再生能源。要推动能源技术与现代信息、新材料和先进制造技术深度融合，探索能源生产和消费新模式。要加快发展有规模有效益的风能、太阳能、生物质能、地热能、海洋能、氢能等新能源。"[①] 2022 年 3 月，为促进氢能产业规范有序高质量发展，国家发展改革委、国家能源局联合印发了《氢能产业发展中长期规划（2021—2035 年）》（简称《规划》），明确了氢能是"未来国家能源体系的重要组成部分、用能终端实现绿色低碳转型的重要载体、战略性新兴产业和未来产业重点发展方向"的三大战略定位，这是我国首次在国家层面对氢能产业作出的顶层设计和战略部署，是我国首个氢能产业中长期规划，也是碳达峰、碳中和"1+N"政策体系的重要政策之一，为我国氢能产业发展统一了思想，凝聚了共识，指明了未来我国氢能产业的发展目标和路径方向。《规划》把交通领域作为多元化示范应用的重点，指出重点推荐氢燃料电池中重型车辆应用，有序拓展客车、货车市场应用空间，逐步建立燃料电池电动汽车与锂电池纯电动汽车的互补发展模式。

2023 年 7 月，国家标准委、国家发展改革委、工业和信息化部、生态环境部、应急管理部、国家能源局 6 个部门联合印发《氢能产业标准体系建设指南（2023 版）》，作为国家层面首个氢能全产业链标准体系建设指南，被普遍认为是近期我国氢能产业标准化的顶层操作手册。《指南》系统构建了氢能制、储、运、加全产业链标准体系，涵盖基础与安全、氢制备、氢储存和输运、氢加注、氢能应用五个子体系，形成了 20 个二级子体系、

[①] 《习近平主持中共中央政治局第三十六次集体学习并发表重要讲话》，中国政府网，https：//www.gov.cn/xinwen/2022-01/25/content_5670359.htm。

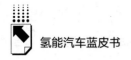

69 个三级子体系。在发展目标方面，《指南》提出，到 2025 年，支撑氢能制、储、运、加全链条发展的标准体系基本建立，制修订 30 项以上氢能国家标准和行业标准。明确了近三年国内国际氢能标准化工作重点任务，部署了核心标准研制行动和国际标准化提升行动等"两大行动"，对于推动氢能制、储、运、加全链条体系建设具有重要的支撑和引领作用。

氢能在国家新能源高质量发展实施方案、工业领域碳达峰实施方案、科技支撑碳达峰碳中和实施方案、钢铁工业高质量发展指导意见、石化化工行业高质量发展指导意见、炼油行业绿色创新高质量发展、现代煤化工产业健康发展、促进绿色消费实施方案、可再生能源发展规划、绿色交通规划、电力装备绿色低碳创新发展行动计划、新型储能发展方案、现代能源体系规划、智能光伏产业行动计划、外商投资产业目录、扩大内需战略规划、现代物流发展规划、能源绿色低碳转型意见、减污降碳协同增效实施方案、重点领域节能降碳改造升级实施指南、绿色低碳先进技术示范工程实施方案、共建"一带一路"绿色发展、国家重点研发计划项目支持等国家政策中均被提到。与氢能相关的产业领域、政策类型、覆盖范围和关联数量持续增加和扩大，氢能既是新兴能源，也是低碳原料，在助力传统高能耗深度脱碳、践行"双碳"目标、推动绿色转型发展、加快形成高质量发展新格局中将发挥越来越重要的作用，战略价值和应用潜力引发广泛关注。

（二）燃料电池汽车示范城市群政策有序实施，应用引领效应突出

示范应用政策对产业发展起到了重要的推动作用。2020 年 9 月，根据产业发展新形势和新需要，财政部、工业和信息化部、科技部、国家发展改革委、国家能源局五部门发布了《关于开展燃料电池汽车示范应用的通知》，将燃料电池汽车的购置补贴政策调整为燃料电池汽车示范应用支持政策，采取"以奖代补"的方式，对符合条件的城市群开展燃料电池汽车关键核心技术产业化攻关和示范应用给予奖励，形成布局合理、各有侧重、协同推进的燃料电池汽车发展新模式。从各个城市群公布的示范应用目标数据来看，到 2025 年，五大城市群将实现超过 3.5 万辆燃料电池汽车的示范应

用，建设加氢站 500 余座。

自 2021 年 9 月起，京津冀、上海、广东、河北、河南五个燃料电池汽车示范应用城市群批复以来，各地积极开展燃料电池汽车关键核心技术产业化攻关和示范应用，初步建成了与示范应用城市群联动发展的区域氢能及燃料电池汽车综合性产业集群，截至 2023 年第三季度，五大城市群共计新增燃料电池汽车近 7000 辆，总体进度完成率在 20% 左右，受多重因素影响，虽然进度完成率不及预期，但示范引领作用突出，在新能源汽车补贴退出后的新发展阶段，对于加快燃料电池关键零部件技术创新，打造自主可控产业体系，推动燃料电池汽车产业持续健康、科学有序发展发挥了重要作用，对全国燃料电池汽车示范应用及氢能产业发展都起到了很好的带动作用。

（三）地方政策积极发布，发展环境持续优化

在整个氢能产业政策体系中，地方政策同样发挥着推动氢能产业发展的重要作用。为抢抓战略性新兴产业发展机遇，地方多项氢能产业专项政策持续发布，抢占氢能发展"新赛道"。中汽数据氢能与燃料电池汽车政策信息库收录数据显示，2022 年 1 月至 2023 年 9 月，国内各地方省市共计发布氢能相关政策 500 余项，氢能专项政策 163 项，政策类型包含氢能产业规划、指导意见、行动计划、实施方案、燃料电池汽车示范应用、加氢站管理政策、产业支持/扶持政策措施、实施细则、安全管理办法等。其中氢能专题106 项、燃料电池汽车专题政策 22 项、加氢站专题政策 35 项。

在氢能专题政策中，各地普遍重视规划类政策的引领作用，截至 2023 年 9 月底，国内已有 26 个省（含直辖市）出台了省级氢能产业规划相关政策，从规划的布局和重点任务看，各地氢能规划立足于本地发展基础，明确发展方向，打造核心竞争优势，在发展侧重点方面，普遍都提到了逐步构建以可再生能源制氢为主的氢能供给体系，并鼓励氢能在交通、能源、工业等领域开展多元化应用。各地在氢能产业发展实践中也积极开展政策创新与突破，广东、山东、河北、吉林、武汉、唐山、上海等地提出要探索在非化工园区制氢加氢一体化站的相关政策。河北省率先印发了《氢能产业安全管

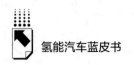

理办法》，提出"作为能源使用的氢产品，允许在化工园区外建设电解水制氢（太阳能、风能等可再生能源）等绿氢生产项目和制氢加氢一体站"。燃料电池汽车专题政策主要集中在五个城市群示范应用领域，主要覆盖城市群示范应用行动方案、工作方案、财政支持政策指导意见、示范应用项目申报、专项资金实施细则等政策类型。加氢站专题政策主要包含加氢站规划、规范管理办法、建设及运营管理扶持等类型，以市级管理办法为主，北京、广东、浙江出台了省级加氢站管理政策。

二　核心技术创新加快推进，自主产业体系趋于完善

在政策引导下，产业链上下游企业积极开展氢能技术创新、产业链布局和示范应用，截至2023年上半年，我国氢能与燃料电池汽车产业体系建设取得了显著成效，已建成涵盖氢能制、储、运、加全产业链体系以及燃料电池汽车和关键零部件研发制造等各环节较为完善的产业生态链，并已经形成一批优势企业，燃料电池产品关键技术指标显著提升，市场竞争力不断增强，我国燃料电池汽车正加速从技术研发向商业化发展阶段迈进。

燃料电池膜电极核心材料一直是我国氢能关键材料的弱项和短板，目前，我国质子交换膜、催化剂和气体扩散层技术指标已能够满足车用燃料电池使用要求，处于供应能用向好用方向发展阶段，以往核心材料严重依赖进口的被动局面开始得到缓解。其中，国产质子交换膜和催化剂核心材料已基本实现自主化研发，部分技术指标具备一定优势，并具备批量化供应能力，均匀性、良品率等指标处于行业领先水平，并实现了多车型、多场景装车应用。山东东岳未来氢能材料股份有限公司作为质子交换膜领域的头部企业，已经拥有完整的质子交换膜及关键材料产业链布局，产品已批量应用在各类燃料电池汽车场景中。气体扩散层研发已取得突破性进展，正处于产品验证和下游装车测试评估阶段，主要解决核心材料的批次一致性和寿命可靠性等问题，即将进入规模化装车应用阶段。国氢科技作为我国首个专业从事氢能产业的央企二级单位，构建了燃料电池全自主化技术链，质子膜产品性能达到国际

同类产品水平，已掌握高活性/高耐久性多元合金催化剂开发及量产技术，以及碳纸成型技术，并开展产品应用验证，性能达到进口产品同等水平。

膜电极是燃料电池电堆核心组成部分，在电堆成本中占比高，核心技术向高功率密度、低铂载量和长寿命方向发展。随着鸿基创能、唐锋能源、擎动科技等一批国内独立膜电极公司快速成长，当前膜电极已实现核心技术自主化和国产化批量供应，终端市场需求量也随着燃料电池汽车市场扩展逐步上升，国产膜电极替代进口趋势明显，市场份额从 2020 年开始逐渐上升，进口量大幅减少。同时，膜电极技术水平大幅提升，目前国内主流膜电极功率密度均超过 $1W/cm^2$，测试使用寿命可达到 1.5 万小时，铂载量水平已经达到 $0.3g/kW$，具备超长抗反极时间，价格基本已降到 600 元/kW，未来在技术进步、核心材料国产化供应和市场需求增长条件下，还有较大降本空间。国内双极板技术相对成熟，具备石墨、金属、复合材料双极板各类材料体系双极板加工能力，上海治臻、国鸿氢能等企业具备规模化供应能力。上海治臻推出了新型碳涂层金属双极板，在成本降低 40%～50% 的同时，将金属双极板燃料电池发动机预期寿命延长超 2 万小时。

我国燃料电池系统集成技术发展较早，经过多年技术创新和应用示范，自主化商用车燃料电池系统技术已较为成熟。2022 年以来，我国燃料电池系统技术迅速发展，向大功率、单堆集成、更高运行温度、无加湿、高动态响应速率等技术方向发展。2023 年前三季度，我国已销售燃料电池商用车（不含客车）单车系统平均额定功率达到 101kW，18 吨及以上重卡普遍装配 110kW 及以上燃料电池系统，系统成本已降至 3000 元/kW。为适应中远途、中重型商用车大功率需求，亿华通、重塑科技、捷氢科技相继推出系统额定功率 200kW 以上产品，质量功率密度普遍超 700W/kg。燃料电池堆向大功率、长寿命和低成本方向发展。大功率电堆以金属板电堆为主，中小功率电堆以石墨板电堆为主。涂层技术创新正有效提升金属板电堆寿命，典型电堆产品寿命已超过 2 万小时。燃料电池电堆市场竞争加剧，丰田、现代电堆产品已在国内装车应用，但国内自主电堆企业市场份额优势明显。当前空压机和氢气循环系统零部件已经基本完成了国产化替代，自主化空压机、氢气循

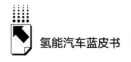

环系统产品已占据国内90%以上市场份额，空压机单台成本已降低到1万元以下。

车载供氢系统是燃料电池汽车的重要零部件，其质量储氢密度、压力等级、安全性能在很大程度上决定了燃料电池汽车的续驶里程和安全运行。国内车载供氢系统主要采用较为成熟的高压气态储氢技术，主要使用Ⅲ型35MPa储氢瓶，并实现了规模化应用。Ⅳ型瓶（塑料内胆纤维缠绕）具有轻量化、抗氢脆腐蚀、高储氢质量比和长寿命等优势，量产后制造成本低于Ⅲ型瓶，当前受制于法规约束和安全考量，国内燃料电池汽车Ⅳ型瓶处于研发和测试应用阶段。2023年5月23日《车用压缩氢气塑料内胆碳纤维全缠绕气瓶》国家标准发布，将于2024年6月1日实施，Ⅳ型瓶应用又向前迈进了一步。目前，在国内企业中，国富氢能、中集安瑞科、中材科技、天海工业、斯林达安科、奥扬科技等气体储运装备制造企业积极布局Ⅳ型瓶的技术研发与生产，关键材料碳纤维需求提升，技术突破和产能扩张加速国产替代，燃料电池汽车Ⅳ型瓶的应用进程正加快推进。

三 燃料电池汽车市场销量快速增长，示范应用车型向多场景拓展

在"双碳"战略目标和国家氢能产业规划引领下，城市群示范应用政策驱动，产业供应链不断完善，产品技术不断成熟，我国燃料电池汽车市场需求持续释放，随着示范应用城市群落地实施，燃料电池技术水平不断提升，整车企业加快产品上市推广，车型覆盖范围进一步拓宽，加氢基础设施不断完善，TCO经济性逐步提高，城市群迎来首次阶段考核评价，燃料电池汽车市场需求迎来快速增长。

（一）市场发展初期快速增长态势明显

2022年以前，国内燃料电池汽车经历补贴政策调整，销量下滑。2022年以来，受益于国家"双碳"减排目标、国家氢能规划和示范应用城市群

政策实施，国内燃料电池汽车市场需求迎来快速增长，2022年燃料电池汽车销售5009辆，同比增长164%，市场增长信心被重新提振；2023年前三季度，我国燃料电池汽车销售4118辆，同比增长68%，在新能源重卡增速回落背景下，燃料电池汽车仍然保持了较强增长势头，销售区域主要集中在北京、上海等燃料电池汽车示范应用城市和武汉、成都等非示范城市，市场呈现重点区域聚集性发展的态势。截至2023年前三季度，我国燃料电池汽车累计推广近1.76万辆。从发展阶段来看，目前我国燃料电池汽车整体仍处于市场初期阶段，年度市场规模基数较小，增长速度快的特征明显。

车型供给结构不断丰富，牵引车和专用车成为市场主流。我国燃料电池汽车产品供给逐步丰富，2022年以来，我国燃料电池汽车公告数量显著增加，新增及变更燃料电池车型公告700余款，半挂牵引车、自卸汽车、冷藏车和环卫车等车型的公告数量占比大幅增加。从2023年前三季度市场终端表现来看，25吨燃料电池半挂牵引车、4.5吨物流专用车、31吨自卸汽车成为市场主流。从具体车型应用场景来看，随着燃料电池技术进步和市场需求深度挖掘，我国燃料电池汽车应用场景已从早期单一的公交领域应用向城市公交、客运班车、城市物流、冷链运输、渣土转运、市政环卫、倒短运输、公务用车、共享出行等多场景应用拓展，牵引、物流、环卫、自卸等细分领域产品矩阵、吨位结构、车辆用途进一步丰富和完善。

企业积极布局，市场竞争加剧。随着市场需求增加，越来越多的整车企业开始不断加快在燃料电池汽车产业的研发投入和市场推广。近两年，在国内燃料电池汽车市场竞争格局方面，福田、宇通、金龙、飞驰车企位居头部，2023年前三季度，行业前五企业市场份额占比为45%，市场集中度较2022年同期有所下降，市场初期成熟稳定竞争格局仍未形成。燃料电池系统企业在区域车辆推广和示范场景搭建方面中发挥了重要作用，涌现了亿华通、重塑科技、国鸿氢能、国氢科技、捷氢科技等系统企业。2022年燃料电池系统前三名企业市场份额为48.5%，比上年的59%有较大幅度下降，市场将迎来更加激烈的竞争。2023年前三季度，TOP3系统企业配套量占比达44.8%，捷氢科技位居榜首，竞争格局发生了明显变化。

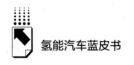

（二）加氢基础设施持续完善保障燃料电池汽车示范运行

加氢站是连接氢能产业链上下游的关键基础设施，对氢燃料电池汽车示范应用起到了重要的保障作用。国家氢能规划指出，坚持需求导向，统筹布局建设加氢站，有序推进加氢网络建设。在政策和市场双重驱动下，我国加氢站迎来发展机遇期，随着燃料电池汽车保有量的不断增加以及中石化、中石油等能源央企的入局持续加速，国内加氢站数量明显增加，加氢站基础设施布局持续完善，根据中国氢能联盟统计数据，截至 2023 年 6 月底，我国共有加氢站 385 座，其中在营加氢站 280 座，新增加氢站数量、在营加氢站数量、加氢站总数这三个指标都位居全球第一。中国已经建成的加氢站主要为高压气态加氢站，从加氢站加注压力等级来看，已建成加氢站以 35MPa 为主，70MPa 加氢站仍处于小规模示范验证阶段，液氢加注技术仍处于技术研发阶段。站用压缩机是当前加氢站核心装备技术攻关的重点，压缩机主要为隔膜式、液驱式、离子式三种，其中隔膜式、液驱式已广泛应用。

2022 年以来，多地发布了加氢站建设和运营补贴政策，支持加氢站建设，北京、上海、广东、浙江、武汉、郑州等相继发布加氢站管理政策，对建设和运营给予资金支持，规范建设审批流程。加氢站用压缩机等核心装备国产化进程也同步加快，有效地降低了加氢站建设费用。随着燃料电池汽车示范应用政策实施，各地加氢站建设普遍保持适度超前布局态势，大型能源企业纷纷涉足加氢基础设施网络建设，积极探索不同的建站模式，从纯氢站到油氢合建站、综合能源站、制加一体站，满足车辆加氢需求，预计到 2025 年，国内加氢站将超过 1000 座。

四 发展环境还需持续优化，降本提升竞争力是关键

（一）制约发展的体制机制难题亟待突破，政策环境还需进一步优化

我国氢气一直作为危险化学品管理，在能源法定属性尚未明确前，管理

缺乏上位依据，政府主管部门和相关管理政策、法规体系仍不明确。当前，我国氢能及燃料电池汽车产业尚处于发展初期，支撑产业发展的基础性制度滞后，还存在非化工园区电解水制氢难、储运压力标准等级低、加氢站审批建设难、站内制氢难、车载气瓶年检难等问题和挑战。以加氢站建设审批为例，国内部分城市参照天然气汽车加气站管理模式，进行了一些先行先试，行业仍然缺乏统一、规范的加氢站建设和运营管理审批政策、工作流程。氢能产业供给侧仍不能完全满足需求侧发展期望，产业发展形态和发展路径尚需进一步探索等，从各地发布的氢能产业引导性政策来看，普遍侧重于发展可再生能源制氢、燃料电池和电解槽装备，盲目跟风、同质化竞争和低水平建设苗头有所显现，面对新形势、新调整还需强化顶层设计和统筹规划，引导和规范产业健康有序发展。

（二）车用氢能供给体系还需完善，终端用氢降本需求迫切

制氢方面，目前车用高纯氢整体供应不足，备受关注的"绿氢"在汽车上应用极少，工业副产氢供应稳定性不能完全保障，部分区域存在有车无氢的局面。储运方面，目前外供氢加氢站氢气运输以 20MPa 长管拖车为主，单车实际卸气仅为 250 公斤，导致运输氢气效率低，运输成本高，当运输距离为 100~150 公里时，氢气的运输成本在 10 元/公斤左右，随着运输距离的增加，长管拖车运输成本逐渐上升，需要突破运氢压力等级限制，提高单车运氢量。加氢站建设和运营方面，加氢站真正高效稳定运行仍面临较大挑战。2023 年以来，全国加氢站建设和投运进度放缓，已建成加氢站空间分布不均，投资建设成本高，车站协同较差，加氢便利性低，良性的市场化运作模式尚未形成，部分区域存在加氢站利用率不高，面临有站无车、运营困难的现实问题。国内多数加氢站为外供氢，叠加制备、提纯和运输成本，车辆加氢价格高，非示范城市群在无补贴的情况下，综合制取、储运和加注费用，终端加氢价格在 60 元~80 元/公斤，而根据测算车用氢气价格只有低于 25 元/公斤才有竞争优势。运营成本高于纯电动和燃油汽车，导致车辆实际运营率约为 70%，非示范城市群用户积极性不高。

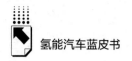
（三）燃料电池和储运装备还需提升，自主可控产业体系还需补短板

燃料电池动力系统差异化的技术和产品竞争力没有充分体现，储氢能力、续驶里程、使用寿命和可靠性等技术指标还需进一步提升，系统和关键零部件评价标准也需要完善。燃料电池方面，在中重型商用车大功率需求下，国产大功率燃料电池系统散热问题还有待于进一步优化，匹配大功率系统的空压机性能和可靠性还需进一步验证。碳纤维、碳纸、质子交换膜、传感器、管阀件等零部件和材料国内虽已有企业布局，但仍处于小批量试用阶段，国内自主企业零部件的加工工艺、产品性能和质量等方面仍与国外有一定差距。国产膜电极关键材料从有到能用，再到好用还有一段路程，当前国内实际装车应用的膜电极核心原材料和关键装备以进口为主，尚不能满足快速降本需求，国产质子交换膜、催化剂和碳纸等核心材料缺乏大量工况数据和长期寿命数据积累，直接替代还存在应用失效风险，还需加快技术创新和装车实际验证。车载储氢瓶方面，国内均为Ⅲ型瓶，自重和储氢效率受限制，难以满足低成本和高储氢密度的要求，而国外以Ⅳ型瓶为主，并已经在轻型车上商用。加氢装备方面，目前国内以 35MPa 为主，70MPa 高压气氢、液氢加注仍处于技术发展阶段，建设成本高、核心装备依赖进口问题较为突出，大规模、高压力、压缩机等核心装备国产化是当前面临的主要挑战。

（四）"谈氢色变"现象尚存，涉氢安全研究还需加强

对于氢能技术应用，部分群体还存在安全风险担忧，还需加强涉氢安全基础研究和安全风险防范，目前车载氢系统涉氢安全主要存在氢泄漏风险点不明确、安全防控策略不完善、标准体系不健全等方面问题，尤其对燃料电池汽车转运过程中的安全问题研究仍然不足。在标准方面，目前燃料电池汽车转运流程中的车载氢系统状态监控、过路隧道的影响、运输车的安全要求等仍处于试验阶段，没有形成具体的技术规范。

（五）示范应用规模较小，短期降低购置成本仍然面临挑战

目前，我国燃料电池汽车市场仍处于商业化初期阶段，目前燃料电池汽车保有量仅为新能源汽车保有量的千分之一，每月销售量处于数百辆水平，整体市场规模还比较小，受多重因素影响，城市群车辆推广目标不及预期。整体市场规模距离 2025 年保有量目标仍有较大差距。产业规模还比较小，规模效应带来的降本效益不够突出。在购置成本方面，氢燃料电池汽车虽已进入应用成本快速下降期，主流系统厂商均已降到 3000 元/kW 左右，120kW 重卡燃料电池系统销售价格约 50 万元，一套车载储氢系统价格约 20 万元，超过百万元的车辆购置成本较传统燃油商用车甚至纯电动车型仍然偏高。综合购置成本和运营成本，在多数重型商用车的应用场景下，2025 年前燃料电池重卡 TCO 成本难以实现与柴油重卡成本打平，还需要借助其他附加效益补偿燃料电池汽车应用的经济性。

五　以汽车示范为引领加快氢能产业发展，
未来前景广阔

目前，燃料电池汽车处于示范应用向商业化推广应用的过渡期，示范应用政策驱动、产业规模持续扩大、技术创新与成果转化加快、产品技术指标提升加速、多元应用场景持续挖掘成为该阶段的重要特征。

未来随着可再生能源制氢规模扩大，燃料电池汽车的节能减碳潜力也将进一步得到释放，以燃料电池汽车为代表的氢能产业将在能源生产、消费革命和培育经济新动能中发挥重要作用，对于落实碳达峰、碳中和战略目标和应对气候变化具有重要的战略意义。未来 10~20 年将是我国氢能产业发展的重要机遇期，继续发挥燃料电池汽车示范引领作用，可有效带动氢能在交通、工业、能源、电力和建筑等多场景应用，全面提升氢能产业的综合竞争力，我国最有可能成为率先实现氢能与燃料电池汽车产业规模化发展的国家。

展望未来，随着示范应用政策驱动、产业供应链不断完善、产品技术不

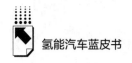

断成熟、市场需求持续释放，燃料电池系统及关键零部件国产化率提高和规模效应形成，带来的购置降本效应也愈发突出，氢能供给环节成本也将快速下降，系列有利因素将带动我国燃料电池汽车市场快速增长，预计到2025年，我国燃料电池汽车保有量将在6万~8万辆。到2030年前后，交通领域氢能应用进入规模化、商业化发展阶段，燃料电池商用车全生命周期成本将与传统燃油车相当。到2035年，我国氢能产业进入市场驱动增长阶段，国内自主可控的高质量产业体系建成，风电、光伏等可再生能源制氢成为主流，氢能在交通领域终端能源消费中的比重明显提升，燃料电池汽车将实现百万辆级的推广应用。

六　新征程上推动我国氢燃料电池汽车高质量发展的措施建议

强化顶层设计，创新体制机制。以落实碳达峰、碳中和战略目标为原则，推进能源生产和消费革命，加快发展方式绿色转型。以解决制约氢能产业发展难题、加快氢能应用为导向，建议加快推进氢能立法制度创新，开展氢能作为能源管理的体制机制创新，国家层面加强引导，各级主管部门相互协作，持续完善顶层设计，加快管理创新和政策创新，明确氢能产业监管体系和责任部门，优化氢项目规划、立项、审批等管理工作流程，破解制约氢产业发展的堵点和卡点问题。深入贯彻落实国家氢能规划，加快研究制定国家氢能发展"1+N"政策支撑体系，完善国家规划配套支持政策体系，研究制定氢能交通领域推广应用实施方案和实施路线图，营造良好的宏观政策环境。

国家统筹规划布局，引导地方有序发展。加强国家层面氢能产业统筹规划和优化布局，引导地方有序建设氢能及燃料电池汽车产业集群，探索符合本地资源禀赋、产业基础和市场需求的燃料电池汽车产业，避免盲目投资和低水平重复项目建设。引导地方政府破除制约产业发展的制度性障碍，优化多头管理政策体系，探索站内制氢、站内制氢加氢一体化加氢站等新模式，支持有条件的非化工园区开展制氢加氢一体化项目建设，研究制定可再生能源制氢电价优惠激励政策，以制度创新推动供氢降本。

深入氢安全研究，建立科学监测保障。深入开展氢安全基础科学、关键技术研究，鼓励氢能安全生产科学技术研究、先进工艺技术和扩散仿真模拟技术推广应用，制定科学、系统、完善的氢能安全标准，对可再生能源制氢生产企业安全生产许可给予放宽处理，研究燃料电池汽车运输和存放的安全技术要求相关标准与技术规范。引导涉氢企业健全氢气生产、储存、运输、加注等产业链各环节的规范流程和安全管理办法，指导涉氢企业加大安全生产投入，改善安全生产条件，加强安全生产标准化、全流程信息化系统建设，涉氢场景应具备氢气泄漏数字化监测、预警、防范能力，建立安全管理制度和应急处置预案。

强化核心技术创新，补齐供应链短板。把科技创新作为氢能推动产业高质量发展的主要动力，聚焦燃料电池汽车产业链薄弱和短板环节，切实形成产学研用创新体系，发挥企业的创新主体作用，发挥高校及科研院所在创新体系中的作用，开展以市场需求为导向的基础研究和应用基础研究。依托行业骨干企业、科研机构与高校，联合组建燃料电池汽车关键技术创新研发平台和攻关体，建立更加完善协同高效的创新体系。加快长寿命燃料电池质子交换膜、高性能碳纸、低铂催化剂、高强度碳纤维、供氢管路阀件、站用压缩机等燃料电池核心材料和关键零部件技术创新，加快高储氢密度车载储运技术和装备研发应用。结合车用实际工况，进一步完善关键零部件测试标准和评价方法。加大车用氢能制、储、运、加全链条技术开发与应用，补齐和强化产业链短板和弱项，支持国产核心材料在终端装车批量替代应用，促进国产材料批量化供给的一致性、可靠性和稳定性，系统构建完整、可控并具备国际竞争优势的创新链、产业链和供应链，降低核心材料和关键零部件成本，支撑燃料电池汽车规模化推广应用。

扩大示范应用场景，促进区域协同发展。在燃料电池汽车示范城市群基础上，支持地方结合自身优势，借鉴燃料电池汽车示范城市群政策经营和先进做法，开展区域燃料电池汽车示范应用。以用车场景需求为导向，挖掘燃

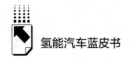

料电池汽车多元场景应用潜力。在工业副产氢富集的石化化工、冶金产业集聚区加快推进中重型燃料电池汽车规模化示范应用，重点围绕化工产品、钢材、煤炭等各类重载货物运输场景，以及城际物流、市郊物流等中远途运输场景，提升燃料电池中重型燃料电池货车的应用规模；在长距离城市公交、通勤、城际客运等场景，加快应用氢燃料电池客车；开展中重载燃料电池环卫车、渣土车、工程车辆等规模化应用；在公务用车、网约车、租赁用车等场景开展燃料电池乘用车的示范应用。积极推广燃料电池叉车、矿卡、港口及机场内用车等非道路交通的替代应用。引导各城市群和示范区跨区域协调发展，建设跨省、市的高速氢动走廊，加氢价格互惠互利，保障燃料电池汽车跨区域通行运营。

积极融入"双碳"，完善配套生态体系。发挥氢能在汽车领域示范应用的先行引领作用和减排效应，积极开展燃料电池汽车"绿氢"溯源认证、示范应用碳足迹追踪、生命周期碳排放核算和节能减排评价体系建设，支持将应用减排量纳入温室气体自愿减排交易市场，形成对车辆应用的经济性补偿。启动车用燃料电池资源综合利用管理政策研究，实现燃料电池材料循环利用，减少对环境的影响和资源的浪费。根据阶段示范应用成效，完善燃料电池汽车示范积分评价标准、考核细则。给予燃料电池汽车通行路权激励，保障终端用户的使用需求，支撑地方在公共领域电动化进程中加大燃料电池汽车应用，以燃料电池汽车示范应用为契机构建零碳交通示范区。强化氢能专业技能人才培养，完善氢能人才培训教育体系，建立职业技能人才认证评价机制，为氢能产业发展提供高素质人才队伍保障。

专家视点篇
Expert Perspective

B.2
专家视点

衣宝廉

中国工程院院士

中国科学院大连化学物理研究所　研究员

上下游协同降本推动燃料电池汽车
迈向商业化应用新阶段

氢能是一种来源丰富、绿色低碳、应用广泛的二次能源，正逐步成为全

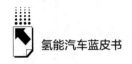

球能源转型发展的重要载体之一。实现"双碳"目标,必须大力发展可再生能源,实现能源转型。氢储能即用可再生能源电解水制氢,不但可以实现可再生能源储存,还可以实现可再生能源的再分配,也可以消除发展可再生能源的天花板,实现氢-电体系的能源供应,确保国家的能源安全。

燃料电池是一种电化学能量转换装置,它主要是由电解质膜、电催化剂、扩散层和双极板等构成的,每一节燃料电池的输入电压在 0.7~0.9 伏,为了满足一定的功率及电压要求,通常由数百节单电池串联组成电堆。燃料电池系统由燃料电池电堆、燃料供应系统、氧化剂供应系统、水热管理系统和电控系统五个部分构成,其中燃料电池电堆是核心发电部分。

燃料电池汽车是氢能应用的突破口,用氢能代替燃油驱动各种交通工具,能够实现交通领域节能减排,提高国家能源安全性,我国提出的"电-电混合"燃料电池汽车现在已经被世界燃料电池汽车行业采用。

燃料电池汽车的布局与传统内燃机汽车有一定的相似性,但优势远胜于传统汽车和其他电动汽车。燃料电池汽车用氢瓶代替油箱,燃料电池发动机代替内燃机,发电效率能够达到 50% 左右。燃料电池的比能量高达 0.5~1kWh/kg,是锂离子电池的 2~3 倍,不存在里程焦虑,适合于远程车和重载车;电堆和氢罐是分开的,一旦电堆出现事故,巡检电池电压迅速下降,供氢气回路的电磁阀关闭,电堆不会产生燃烧和爆炸,提高了发动机的安全性;氢燃料电池汽车续航里程、加氢时间和驾驶舒适性均可以与燃油车媲美;而且在严寒地区,燃料电池汽车行驶里程不会缩短,燃料电池产生的余热还可以为汽车供暖,优势突出。

关于用氢的安全性。燃油与氢气相比,汽油的爆炸能量是相同体积气体的氢气的 22 倍,但氢气的扩散系数是汽油的 12 倍,且发生爆炸时,氢气由于密度远低于空气密度,会迅速上升扩散,爆炸发生在气源的上方,而汽油发生爆炸是在燃料的泄漏处,危险程度要远高于氢气。充分利用氢气易检测、扩散速度快的特点,在氢气易泄漏的地方加装氢传感器,当氢浓度高于 0.5% 时,联动风机自动启动,确保氢安全。目前,全世界有近 75000 辆的燃料电池汽车在运行,我国有近 13000 多辆在运行,建成加氢站 350 多个,没有一辆车发生燃烧与爆炸事故，说明氢气经过合理控制，安全性较高。

尽管燃料电池汽车有着诸多优点，但其发展必须攻克成本难点：第一，目前燃料电池发动机比较贵，导致一辆燃料电池汽车的售价是燃油车的2~3倍，锂离子电池汽车的1.5~2倍；第二，加氢站的建设费用比较高，高达1200万~1500万元；第三，加氢站的加氢费用高达60~70元/kg，只有降到30元以下的时候才能跟燃油车竞争。因此，要实现无补贴的燃料电池汽车商业化运行，必须大幅度降低供氢成本和燃料电池系统成本，进而降低燃料电池汽车运行成本。

降低供氢成本，主要从两个方面来考虑：一是氢源方面；二是储运方面。氢源方面，主要有三种制氢方式：化石燃料制氢、工业副产氢制氢、可再生能源制氢。我国具有丰富的副产氢资源，全国副产氢近千万吨，副产氢要注意固定净化方案和检测设备，避免造成污染损失；可再生能源制氢就是利用弃风、弃水和弃光，富余电量和生物质等进行电解水制氢，电解水制氢类型包括碱水电解、纯水电解（即质子交换膜水电解）、高温固体氧化物水蒸气电解三种，我国碱水电解技术已经是世界第一，售价是国际售价的1/3左右，要进一步降低成本，提高可靠性。纯水电解国内已经做到兆瓦级，但是数量和性能与国外有差距。高温固体氧化物水蒸气电解效率最高，但还处于发展阶段。在储运方面，利用三北地区丰富的水电、风电、太阳能发电，大力发展质子交换膜电解水制氢，送入天然气管网，最高浓度可以达到20%，在需要氢气的地方，采用膜分离从天然气氢混合物中提取纯氢，当氢浓度低时，可抽取等热值天然气进行重整制氢。在近海地区发展海上风电，采用电解水制氢，利用氢气管道，输送海港，将氢液化作为商品，也可用列管车送至附近的加氢站。加氢站建立电解水制氢装置和天然气重整制氢装置，利用上述方案提高氢气输送效率，降低用氢成本。氢气压缩机、高压储氢瓶、加氢机等也需要尽快国产化和批量生产，建设油氢电合建站，大幅降低加氢站的建设费用。通过制、储、运、加各供氢环节协调降本，终端加氢费用降至每公斤30元以下，在使用环节，燃料电池汽车和燃油车相比就有竞争优势了。

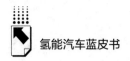

降低燃料电池系统成本。首先，要降低燃料电池电堆的成本，电堆的成本占燃料电池系统的 50% 左右，同时提高电堆的比功率；其次，研究高活性的催化剂，同时降低铂用量。制备高性能超薄增强复合膜，提高机械强度，实现低透气率。对于膜电极组合而言，膜减薄以后，大幅度降低了欧姆极化，同时采用静电喷涂，形成结构有部分序化，从而降低氧传质阻力和提高电极活性。在双极板的类型中，无孔碳板和金属板的工艺在国内已经成熟，加大力度对无涂层的不锈钢板工艺进行研究，薄金属冲压双极板具有比功率高、成本低的优势。改进流场结构，提高电池性能，增强氧气传质速率，提高排水效率。将电堆的工作电流密度由现在的每平方厘米 2 安培左右提高至 4~5 安培，电堆成本由现在的 1000~1500 元/kW 降至 500~700 元/kW。

另外，在组装燃料电池系统过程中，应使电堆在最适宜运行的条件下工作，电-电混合能够控制燃料电池的输出功率，使其平稳输出，解决燃料电池响应慢的问题，提升电池系统的可靠性和耐久性，降低研发和售后服务成本摊销。最后，突破关键材料和氢瓶瓶口阀等核心零部件的"卡脖子"问题，增强核心技术创新能力，实现关键材料、关键部件的国产化、批量化生产，也能够显著降低燃料电池系统成本，如大幅度降低高压储氢瓶的成本。按美国能源部预测，实现燃料部件批量生产，达到万辆级生产，电池系统成本可降低 50%，这样到"十四五"结束，燃料电池发动机可降至每千瓦 500 元左右。

中汽中心主编的《氢能汽车蓝皮书》，专注于研究我国氢能及燃料电池汽车行业发展的关键问题，积极倾听行业声音，汇集行业智慧，服务政府决策，着力于解决共性的问题和制约因素，为行业奉献了高质量的智库报告，希望中汽中心中汽数据有限公司氢能源研究团队把这个平台、这个报告持续做下去，联合行业同仁一道为持续推进中国氢能及燃料电池汽车规模化推广应用贡献智慧和力量。

彭苏萍
中国工程院院士
中国矿业大学（北京）教授

固体氧化物电池技术助力中国"泛氢" 能源发展与多能融合

  能源是人类文明进步的重要物质基础和动力，21 世纪以来，加快能源绿色低碳转型已成为全球共识。

  我国拥有全球最大的能源系统，也是最大的能源生产国和消费国。作为应对气候变化和加快能源转型的重要举措，2020 年 9 月中国明确提出 2030年"碳达峰"与 2060 年"碳中和"目标，在"双碳"目标与能源清洁化转型背景下，我国一次能源供应加速低碳化，以风能、太阳能为代表的非化石能源正快速发展，2030 年，我国非化石能源占一次能源消费比重将由 2020年的 16%，提高到 25% 以上。但是风能、太阳能等本身属于间歇性能源，且我国风能、太阳能等主要在西部及北部，时空分配不均，大规模储能调峰问题尚未解决，如何有效保障国家能源安全，始终是我国能源发展的首要问题。我国能源转型需要时间，不能一蹴而就。2022 年 1 月，习近平总书记在中共中央政治局第三十六次集体学习时指出："推动能源革命。要立足我

021

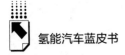

国能源资源禀赋，坚持先立后破、通盘谋划，传统能源逐步退出必须建立在新能源安全可靠的替代基础上。"①

氢能是一种绿色、低碳、高效、安全的"二次能源"，拥有工业原料和能源产品双重属性，具有来源多样、清洁低碳、灵活高效、应用场景丰富等优点，是推动传统化石能源清洁高效利用和支撑可再生能源大规模发展的理想媒介，也是实现交通、电力、建筑、钢铁、化工等领域深度脱碳的最佳选择。截至2022年6月，全球已有超过30个国家发布氢能规划或战略路线图，覆盖全球超70%的主要经济体，氢能已成为全球能源技术革命和产业发展的重要方向。2022年3月，国家发改委、国家能源局在《氢能产业发展中长期规划（2021—2035年）》中提出氢能是未来国家能源体系的重要组成部分，是用能终端实现绿色低碳转型的重要载体，因此氢能将是我国能源低碳发展的重要途径。

但是，当前阶段氢能不利于存储、液化成本高等难题限制了氢能远距离输送，全球正进入"氢2.0"时代，氢能产业正向以氢为基础的绿氨、绿色甲醇等"泛氢"能源方向发展。美国、日本、澳大利亚等国已将"氨"纳入其政府能源战略，据日本经济产业省公布的数据，到2030年日本的发电用燃料中氢和氨将各占10%。诺贝尔化学奖得主乔治·奥拉提出"甲醇经济"，消纳吸收CO_2，为解决后油气时代的能源问题和环境保护提供了一条有效途径。"甲醇经济"可以耦合可再生能源与化工，构建绿色化工体系，与"氢经济"一样是能源革命的重要组成部分。未来氢能、绿氨、绿色甲醇等"泛氢"能源不仅将在交通和工业领域发挥作用，也将在能源设施中与其他设施共同推动能源系统的动态平衡。我国能源资源地区分布不均，且区域间经济发展水平存在较大差异，为实现区域发展与能源资源的供给平衡，必须进行能源资源的跨区域调配，同时现有能源总量与结构决定了相关产业碳减排压力巨大，因此"泛氢"能源的发展更符合我国国情，同时可以实现跨能源品种的季节性储能与优化利用。"泛氢"能源与新能源电力耦

① 《习近平谈治国理政》第4卷，外文出版社，2022，第373页。

合协同互补，未来将成为终端能源消费主体，"泛氢"能源将为我国实现"双碳"目标及能源自主提供新动能。

"泛氢"能源产业链涉及从上游的"泛氢"制取、储运，再到下游"泛氢"发电、供热、交通等各种应用场景，其中"泛氢"燃料电池高效可靠发电和可再生能源规模化电转X（氢、绿氨、绿色甲醇等泛氢能源及化学品）是核心技术环节。我国已出台氢能发展规划，但"泛氢"能源的制取及利用技术路径、保障体系及其与其他能源的融合模式尚不清晰，发展"泛氢"能源与燃料电池技术，开展"泛氢"能源与燃料电池产业保障体系及多能融合模式研究，将为我国"双碳"目标的实现提供重要支撑。

（一）SOEC 电解效率高，可以互联电网、燃气网和绿色化工工业，应用前景广阔

在"泛氢"能源制备方面，现阶段虽仍以化石燃料制备为主，清洁能源电解制氢（泛氢）在现阶段的供能体系占比不大，但随着低碳经济的发展要求，清洁能源电解制氢（泛氢）将在未来"泛氢"能源工业中扮演更加重要的角色。目前，清洁能源电解水制氢主要以碱性电解水制氢（ALK）、质子交换膜电解水制氢（PEM）、高温固体氧化物电解水制氢（SOEC）以及阴离子交换膜电解水制氢（AEM）等技术为主。从材料、性能、效率和成本等方面综合考虑，ALK 电解水制氢最为成熟，成本较低，但电解效率较低，调控灵活性有限。PEM 电解水制氢效率较高，运行灵活，在特定应用场景（如车规级氢能、波动性可再生能源）中优势日渐明显，但使用铂铱等贵金属带来的高成本是该技术的主要瓶颈。SOEC 电解水制氢作为新兴技术潜力巨大，是欧美国家研发的重点。

SOEC 工作温度高，可以显著降低制氢过程的电力成本，800℃工作的 SOEC 通常运行电压为 1.3~1.4V，与 80℃工作的碱性电解池（电解电压 1.8~2.2V）相比，电解电压明显降低，电解所需要的电能减小，能耗降低，SOEC 还可利用各种工业余热（如核电余热等）作为电解所需能量的一部分，进一步降低电耗；SOEC 与甲醇化、合成氨等放热反应耦合可实现能

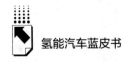

量梯级利用。SOEC 还能够直接转化利用 CO_2，实现碳循环。因此，SOEC 对于"泛氢"能源的发展至关重要。

SOEC 一直是欧美科技项目立项重点，欧美持续大力支持国家实验室、企业和高校合作开展 SOEC 技术研究。其中，美国将 SOEC 技术视为提升核电运行灵活性的重要手段，目标 2028 年系统电耗 3.93kWh/Nm^3，寿命 6 万小时，成本 300 美元/千瓦，针对清洁能源制氢发展，美国设定了 2030 年的技术和经济指标，包括工业和电力部门用氢价格降至 1 美元/千克，交通部门用氢价格降至 2 美元/千克。欧盟将 SOEC 技术视作 Power to X 的重要途径，以提升能源安全水平，2020 年，欧盟启动的示范项目旨在五年内将 SOEC 的技术成熟度由 TRL7 提升至 TRL8，系统目标电耗 ≤3.48kWh/Nm^3。我国的可再生能源发展全球领先，水、风、光装机量均为世界第一，我国又是煤化工强国，通过 SOEC 可以实现可再生能源与化工的有机融合，在实现大规模可再生能源电力转化、长周期存储的同时，还能够转化利用 CO_2，为交通及化工提供绿氢和甲醇，构建绿色化工体系。与国际先进技术相比，我国研究起步较晚，以高校为主，在 SOEC 电解堆性能、寿命、可靠性、系统规模等核心技术指标方面与国外相比还存在一定差距，迫切需求技术攻关。2023 年中国矿业大学（北京）开发了千瓦级 SOEC 电解堆，通过了第三方评测，电解堆功率>2kW，效率>90%，目前正在开发 20kW 级 SOEC 系统，同时正在承担国家重点研发计划，目标开发电-氢-醇一体化系统样机。

（二）SOFC 燃料来源广泛，符合中国国情，模块化结构，应用场景众多

在"泛氢"能源利用方面，发电、交通、建筑及工业应用场景众多，其中固定式发电和交通领域离不开燃料电池技术。燃料电池是一种将燃料化学能直接转化为电能的能源转化装置，是"泛氢"能源与电能耦合的技术核心。目前，世界范围内应用最为广泛的是固体氧化物燃料电池（SOFC）和质子交换膜燃料电池（PEMFC）等，其中 PEMFC 发展较为成熟，正在走向商业化，但目前只能使用高纯氢为燃料，且离不开贵金属。SOFC 是

SOEC 的逆过程，SOFC 燃料适应性强，可使用氢气，不要求高纯度，特别是可直接使用各种"泛氢"及含碳类燃料，与现有能源供应系统兼容；SOFC 全陶瓷结构，寿命长；SOFC 模块化运行，在大型电站、分布式发电、小型家用热电联产和备用电源等有很好的应用前景。

美国、欧洲、日本等发达国家（地区）在 SOFC 技术方面，一直处于世界领先地位，经过几十年的技术研发和攻关，已经基本实现了 SOFC 技术的商业化运行，其中由风险资金成立的 Bloom Energy 公司，是目前商业化最成功的燃料电池公司，主要以天然气为燃料，实现了数百千瓦到数兆瓦分布式发电系统的商业化应用，主要客户包括苹果、沃尔玛、美国银行、谷歌等全球财富百强公司。

针对我国国情，SOFC 在大型煤气化燃料电池发电（IGFC）、大型船舶发电、生物质气发电以及未来绿色甲醇、氨燃料电池发电等场景方面优势更大。模块化的 SOFC 系统，不同规模均具有较高的发电效率，相对于煤电机组效率可提升 20% 以上，功率调节范围宽，启停周期短，可在 0~120% 额定负荷区间内快速调节。基于 SOFC 与煤气化技术相结合构成的 IGFC 系统，可大幅提高煤气化发电效率，降低 CO_2 捕集成本，实现 CO_2 及污染物近零排放，是煤炭发电的根本性变革技术。发展近零排放的 IGFC 技术符合我国以煤炭为主的资源秉性，将助力传统煤电技术变革，具有重大战略意义。2017 年国家能源集团牵头，联合中国矿业大学（北京）、北京低碳清洁能源研究院等承担了国家重点研发计划"CO_2 近零排放的煤气化发电技术"，2022 年项目团队在宁夏煤业煤制油分公司厂区建成国内首个兆瓦级 IGFC 试验基地，自主设计和建成了国内首套百千瓦级 CO_2 近零排放的 IGFC 试验示范系统，由煤气化净化工业装置供气，包括 5 套 20kW 级 SOFC 发电模块，实现了连续稳定运转，燃料电池系统最大发电功率为 101.7kW，在尾气循环工况下燃料电池系统发电效率可以达到 53.2%，CO_2 捕集率为 98.6%，验证了 IGFC 模块化发电技术路线，创建了 CO_2 近零排放的 IGFC 技术理论体系，形成了我国 IGFC 技术原创策源地。

固体氧化物电池（SOFC+SOEC）技术将助力"泛氢"能源快速发展，

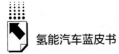

未来十年是中国"泛氢"能源与固体氧化物电池产业发展的重要机遇期。提升固体氧化物电池的性能和稳定性是目前研发的重点，其中提高电堆寿命及一致性、可靠性，集成高效大功率系统是目前迫切需要解决的问题，相关技术的突破将为实用化应用奠定基础。此外，从市场需求出发，探索应用场景，因地制宜地选择"泛氢"能源与固体氧化物电池产业发展路线需要积极探索有效的商业模式同样重要，当前阶段尤其要重视与热能耦合的 SOEC规模化电转 X 技术以及大型煤气化燃料电池发电技术，通过在示范运行过程中不断推动 SOFC 发电及 SOEC 制氢技术研究和自主研发，为"泛氢"能源与燃料电池技术的全面产业化奠定基础。"泛氢"能源与固体氧化物电池技术在目前以煤电为主的发电结构以及未来可再生能源高占比的新型电力系统中可以保障电力系统的稳定性和可靠性，基于固体氧化物电池的"泛氢"能源制备及利用技术可以保障我国能源安全，带动产业转型升级，推动能源低碳绿色革命。

徐锭明

国务院原参事、原国家发展改革委能源局
局长

百年大变局下的氢能燃料
电池汽车智能化之路

　　回顾历史，每一次能源革命都与工业革命息息相关，新技术的产生使得人们改变了对能源开发利用的方式，这种新方法的出现又进一步促进相应产业的发展，从而改变整个社会的生产活动，交通和能源亦如此，二者紧密结合在一起。能源体系的组成在很大程度上影响着一个国家的工业体系、军事体系、金融体系、社会结构和生活方式，通过不断深入推进能源革命，从一个能源大国转变为能源强国，能源生产和消费方式就实现了清洁、低碳、安全、高效的历史性变革，国家各个行业都会步入高质量发展的新征程。

　　从工业革命的三要素来看，第一次工业革命是机器替代人，标志是瓦特发明的蒸汽机，驱动蒸汽机的能源是煤炭，蒸汽机带来的是铁路交通。1820

年，世界建成了第一条铁路，1863年建成第一条地铁。第二次工业革命核心产品是汽车、飞机，核心能源则是汽油和电，动力系统就是内燃机、电动机。其实，全世界第一个内燃机用的燃料就是氢能，全世界最早的汽车是用电。第三次工业革命是信息革命，核心驱动力是计算机、信息化。第四次工业革命是人工智能，核心技术是AI、ChatGPT。这两次工业革命伴随着可再生能源和新兴能源体系的发展，可再生能源本质上是制造业高度融合的结果，是多种技术跨行业的高度集成构建的能源体系。

从能源革命的角度来看，本次能源革命主要有五大支柱，第一大支柱是可再生能源必定要替代化石能源，化石能源的有限性约束必然被打破，取而代之的是取之不尽用之不竭的光伏、风电和生物质等可再生能源；第二大支柱是分布式能源，千百万个建筑物未来都是能源生产单位，在可再生能源主导下，能源必然走向分布式和微电网模式；第三大支柱是氢能和储能，可再生能源天生具有间歇性和不稳定性，需要储能和氢能来作为补充；第四大支柱是在新能源基础上的新型交通工具，包括汽车、船舶、飞机、轨道交通等；第五大支柱是能源互联网，分布式能源并不是孤立的能源，而是要通过能源与信息等领域新技术深度融合，统筹能源与通信、交通等基础设施，建设"源-网-荷-储"协调发展、集成互补的能源互联网，使得智能化能源系统可以适应分布式能源发展、满足用户多元化需求，优化电力需求侧管理，提高电网与发电侧、需求侧交互响应能力。

高质量发展关系我国社会主义现代化建设全局，是中国特色社会主义的本质。要高质量发展就需要重新审视是什么在引领人类的文明，明确高质量发展的两个重要道路：绿色化和数字化发展。绿色化发展支撑的是生态文明新时代，数字化发展支撑的是智业文明新时代，绿色化和数字化是人类可持续发展的必由之路；绿色化和数字化是建设现代化强国的必由之路；绿色化和数字化是现代化国家的重要标志。立足我国能源资源禀赋，围绕能源安全保供、绿色低碳转型等高质量发展要求，深入推进能源革命，加快规划建设新型能源体系，推动能源向绿色化和数字化转型是未来发展的重要方向。

氢能是绿色低碳发展的重要方向，当今氢能的利用和发展充分展示了人类有意识自觉和主动地保护环境，应对气候变化，拯救地球，坚持走可持续发展道路的决心和意志。

氢能是广泛的概念，状态不同导致的用途是不一样的，所以必须要站在更高的维度来看它。第一，要理解氢能在我国能源革命中的地位和作用；第二，氢能在"双碳"工作中的地位和作用；第三，氢能在构建新型电力系统中的地位和作用；第四，氢能在现代化工业体系中的地位和作用；第五，氢能在现代化交通体系中的地位和作用；第六，氢能在现代化农业体系中的地位和作用；第七，氢能在构建现代化社会中的地位和作用；第八，氢能在保障民生中的地位和作用。

在人工智能的时代背景下，氢能发展必然要融合时代潮流，紧追时代脚步，氢能燃料电池汽车的发展更是如此。氢能燃料电池产业应用技术在不断地探索升级，数字化转型将为氢能产业按下"加速键"，氢能燃料电池汽车作为战略性新兴产业，应开始思考如何适应智能制造潮流，进行数字化转型。

《氢能汽车蓝皮书》从产业、政策、测评安全、应用、区域和国际等几个方面系统介绍了氢能汽车产业各个环节的发展现状，为政府部门、能源机构和汽车企业提供了重要参考，对推动我国能源变革、汽车工业高质量发展和"双碳"战略目标落实有着积极而重要的作用，希望编制团队把这部报告持续做下去，服务行业、产业和社会。

郑贤玲

经济学博士　中国国际海运集装箱（集团）股份有限公司总裁战略顾问,《产业观察者》独立撰稿人

燃料电池汽车已经具备产业化条件

我国燃料电池汽车仍处于示范期, 2023 年 1~8 月全国燃料电池汽车累计销量为 3823 辆, 同比增长 85%, 这对于处于"以奖代补"第二年的燃料电池汽车来说算不上是一个好的业绩, 而且 2023 年以来, 全国加氢站招标信息也较前两年明显放缓。不过, 如果分析氢能产业在过去 50 多年走过的历程, 我们认为, 燃料电池已经到了从示范应用到产业化推广的新阶段, 尤其是可再生能源与绿氢耦合正在成为趋势, 氢能基础建设将变得更加具有经济价值和现实意义。

1. 三次氢能浪潮与燃料电池汽车的技术进步

尽管氢和燃料电池技术都由来已久, 但将氢气作为能源, 我们认为还是在 20 世纪燃料电池于航天领域的成功应用以后, 美国萌生了用氢燃料电池替代燃油发动机的想法。此后, 自 1966 年通用汽车做出第一辆燃料电池汽车开始, 世界经历了三次氢能浪潮。

第一次氢能浪潮兴起于 20 世纪六七十年代的美国，在燃料电池航天应用和石油供求关系紧张的情况下，1970 年，约翰·博克里斯（John Bockris）教授在美国通用汽车公司（General Motors）技术中心演讲首次提出了"氢经济"的概念——一个基于氢能在航天领域技术民用化的畅想。接下来的 1973 年爆发第一次石油危机，这一概念得到了很好的响应，氢气被描绘成未来取代石油的主要能源，整个氢能源生产、配送、储存及使用的市场运作体系都得到了很好的发展，为氢气管线、线性压缩机、电解槽技术奠定了一定的基础。

这一技术影响到了欧洲、亚洲主要国家的基础研究，并成立了氢能国际组织。1974 年，国际氢能协会在美国成立；1976 年，国际氢能期刊创刊；1977 年，国际能源署氢能和燃料电池技术合作计划设立。

第二次氢能浪潮兴起于 20 世纪 90 年代。工业革命给西方发达国家带来了繁荣，也带来了环境污染的压力。1990 年，加州出台零排放汽车法案（ZEV），通过强制规定企业零排放汽车销售比例和信用额度积分的方式来迫使车企推广 ZEV。与此同时，气候变化问题也受到了欧洲、亚洲地区的重视，氢能被再度提及。恰在这一时期，燃料电池在航天领域的专利到期，美国再次提出氢能发展的规划，这一次提出了研究、发展和示范的法案，当时提出"五年管理计划"。

这一期间，美国、欧洲、日本、韩国主要汽车厂商都推出了燃料电池汽车，并实现了多次技术迭代，中国也加入了燃料电池汽车的研究和示范，主要示范企业燃料电池汽车达到了传统汽车的基本性能，加一次氢最高行驶里程超过 600km，并实现了零下 30℃低温启动。燃料电池核心技术及配套体系基本形成。

第三次氢能浪潮是以 2014 年 11 月丰田推出 Mirai 和 2015 年 178 个缔约国签订《巴黎协定》，丰田宣布燃料电池成本下降到 2008 年的 1/20，燃料电池汽车的价格下降到了 40 万元/辆，燃料电池汽车基本上实现了经济性。

也就是说，第一次氢能浪潮燃料电池汽车可以开动；第二次氢能浪潮燃料电池汽车达到了传统汽车的一般性能和驾驶体验；第三次氢能浪潮从技术

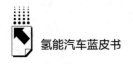

上实现了燃料电池汽车的经济性。

2. 摆脱资源约束与环境约束是氢能产业发展的原动力

回顾这三次氢能浪潮的背景，第一次是因为石油资源，20世纪五六十年代，战后西方国家石油需求高速增长，石油生产国与需求国都想控制油价，双方剑拔弩张，美国萌生了石油替代的想法，核心驱动历史摆脱资源约束。

1990年加州零碳汽车法案是在欧美国家经济繁荣的背景下提出的，汽车的高排放对空气污染造成了很大的压力，零碳法案推动了电动汽车与燃料电池汽车的研发。2015年巴黎协定是由全世界178个缔约方共同签署的气候变化协定，是对2020年后全球应对气候变化的行动作出的统一安排，目标是将全球平均气温较前工业化时期上升幅度控制在2摄氏度以内，并努力将温度上升幅度限制在1.5摄氏度以内。在这一协定下，目前已经有150多个国家制定了碳中和目标，到2022年全球超过30个国家制定了氢能发展战略。这两次氢能浪潮的核心驱动历史摆脱了环境约束。

虽然第三次氢能浪潮燃料电池汽车产业化进度不如电动汽车，但我们也看到一个现实问题，电动汽车既没有摆脱资源约束，也没有摆脱环境约束。锂资源是一个比石油天然气集中度更高的矿产资源，可能引发新的地缘政治；而锂离子电池尚没有完全解决无害化回收问题，仍面临土地和水资源污染的风险。因此，如果将汽车工业的未来完全交给锂离子电池，即使未来电力结构变得清洁化，也面临资源约束与环境约束的不确定性。

虽然我国高耗能工业产业比较集中，交通领域的排放大约10.4%（2022年数据），但从全球范围来看，交通碳排放约占全球总碳排放的23%。随着我国经济发展从高速发展到高质量发展，交通领域能耗与排放比例必然会提高。要实现交通领域的碳中和，同时也不转移交通领域的排放，燃料电池是对冲电动汽车不确定性风险非常必要的选择。

3. 燃料电池汽车产业化的条件基本形成

要实现氢能产业化，必须达到三个基本条件，即安全性条件、经济性条件和可持续发展的条件。氢能在工业领域大量应用，但车载气瓶具有体积、重量受限、充装有特殊要求、使用寿命长和使用环境多变等特点。从20世纪 90 年代Ⅳ型储氢瓶被发明以来，解决了轻量化、高压力、高储氢质量比和长寿命等安全、高效储氢的问题，并在过去十年左右，欧洲、日本、韩国、美国等国家陆续实现了Ⅳ型储氢瓶的产业化。

20 世纪 90 年代，加州零碳汽车法案开启了电动汽车与燃料电池汽车的"相生相杀"，当时美国 JOSEPH·J 博士撰文《氢的骗局》指责燃料电池汽车达到 100 美元/辆，没有加氢网络，丰田第一批产品的单价也达到 1 亿日元（合人民币 600 多万元）。2014 年丰田发布 Mirai，官方定价 723.6 万日元（合人民币 47 万元）。此后，各国燃料电池成本大幅下降，2018 年我国燃料电池系统价格在 15000 元/kW 以上，到 2023 年已经降至 2500 元/kW 左右，随着规模化生产，还有很大的降本空间。

而第三个条件是可持续发展条件，其实煤制氢、天然气制氢或工业副产氢的成本并不一定很高，重要的是化石能源制氢并不能解决排放问题，可再生能源制氢才是可持续发展的路径，十年以前，光伏和风电成本太高，绿氢几乎就是一个梦想，而过去十年，光伏和风电成本大幅下降，部分地区光伏成本已经降至 0.1 元/kWh，这使得绿电制绿氢成为现实。

也就是说，氢能发展的核心条件安全性、经济性和可持续性几乎都是在过去十年内实现的，这使得燃料电池汽车的产业化障碍已经基本消除。我国燃料电池产业化探索 20 多年已经培育了一批燃料电池相关企业，核心材料及关键零部件等供应链基本成熟，而大量能源企业的加入让燃料电池产业生态链也变得越来越清晰。

而随着近年来风光装机比例的攀升，可再生能源的稳定和消纳成为一个很重要的问题，2022 年以来，全球绿氢项目迅速上量，仅 2023 年 1~9 月份，国内公开签约的绿氢项目就达到了 57 项。绿电制绿氢与化工的耦合固然是一个非常有前景的市场，但我们必须看到，巨大的能源体系需要更广泛的消纳市场，氢能的可储存、灵活性特点将更适合交通领域的能源需求。重要的是完善供氢系统的基础建设，包括氢气储运、输氢管道和加氢站。考虑到资源条件和运行成本，目前从氢能富集区开始推广燃料电池汽车将更有成效。

产 业 篇
Special Subject

B.3
中国车用氢能动力系统技术
及产业化进展

王桂芸　胡辰树*

摘　要： 随着燃料电池汽车产业的快速发展，燃料电池系统和电堆自主化产品迭代，已基本实现国产化生产，为适用于商用车应用场景，逐渐往高性能、长寿命和大功率发展，成果显著。但是，在燃料电池核心材料和部件环节，仍未完全实现国产化生产，须加快推动关键材料和部件的技术突破及国产替代应用，从而推动国产材料和零部件进入良性循环的发展通道，促进燃料电池汽车产业链健康有序发展。

关键词： 燃料电池汽车　燃料电池系统　关键零部件

---

* 王桂芸，博士，中汽数据有限公司补能战略室工程师，主要研究方向为车用氢能应用技术；胡辰树，中汽数据有限公司，高级工程师，清洁能源研究部技术总监，主要研究方向为燃料电池汽车应用技术。

一　车用燃料电池电堆及关键部件进展

（一）燃料电池电堆

得益于多年的燃料电池汽车研发积累和示范应用探索，目前，国产燃料电池电堆使用寿命普遍已超过 1.5 万小时，单堆 300kW 大功率燃料电池电堆已发布上市，电堆向长寿命、高性能、大功率发展，满足终端市场需求。

2022 年 10 月，新源动力发布车规级大功率产品——燃料电池电堆 HYMOD$^{©}$-200$_{M7}$，该堆采用自增湿、低铂、高性能膜电极匹配超薄金属双极板，额定功率 200kW，体积比功率密度 6.0kW/L，可实现-40℃无辅助加热快速冷启动，设计寿命超过 20000 小时。与上一代产品相比，HYMOD$^{©}$-200$_{M7}$的铂载量降低了 50%，单电池厚度减少了 20%，体积比功率提升了 33%，寿命提高了 100%，成本降低了 30%。2023 年 3 月，氢璞创能发布全球首款 300kW 碳复合板电堆和高功率密度 200kW 金属板电堆。据悉，氢璞创能发布的该款超大功率 340kW 电堆，超高功率密度可达 4.6kW/L，更高工作温度可达 95℃，更长的寿命可达 30000 小时；200kW 金属板电堆的超高功率密度（6.4kW/L），最大功率 206kW。2023 年 4 月，未势能源推出 300+kW 膨胀石墨板电堆，柔性石墨单板厚度 0.65mm，最高效率达到 68%，峰值功率密度突破 4.0kW/L，设计寿命达 30000 小时，推动氢能重卡从中短途运输向长途运输进阶。表 1 是代表性企业燃料电池电堆及其技术指标，从表中可以发现，燃料电池电堆在提高性能和寿命的同时，双极板的厚度也在减小，电堆功率密度指标较之前相比大幅提升。

（二）供氢系统

目前我国车载储氢系统主要应用于 35MPa Ⅲ型瓶，Ⅲ型瓶技术较为成熟，已全面实现国产化。我国车用Ⅳ型储氢瓶国标已发布，将于 2024 年 6 月 1 日正式实施，明后年将实现规模化应用，将带动车辆储氢量、续驶里程、轻量化水平等大幅提升。我国车载储氢系统代表性生产企业有国富氢能、未势能源、中集安瑞科等。国富氢能目前生产的是车载高压Ⅲ型瓶，已完成60L、110L等7种容积的35MPa及62L、145L的70MPa储氢Ⅲ型瓶的研发生产。未势能源的商用车平台车载储氢系统设计压力为35/70MPa，采用了自有瓶阀与减压控制阀组，有效减少隐患30%以上，乘用车平台车载储氢系统设计压力为70MPa，采用自主研发的Ⅳ型瓶、瓶阀、减压阀。国内氢气传感器和管阀件以进口件为主，国内已有样件开发完成并装车试用，并进行试验。但是，国产产品市场占有率低，规模化生产能力和一致性水平有待提升。国内已有企业具备35MPa氢气阀门的制造能力，而70MPa氢气阀门仍依赖进口，价格偏高。

表1　代表性企业燃料电池电堆及其技术指标

产品型号	300+kW膨胀石墨板电堆	300kW石墨板电堆	200kW金属板电堆	VLS Ⅲ-250	HYMOD©-200_{M7}
生产厂家	未势能源	氢璞创能		清能股份	新源动力
额定功率（kW）	300+	300	200	250	200
电堆寿命（h）	30000	30000	—	—	20000
功率密度（kW/L）	4.0	4.6	6.4	4.7	6.0
双极板类型	石墨板	石墨板	金属板	复合板	金属板
双极板厚度（mm）	<1.3	1.44	0.51	—	—

资料来源：作者根据企业官网公开资料整理。

燃料电池比例电磁阀安装在燃料电池供氢系统的截止阀之后，主要用于根据工况要求控制氢气供给量，从而实现燃料电池发动机所需的功率要求。燃料电池供氢系统截止阀安装在减压阀后和比例阀前，主要作用是控制燃料电池系统中氢气流动的通断。燃料电池排水电磁阀是燃料电池系统中的重要组件，排水阀安装在水分离器底端，用于控制和排放燃料电池系统中产生的水蒸气和液体水。随着燃料电池技术的快速发展，国内比例电磁阀和燃料电池系统供氢截止阀、燃料电池排水阀的技术创新和产业化也在不断取得进展。

海力达加热型排水电磁阀采用隔离式膜片设计，实现了运动零件和液路的完全隔离，有效防止卡阀等失效模式的发生。内部金属零件和密封件采用专为燃料电池氢气系统开发的特殊材料，大幅提高了系统可靠性。排水阀进口压力范围≤3barg，设计寿命≥1000万个启停循环，连接方式为插装和螺栓。海力达比例控制电磁阀，采用独有的非接触式设计，成功将迟滞降低到5%以内，从而实现流量曲线的精确控制。此外，此款比例阀还实现平台化设计，其口径覆盖2.5~4.5范围，进口压力范围0~20barg，流量可以满足市场上95%以上的用户需求，对于降低产品的综合成本和提高可靠性起到关键作用。海力达燃料电池供氢系统高性能供氢系统截止阀已实现量产，该阀采用先导式结构，进口压力范围≤25barg，设计寿命≥1000万个启停循环，连接方式为插装、法兰固定，在整阀制造过程控制和整体控制方面得到很大提升。

（三）空压机

目前我国燃料电池空压机以离心式空压机为主，基本实现全面国产化。代表性企业有河北金士顿科技有限责任公司（以下简称"金士顿科技"）、势加透博（北京）科技有限公司（以下简称"势加透博"）、蜂巢蔚领。

金士顿科技的量产产品已经涵盖国内市场15~300kW燃料电池系统，拥有单级压缩、两级压缩、单级压缩+透平、单级压缩+控制器一体化集成多种结构形式。势加透博首批样机"XT-FCC300先锋1号"已经交付客户系统匹配和性能评估测试。

随着高系统功率的燃料电池重型车规模增长，160~240kW的空压机市场需求前景广阔；系统功率不断提升，空压机功耗增大，因此，降低空压机自身能量损耗，提升整机效能，带能量回收的透平空压机是未来方向之一。同时，轻量化、集成化和平台化也是空压机的未来发展趋势。

（四）关键零部件及核心材料

1.膜电极

目前，我国燃料电池膜电极已经全面进入产业化阶段，且国产产品已替代进口产品，已基本解决科学问题和工程挑战，且在多个场景得到应用，国内市场国产膜电极占比已超过90%，2023年国产化率有望进一步提升。产业链代表性企业有鸿基创能科技（广州）有限公司（以下简称"鸿基创能"）、浙江唐锋能源科技有限公司（以下简称"唐锋能源"）、苏州擎动动力科技有限公司（以下简称"擎动科技"）、武汉理工氢电科技有限公司（以下简称"武汉理工氢电"）。

目前鸿基创能的产能是1000万片/年，自2021年9月至2023年6月，累计交付310万片膜电极。唐锋能源的M10系列低铂膜电极产品的功率密度已经达到1平方厘米1.5瓦、寿命超过1万小时，并通过了车规级工况验证，所有技术都有100%自主知识产权。擎动科技立足研发催化剂和膜电极制备的核心工艺，已投产自主开发的卷对卷直接涂布法的膜电极生产线，实现了从催化剂材料、膜电极设计、CCM涂布和MEA封装的全生产工艺流程的完全国产化。武汉理工氢电自主研发的CCM型膜电极，占据国内自主燃料电池市场主要份额，并出口至美国、德国等十多个国家和地区，实现国产膜电极对国际垄断的反向输出。表2是代表性企业车用燃料电池膜电极及其技术指标，从表2可以发现，国内领先膜电极企业的产品功率密度均超过1W/cm²，使用寿命超过15000小时，已基本满足产业化应用需求。

表2　代表性企业车用燃料电池膜电极及其技术指标

产品型号	HPM-H151N	HPM-B161N	轻型车用膜电极	第二代高性能膜电极
生产厂家	擎动科技		武汉理工氢电	未势能源
催化剂总载量（mg/cm²）	0.35	0.45	≤0.50	≤0.30
功率密度（W/cm²）	>1.50	>1.30	1.68	>1.80
使用寿命（h）	>15000	>25000	>20000	—

资料来源：作者根据企业官网公开资料整理。

2. 双极板

目前，我国燃料电池双极板已经具备自主化生产能力，且重点企业扩产趋势明显。双极板的种类有石墨双极板、金属双极板和复合双极板。石墨双极板的代表性企业有上海弘枫、上海神力、国鸿氢能等；金属双极板的代表性企业主要有上海治臻、爱德曼、氢璞创能等；复合双极板的代表性企业有新源动力、氢璞创能等。

近年来，随着燃料电池系统往大功率长寿命方向的发展，燃料电池双极板也逐渐超薄化。未势能源大于 300kW 膨胀石墨板电堆中的双极板厚度小于 1.3mm；上海治臻的燃料电池金属双极板 S05C 厚度为 1.1mm；氢璞创能用于 200kW 金属板电堆的双极板仅 0.51mm。潍柴动力、国氢科技等燃料电池系统企业均已布局双极板的开发。

整体来看，双极板市场正在不断扩张，性能逐渐优化。石墨双极板质量轻、耐腐蚀，我国生产石墨双极板的企业较多，技术也更为成熟；金属双极板易于加工、成本低，其生产规模及产量也在不断延伸。现阶段，我国石墨和金属双极板的应用较多，复合双极板因加工周期长的缺点限制了其应用。

3. 质子交换膜

目前我国燃料电池质子交换膜已经具备量产能力，性能接近进口材料，且有明显的成本优势，代表性企业有山东东岳未来氢能材料股份有限公司（以下简称"东岳未来氢能"）、武汉绿动氢能能源技术有限公司（以下简称"武汉绿动"）。

东岳未来氢能是国内质子交换膜领军企业，其150万平方米燃料电池膜及配套化学品产业化项目于 2022 年 1 月开工建设，2022 年 6 月竣工，正式进入投料试运行阶段[①]。目前，东岳未来氢能已拥有完整的燃料电池膜及关键材料产业链布局，已量产的氢燃料电池膜 DM2256 系列产品是基于更高IEC 全氟磺酸树脂开发的 15 微米复合质子膜，更适合高温低湿工况，在燃料电池汽车领域，东岳未来氢能是国内唯一参与全部五个示范城市群的企业，质子交换膜产品已批量化应用在叉车、电源、公交车、物流车等场景

---

① 山东东岳未来氢能材料股份有限公司官网。

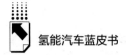

中。武汉绿动是国氢科技的全资子公司，2021 年 12 月，武汉绿动首条全自主可控的氢燃料电池质子交换膜生产线在武汉投产，预计年产能 30 万平方米，可生产厚度从 8 微米到 20 微米的质子交换膜①，产品在质子电导率、气体渗透率（H_2）、机械强度等方面均相当于或优于国内外同类竞品，但价格只有国外同类产品的一半。

4. 催化剂

目前我国燃料电池催化剂已经初步具备量产能力，且性能接近进口产品，具有一定的成本优势，代表性企业有上海济平新能源科技有限公司（以下简称"济平新能源"）、中自环保科技股份有限公司（以下简称"中自环保"）。

济平新能源具备单日产量一批次五公斤的生产能力，2022 年 9 月至 2023 年 7 月，济平新能源陆续与重塑集团、新源动力股份有限公司、山东赛克赛斯氢能源有限公司、江苏清能新能源技术股份有限公司签署战略合作协议，推进氢燃料电池产业高速发展。中自环保氢燃料电池用铂碳催化剂公斤级制备线已经建成并具备批量化生产能力，公司参与的"十三五"国家重点研发计划"高性能/抗中毒车用燃料电池催化剂的合成技术与批量制备"将于 2023 年 10 月结题，届时将形成 2kg/批次的铂合金催化剂的制备能力。

5. 碳纸

目前，我国燃料电池碳纸材料量产能力还在构建中，性能与进口产品仍有差距。深圳市通用氢能科技有限公司已建成年产 10 万平方米的全国首条卷对卷气体扩散层连续化产线，卷材宽幅可达 1.2m，已推出适用于液冷燃料电池、风冷燃料电池、水电解制氢电解槽三个系列的产品。湖南金博氢能科技有限公司积极开展碳纸材料开发，已与多家燃料电池头部企业达成合作协议并提供样品验证，其碳纸生产正处于产线投建阶段。

---

① 《国内首条自研质子交换膜产线在汉投产 氢燃料电池关键零部件实现国产化》，武汉市人民政府网站，https://www.wuhan.gov.cn/sy/whyw/202112/t20211207_1867571.shtml。

二 车用燃料电池系统进展

燃料电池系统是燃料电池产业链技术创新的核心环节。目前，燃料电池系统技术水平快速提升，成本保持年均 20% 的下降幅度。我国燃料电池系统以国产为主，一级零部件国产化率较高，部分技术指标达到国际先进水平。燃料电池系统市场格局快速变化，大功率、高性能的新产品不断推出。表 3 是代表性企业燃料电池系统的相关技术指标，燃料电池系统额定功率与设计寿命均较 2021 年产品有了大幅提升。

表 3 代表性企业燃料电池系统的相关技术指标

产品型号	M180	镜星二十二	255kW 商用车氢燃料电池发动机	200kW 燃料电池发动机	OLAS 270A
生产厂家	亿华通	重塑科技	未势能源	潍柴动力	东方氢能
额定功率（kW）	180	220	255	200	270
质量功率密度（W/kg）	710/790	—	>760	—	902
额定工作效率（%）	52	—	44	—	43
冷启动温度（℃）	−35	−30	−30	−30	—
设计寿命（h）	30000	30000	20000	30000	—

资料来源：作者根据企业官网公开资料整理。

图 1 是 2019 年 1 月至 2023 年 6 月，我国装车燃料电池系统功率分布图。2022 年燃料电池系统平均功率接近 100kW，功率密度 450 瓦/公斤，比 2019 年提升近一倍，低温冷起动温度普遍能达到−35℃，燃料电池系统功率在 110kW 以上的车型，销量占比为 52%。2022 年底，燃料电池系统销售均价已降至 4000 元/千瓦以内，保持年均 20% 幅度下降。

全球最大的汽车零部件企业博世致力于推动氢能技术产业化，积极开展燃料电池动力系统布局，以中国市场需求为核心，不断强化本地研发和创新，丰富产品组合，已推出 76kW、134kW、190kW 等多款氢动力产品，具备低温适应能力、高功率密度、高系统效率、快速功率响应等技术优势，300kW氢动力模块也已经搭载客户车辆并投入验证。氢动力系列产品全面覆盖城市出行、物流、中重型长途运输等商用车典型应用场景，有效支持4.5吨~49吨车型的全系列功率需求。截至2023年底，搭载博世氢动力模块的车辆运营里程已累计超过420万公里，其中8.3吨氢燃料电池物流车于2021年首发，服务于"成渝氢走廊"及北京冬奥会后勤保障等任务，获得了积极的市场反馈；搭载134kW氢动力模块的18吨氢燃料电池车为成渝两地及长三角客户提供了高效、环保的物流配送解决方案；搭载190kW氢动力模块的49吨重卡也已在干线物流场景展开示范运行，并获得积极反馈。博世预计，到2030年，全球范围内每五辆6吨及以上的新售卡车中就有一辆使用氢动力。

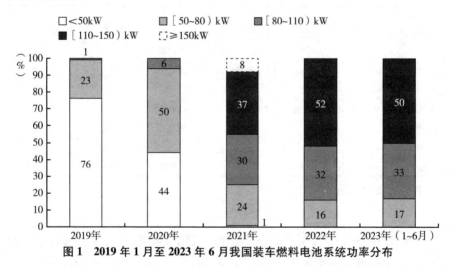

图1 2019年1月至2023年6月我国装车燃料电池系统功率分布

资料来源：中汽数据有限公司。

2022年12月，重塑集团发布镜星二十二新一代大功率燃料电池系统，该产品采用商用车车规级开发及验证体系，完成了包括高低温、高湿、振动、长额定、长怠速、变载等全工况下的66项测试和验证，额定输出功率达到220kW并可扩展至260kW，通过先进的电堆材料及工艺技术、智能的水热管理技术结合CVM和EIS在线诊断技术等，实现了95℃高温持续稳定运行；具备针对高寒、高海拔环境的强适应性，可实现-30℃低温无损冷启动以及3000米海拔环境下功率不衰减。

2023年2月，亿华通M180氢燃料电池发动机发布，M180发动机是亿华通基于最新一代产品平台优势①，自主开发的一款燃料电池发动机，可搭载城际客车、城际公交车、牵引车、自卸车等车型。M180发动机基于5.4kW/L高功率密度电堆及双堆均匀分配歧管技术，在车辆有限搭载空间下，产品额定功率达180kW，峰值功率达200kW以上；质量功率密度为710/790（W/kg）；额定效率达52%，最高效率达64%以上；通过优化膜电极、双极板的流道设计，系统变载速率最高可达100kW/s。2023年5月，亿华通与丰田合资成立的华丰燃料电池有限公司发布了全新一代大功率氢燃料电池系统TL Power 150。TL Power 150额定功率达到150kW；质量功率密度900W/kg；额定效率47.01%，最高效率64.90%；寿命3000h。

2023年7月，在第31届世界大学生夏季运动会场馆，东方电气为成都大运会提供的80辆搭载"东方芯"氢燃料电池发动机的氢能大巴，开赛后将承担接送运动员和工作人员的任务，也是赛会期间唯一投入使用的氢能载客车辆。此次投入成都大运会的氢燃料电池大巴，搭载由东方电气自主研发的氢燃料电池动力系统，系统最高效率达到61%，是普通内燃机热效率的1.5倍，平均百公里氢耗低至4公斤，加氢一次可行驶450公里。

三　车用氢内燃机进展

在节能减碳背景下，氢内燃机迎来了新的发展机遇。现阶段，我国氢内燃机发展还处在初期研发和测试阶段。氢内燃机对氢气纯度要求较低，并且可以使用内燃机行业已有的技术和生产线，因此与氢燃料电池相比更具有价格优势。国内企业，一汽、上汽、潍柴、玉柴等企业已开展氢内燃机的前期开发和设计。

---

① 企业官方公众号平台。

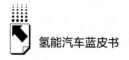

2023 年 3 月，搭载一汽集团基于"红旗"汽油机研发的国内首款 2.0L 零排放增压直喷氢内燃机，在沈阳某机场完成首飞，这是我国自主研制的第一架以氢内燃机为动力的通航飞机。2023 年 6 月，康明斯研发的氢内燃机平台正式点火，这是康明斯全新一代 15H 氢内燃机，经全球协作、本地开发、定制设计、一体优化研发而成，此氢内燃机规划了 15 升、10 升和 6.7 升三个排量，采用直喷、稀薄燃烧技术，热效率可达 44%，实现零碳排放。2023 年 6 月，"氨氢融合 创领未来"一汽解放氨氢融合直喷零碳内燃机点火仪式在长春举行，标志着一汽解放继直喷氢气发动机之后为商用车传统动力可持续发展、零碳动力变革转型提供又一划时代解决方案。2023 年 6 月，潍柴首台商业化氢内燃机重卡在济南正式发布，该款车型为中国重汽全新一代黄河品牌高端重卡，搭载潍柴动力自主开发的 13L 氢内燃机，关键技术指标达到国际领先水平，可商业化应用到港口、城市、电厂、钢厂、工业园区等特殊运输工作场景。

当前，车用动力系统绿色低碳发展已成为全球共识，推进氢能技术在交通领域应用符合我国能源技术革命及汽车产业转型升级的双重需求，燃料电池和氢内燃机是氢能动力系统应用的两种技术选择，两条路线都有各自的侧重市场和目标场景，将呈现相互促进、协同发展态势。燃料电池技术发展较早，具备完全零排放优势，能量转化销量较高，国内产业链体系基本建成，燃料电池汽车已处于示范应用阶段。氢能内燃机可以利用现有内燃机的相关技术及产业链基础，对氢气品质要求相对较低，未来规模化发展后降本效应明显。

四 我国车用燃料电池产业化发展建议

（一）持续提升技术水平

目前，我国燃料电池汽车的技术水平与燃油车、纯电动车仍有较多差距，体现在寿命、能耗、续驶里程等。需着眼于燃油车、纯电动车的技术指标对标，进一步提升燃料电池系统和电堆的控制策略，提升产品效率、功率、功率密度和使用寿命等，提高终端产品的竞争力。

（二）提高产品一致性和稳定性

目前，我国燃料电池多种关键零部件和材料，已经解决原理和小批量生产的问题，但是在规模化生产的产品一致性和稳定性方面，部分产品仍有不足，影响燃料电池的技术水平、寿命、产品成本等。需持续优化各环节生产工艺，解决规模化生产中的质量控制问题，降低产品的缺陷率，为产业规模化发展奠定基础。

（三）推动关键材料和部件的技术突破

多项关键材料和零部件依赖进口，已成为制约氢能与燃料电池汽车产业发展的重要因素。需加快解决质子交换膜、催化剂、碳纸、阀门等关键材料和零部件的技术水平、产品一致性和成本问题，持续提高国产化率，从而提高终端产品的寿命和各项技术指标，降低产品成本。

（四）加快开展国产化应用

目前，部分下游客户对国产材料和零部件等应用较为慎重，导致国产产品缺乏应用机会，进而导致难以在持续迭代中不断优化产品技术。应加大对产业核心关键材料的国产替代应用，给予一定的应用机会，从而推动国产材料和零部件进入良性循环的快速发展通道。

B.4
2023年中国氢气制取技术现状及展望

杨铮 温倩*

摘 要： 我国氢气制取主要来源有化石燃料制氢、工业副产氢、可再生能源制氢，本文通过将不同工艺路线制氢的技术现状、供给与应用情况、竞争力和发展趋势等方面进行对比分析，提出我国能源化工未来低碳发展趋势和发展路径：逐步提高绿氢应用比例，优化行业绿氢脱碳进程；完善绿氢政策支持体系；推动技术创新和降本增效；加快标准体系和认证体系建设等。并着重分析绿氢化工产业未来的发展前景，研究发现，可再生能源制氢一体化项目发展前景广阔，政策利好不断，但行业大多数项目还处于工业示范初期阶段，项目盈利前景不确定，不同技术相对竞争力变化较快，因此还需要着重关注行业相关技术进展和产业化发展情况，在条件合适的情况下推动规划项目大规模落地，促进我国能源低碳转型。

关键词： 化石燃料制氢 工业副产氢 可再生能源制氢 煤制氢 绿氢

一 概述

氢气是重要的工业气体和二次能源，市场规模大，广泛应用于工业各个领域。当作为工业气体原料时，氢气主要用于化工医药、钢铁冶金等领域，

---

* 杨铮，石油和化学工业规划院新能源发展研究中心副主任，主要研究方向为能源化工、新能源等方向；温倩，石油和化学工业规划院副总工程师，教授级高级工程师。

其占氢气利用总量的绝大部分。当作为能源载体时，氢气主要用于直接燃烧发电、交通运输动力、航空航天燃料、调峰储能和氢电耦合等领域，其中氢燃料电池、氢储能和燃气掺氢是氢能的新兴领域，在我国才刚刚起步，虽然基数小，但发展迅速。

氢能是一种来源广泛、清洁高效、应用场景丰富的二次能源，是连接可再生能源生产与绿色能源终端利用的重要载体，被看作未来最理想的清洁能源载体。同时氢气作为原材料工业的重要原料，是推动传统工业领域低碳化发展的重要载体。因此，氢能受到全球范围主要发达国家的高度重视，是未来能源技术革命的重要方向，发展氢能产业对中国应对环境挑战、实现低碳转型、推动能源革命、保障能源安全等具有重大战略意义，将成为我国实现碳达峰和碳中和的重要手段。

根据 IHS Markit、石油和化学工业规划院和中国石油和化学工业联合会统计，2022 年全球氢气市场规模预计为 9800 万吨，合成氨、炼油和甲醇是氢气下游最主要的消费市场，消费占比约 90%。2022 年中国大陆地区氢气生产能力为 4640 万吨/年，氢气产量和消费量进一步增长到 3610 万吨/年，合成氨、甲醇、炼油加工和现代煤化工用氢依旧是最大的下游消费领域，消费占比约 83%。我国氢气市场中纯氢（纯度 ≥4N，含燃料电池用氢、高纯氢和超纯氢）规模增加到 27.5 万吨/年，主要用于电子和半导体、精细化工和医药中间体、冶金和玻璃制造、氢燃料电池汽车等行业。氢气由于储存和运输成本较高，进出口量很小，进出口量规模为 6 吨/年左右。

二 化石能源制氢发展情况

（一）生产工艺

1. 煤制氢

煤制氢的生产过程是首先通过煤气化将煤炭转变为以含有一氧化碳、氢、甲烷等可燃组分为主的煤气产物，再经过一定的化学反应和分离过程，

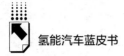
将气态产物转换成高纯度的氢气。煤制氢典型流程为煤气化制粗煤气、水蒸气变换将 CO 变为 H_2、低温甲醇洗去除 CO_2、硫回收、精制提纯等工序（见图 1）。

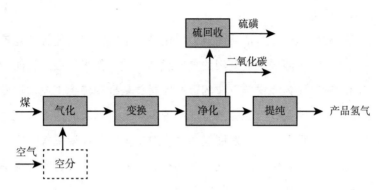

图 1　煤制氢工艺流程示意

煤制氢过程能耗和碳排放较高，污染物排放较多，一般生产 1kg 氢气会产生 19~22kg 的二氧化碳直接排放量，如果算上间接碳排放则会产生约 30kg 的二氧化碳排放量。

2. 天然气制氢

天然气制氢一般采用蒸汽转化法，天然气脱硫后与水蒸气发生化学反应，生成含有氢气和一氧化碳等组分的合成气，后续氢气转化和分离过程与煤制氢类似，经过水煤气变化、脱硫脱碳、氢气提纯等工序获得工业氢气（见图 2）。

炼厂干气含有氢气、甲烷、乙烷、乙烯等组分，一般含氢比例在 20%~30%，因此是炼厂制氢的主要来源，一般也采用与天然气类似的蒸汽转化法生产氢气。

相较于煤制氢过程，天然气或炼厂干气制氢则要清洁许多，污染物排放减少，单位氢气碳排放也降低到直接排放量 10kg/kg 左右、间接碳排放 5kg/kg 左右。中国氢能联盟组织编制的团体标准《低碳氢、清洁氢与可再生能源氢气标准及认定》，将低碳氢定义为二氧化碳排放值低于 14.51kg CO_2e/kgH_2 的氢气，该数值就是根据天然气制氢的碳排放值制定的。

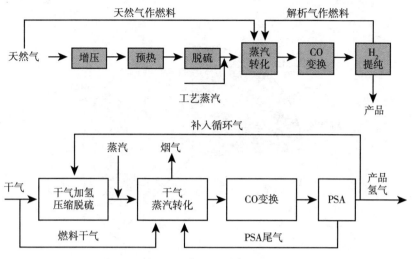

图2　天然气和干气制氢工艺流程示意

3. 油制氢

炼厂副产的重油组分主要是常压渣油、减压渣油及重燃料油，一般可以采用直接气化、煤-油共气化、部分氧化等技术转化为合成气。

炼厂延迟焦化装置的石油焦产品，很多炼厂选择进一步转化生产合成气或氢气，一般是将石油焦以一定比例混合煤炭进行气化。

（二）供给和应用情况

煤制氢是我国氢气制取的主要来源，根据石油和化学工业规划院统计，2022年我国煤制氢装置产能约2750万吨/年、产量约2300万吨，占我国工业氢气总规模的60%左右。煤制氢下游主要用于生产甲醇、合成氨、煤间接液化、煤直接液化、煤制天然气、煤制乙二醇等化学品，甲醇（含煤经甲醇制烯烃产量）和合成氨依旧是煤制氢的最大消费领域，二者合计占比超过75%（见图3）。

天然气和炼厂干气制氢是我国氢气供应的第三大来源，根据石油和化学工业规划院预测，2022年我国天然气和干气制氢装置产能约800万吨/年、产量约600万吨，占我国工业氢气总规模的16%~18%。天然气和炼厂干气下游

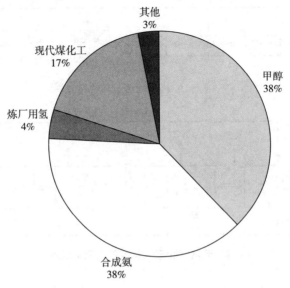

图 3　煤制氢下游消费结构

主要用于炼厂用氢、合成氨生产和甲醇生产（见图 4）。此外，炼厂干气用于提取氢气、乙烯、乙烷后的尾气中直接燃烧浪费的氢气预计为 50 万吨/年。

（三）竞争力分析

传统化石能源制氢以煤、天然气、重油或石脑油等为原料，转化为合成气后再经过净化、CO 变换与分离、提纯等处理，从工业氢制取燃料电池氢等高纯度氢，还需要将氢气进一步纯化、去除微量杂质，以满足纯氢和燃料电池用氢的质量标准要求。与工业副产氢和电解水制氢相比工艺流程长，能耗高，用水量大，还会排放大量的污水和二氧化碳气体。

经济性方面，化石能源制氢的经济性主要取决于原料价格水平。按照大型煤气化制氢生产规模 10 万 m³/h 来计算，当煤炭价格为 600~1000 元/吨时，氢气生产成本为 0.9~1.2 元/Nm³，满足合理收益率时氢气价格为 1.1~1.5 元/Nm³。天然气规模制氢时，按照天然气价格 2 元/Nm³ 计算，氢气成本和合理售价分别为 1.5 元/Nm³ 和 2 元/Nm³；天然气现场小规模制氢时，

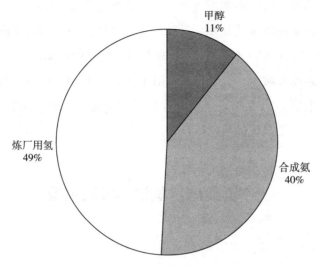

图4 天然气和干气制氢下游消费结构

按照天然气价格 3 元/Nm³ 计算，氢气成本和合理售价将达到 2 元/Nm³ 和 2.5 元/Nm³。

（四）发展趋势

从全生命周期碳排放看，化石燃料制氢在生产过程中会产生大量的碳排放，在"双碳"发展战略的指导下，未来以煤制氢为代表的工业装置将面临越来越大的碳排放压力，需要进行二氧化碳封存或再利用（CCUS），或通过技术手段实现低碳发展进行过渡，如绿氢与煤化工或炼化耦合、绿氢与CCUS 耦合实现 CO_2 高效转化利用等创新路径。

煤化工绿氢耦合发展在当前条件下，是煤制氢低碳发展的过渡方案，可以使高能耗高碳排放的煤化工项目在保障一定营利性的同时实现低碳发展。煤化工产品如甲醇、乙二醇等一般要求原料合成气中氢气比例为 67%，而在多数煤化工装置采用的气流床煤气化炉生产的合成气中 CO 含量高于氢气，需要通过水煤气变换反应将 CO 转变成氢气以提高氢碳比，每多生产1 吨氢气就要多排放 22 吨二氧化碳，因此采用绿氢替代此部分氢气可以起到减碳效果。

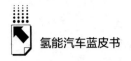

基于碳达峰、碳中和实施进程，并考虑能源安全保障情况，预计2030年前煤制氢产能还将保持增加，2030年后煤制氢将逐步被低碳清洁的氢源替代。2030~2035年碳排放平台期，煤制氢产能稳中有降，以天然气为原料的化工项目限制将减少，绿氢化工应用比例也将逐渐增加，实现能源化工从高碳向低碳发展。2035年后脱碳进程将有望加快，天然气制氢和可再生能源制氢将实现对煤制氢的加速替代。

三　工业副产氢技术发展情况

（一）生产工艺

我国工业副产氢来源主要包括焦化（包括焦炭和半焦）副产气、氯碱电解副产气、丙烷脱氢和轻烃裂解副产氢。

目前，工业化较大规模工业级氢气净化的主要技术方案有PSA（变压吸附）分离法、膜分离法和深冷分离法，主要用于化工、工业的氢气提纯和分离。PSA制氢是使用最广泛的氢气分离提纯工艺，在多年的发展应用过程中，PSA制氢工艺不断发展完善，在气体分离领域起着重要的作用。

从工业氢到燃料电池氢，还需要将氢气进一步纯化、去除微量杂质，以满足燃料电池用氢的质量标准要求。目前，低温质子交换膜燃料型电池国标要求氢气中CO的含量必须控制在ppm级别，国标中要求CO含量不超过0.2ppm。目前比较成熟的脱除CO的方法有变压吸附法（PSA）、钯膜分离法、选择性甲烷化法（SMET）和选择性氧化法（PROX）等。一般在PSA后还需要进一步定向除杂，小规模燃料电池用氢一般采用钯膜提纯、PROX或者PROX+钯膜提纯的组合法，加氢站等现场制氢则还可以采用PSA或PSA+钯膜提纯组合法提纯。

（二）供给和消费情况

工业副产氢是我国氢气第二大来源，根据石油和化学工业规划院统计，

2022年我国焦炭、兰炭、氯碱、乙烯丙烯等装置副产氢产量为680万吨，占我国工业氢气总规模的19%。焦化副产氢主要用于生产甲醇、合成氨、天然气、乙二醇、焦油加氢粗苯加氢、尾气燃烧和发电等。氯碱副产氢除一部分用于生产盐酸和PVC产品外，其余高纯度氢气一般就近外卖或提纯后供应加氢站。独立烯烃副产氢气一般用于下游烯烃深加工，富余氢气就近外卖或提纯后供应加氢站。

（三）竞争力分析

工业副产氢提氢一般采用PSA工艺，主要涉及物理分离过程，流程简单，消耗较低，工业副产氢价格主要取决于上游混合氢气销售价格，副产焦炉气制氢价格一般不高于1.2元/Nm^3，烧碱副产氢等价格一般不高于1.6元/Nm^3。如果加工成燃料电池氢，还需要额外加上氢气纯化除杂费用0.2~0.3元/Nm^3。因此，在制氢成本、综合能耗、二氧化碳排放等指标方面都大幅优于化石燃料制氢和网电电解制氢。

（四）发展趋势

工业副产氢成本低、供应充足，全生命周期能效高、碳排放少，适宜在氢能发展初期快速培育市场，成为在完成绿氢替代前的重要过渡手段，例如利用工业副产氢供应燃料电池汽车加氢站，或开展氢冶金、CO_2加氢制绿色化学品等示范应用和技术改造，在保障一定营利性的同时实现传统工业的低碳转型。未来随着可再生能源成本的降低，以及氢储能产业的快速发展，工业副产氢也会同化石燃料制氢一样，逐步被绿氢替代。

四　可再生能源制氢发展潜力及趋势分析

（一）生产工艺

以可再生能源制取氢气主要有三种途径：一是水的电化学分解制氢，二是

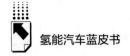

水的热化学分解制氢，三是水的光催化分解制氢。其中，水的电化学分解制氢是目前应用的最主要的方法。水电解制氢气是一种传统的成熟的工业制造氢气的方法，生产原理是施加直流电破坏水分子的氢氧键从而将水分解成氢气和氧气的过程，将电能转化为化学能，是氢燃料电池电化学反应的逆过程。

水电解制氢技术的生产装置为水电解槽，工艺流程短，设备结构简单，操作方便，自动化水平高，运行稳定可靠。电解制氢的产品气纯度高，杂质含量少，经过净化后可得到纯度99%～99.99%高纯度氢气，同时副产氧气。电解水制氢操作灵活度较高，负荷可在30%～100%区间变动，相较于化工装置可以实现大幅度负荷调节、低负荷功率运行和较快速响应条件。水电解制氢的主要缺点是在目前的技术水平下电耗和能耗大，氢气产品成本较高。

基于可再生能源利用的水电解制氢方式不使用化石燃料，电源来自水利、风力或太阳能发电，装置在运行过程中不会产生各种有害气体和二氧化碳等温室气体排放，是节能环保的制氢技术。

水电解制氢技术目前主要有碱性水电解制氢（AWE）、固体聚合物质子交换膜水电解制氢（PEM）、固体聚合物阴离子交换膜水电解制氢（AEM）和固体氧化物水电解制氢（SOE）四种。AWE电解技术发展最为成熟、商业化程度最高，成本较低，目前应用最为广泛。PEM电解技术动态响应速度快，适合可再生能源发电的波动性电解制氢，近几年产业化进展最快，国外已经开始规模化推广，国内的技术还有一定差距，产业化刚刚起步。SOE电解技术是高温电解水技术，正处于初步示范阶段。AEM电解技术还处于实验室研发阶段。

（二）装备技术水平

1. 碱性电解技术

碱性水电解技术（AWE）是目前最为成熟的电解技术，居主导地位，在国内外一些大型项目上应用较多。AWE电解采用氢氧化钾（KOH）水溶液为电解质，以树脂或石棉为隔膜，电解水产生氢气和氧气，效率通常在63%～70%。AWE技术可使用非贵金属电催化剂（如Ni、Co、Mn等），因而催化剂造价较低，但产气中含碱液、水蒸气等，需经辅助设备去除。AWE电解槽负荷调节范围一般为30%~110%。另外，AWE电解槽难以快速启动或变载，启停需要几十分钟，负荷调价也需要数分钟，因而与可再生能源发电的适配性较差。

我国碱性电解槽装备制造已经基本实现完全自主，除生产隔膜的树脂材料等部分原料仍需国外进口外，其他设备和材料均可以国产化生产，我国碱性电解槽产品质量可靠，价格相对低廉，较多企业布局海外市场进行出口。目前，国产设备的最大产氢量为3000Nm^3/h，价格在1500~2500元/kW（800万~1200万元/千方氢）区间，进口设备价格约6000元/kW（3000万元/千方氢）。每标方氢气耗电约5kWh（包括直流电耗、辅助设施电耗、转直流损失）。

国外主要技术商包括：蒂森克虏伯、麦克菲McPhy、Nel氢能（收购普顿）、康明斯（收购水吉能）。国内主要技术商包括：中船718所（派瑞氢能）、苏州竞立（考克利尔竞立）、天津大陆制氢、中电丰业、隆基氢能、阳光氢能、凯豪达氢能等企业。

2.质子交换膜电解技术

质子交换膜电解技术（PEM）采用高分子聚合物质子交换膜替代AWE中的隔膜和液态电解质。与AWE槽比，PEMEC电解水技术的电流密度高、电解槽体积小、运行灵活、利于快速变载，与风电、光伏的匹配性好。PEM电解槽可在5%~160%范围内变负荷运行，冷态启动5分钟，热启动几十秒钟。

过去数年，欧盟、美国、日本企业纷纷推出了PEM电解水制氢产品，促进了PEM电解水技术的规模化应用推广，许多新建项目开始选择PEM电解技术。国内也陆续开发了PEM电解技术，目前国内单台最大产气量为200~260立方米/小时，但PEM电解技术商业化时间不长，质子交换膜和铂电极催化剂等关键组件成本较高，导致PEMEC成本较高，约为相同规模AWE电解槽的3倍左右。未来，随着PEMEC的推广应用，技术进步和规模效应有望促进其成本快速下降。

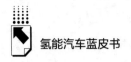

国外主要技术商包括：Nel 氢能、西门子、康明斯、ITM Power、普拉格能源。国内主要技术商包括：大连化物所、中船 718 所、山东赛克赛斯氢能、淳华氢能、国电投氢能（长春绿动氢能）等企业。

3. 固体氧化物电解技术

固体氧化物电解技术（SOE）是一种高温电解技术，采用 YSZ 氧离子导体（氧化钇稳定氧化锆）作为电解质，运行温度区间高达 600～1000℃，具有能量转化效率高且不需要使用贵金属催化剂等优点，因而效率接近100%。但目前商业化还存在一定困难，主要是由于电解的高温高湿反应条件对材料要求非常苛刻，氢电极、氧电极、玻璃或玻璃-陶瓷密封材料损失较大，导致投资大、使用寿命短。国内主要技术商有华清能源和潮州三环等企业。

（三）供给和应用情况

我国可再生能源电解水制氢生产和应用规模比整体工业氢的市场小很多，根据中国氢能联盟统计数据，目前可再生能源电解水制氢产能为 5.6 万吨/年，其中在运行装置规模为 3.1 万吨/年，还有 2.5 万吨/年已建成但尚未投产运营。2022 年我国可再生能源电解水制氢产量在 1.5 万～2 万吨，占全国氢气市场的比例不到 1%，占纯氢市场比例约 7%。除宁夏宝丰和中石化库车等大型可再生能源制氢和绿氢化工耦合一体化项目外，电解水制氢主要用于中小规模用氢需求和特定要求领域，如电子和半导体行业、电厂发电机氢气冷却、装备制造氢氧焊接切割、燃料电池汽车加氢站供应、科学研究领域等。

由于"双碳"政策引导和电网储能调峰需求增长，近几年可再生能源制氢项目加速推进，大量源网荷储一体化制氢项目开展前期工作，据统计，中国已经规划有超过 300 个可再生能源制氢项目，全部投产后绿氢产能将超过 400 万吨/年。目前，已经投产、在建和规划的大型可再生能源制氢项目几乎全都集中在风力和太阳能资源丰富的西北、东北、华北地区。

在国家和各级地方政府的政策支持下，包括中国石化集团、宝丰能源集团、国家电投集团、国家能源集团、中国能建集团、中国电建集团、京能集团、陕煤集团等多家电力和石化企业已经开始布局可再生能源制绿氢或绿氨项目。大部分项目选择源网荷储和绿氢化工一体化发展模式，绿氢下游则以生产绿色合成氨、绿色甲醇、绿色航煤等绿色化学品，以及通过绿氢化工耦合生产低碳化学品为主，促进煤化工和炼化行业降碳，助力当地碳达峰目标实现。

内蒙古地区可再生能源制氢项目规模是所有省份里最大的，在建和规划可再生能源制氢项目超过200万吨/年，约占全国规划总规模的50%，引领国内大型可再生能源制氢示范基地的建设。2023年初，内蒙古能源局公布了15个符合实施条件的项目，配套制氢能力达到28.2万吨/年，配套新能源规模630万千瓦（其中风电470万千瓦，光伏160万千瓦）。在15个项目中有11个并网型电解制氢项目和4个离网型电解制氢项目。其中有11个项目绿氢下游用于生产合成氨和相关化学品，绿氢应用规模为25万吨/年；2个项目生产绿色甲醇项目，绿氢规模为2.6万吨/年；2个项目下游用于燃料电池汽车和发电厂电机，绿氢规模为0.6万吨/年。

河北省于2021年发布了《河北省氢能产业发展"十四五"规划》，提出充分发挥张家口国家可再生能源示范区建设优势，进一步加大承德、保定、沧州、唐山、秦皇岛、邢台、衡水等城市可再生能源开发力度，谋划布局可再生能源发电制氢项目，打造张家口坝上地区绿氢基地，逐步构建风光储氢一体化产业集群。目前，已经投产运行和在建的可再生能源制氢项目规模约3万吨/年，还有超过20万吨/年可再生能源制氢项目处于前期规划阶段。

宁夏地区于2022年底发布了《宁夏回族自治区可再生能源发展"十四五"规划》，提出大力发展离网型新能源电解水制氢，打造宁东光伏产业园绿氢规模化生产基地，积极创建宁东可再生能源制氢耦合煤化工产业示范区，通过绿氢耦合煤制油、煤制烯烃、煤制乙二醇、煤基多联产等项目，推动灰氢转绿、以氢换煤、绿氢消碳。宁夏目前已经规划建设11个可再生能源制氢项目，力争到2025年绿氢生产规模达到8万吨/年。

吉林省于2022年底发布了《"氢动吉林"行动实施方案》，计划到2025

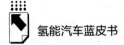
年可再生能源制氢产能达 6 万~8 万吨/年，绿色合成氨、绿色甲醇、绿色炼化产能达 25 万~35 万吨/年；到 2030 年，可再生能源制氢产能达 30 万~40 万吨/年，绿色合成氨、绿色甲醇、绿色炼化、氢冶金产能达 200 万吨/年。

此外，辽宁、新疆、甘肃、山西等地区也出台相应规划，鼓励建设可再生能源制氢一体化项目。

（四）竞争力分析

1. 经济性分析

电解水制氢的经济性决定性因素是电力价格水平。按照 $10000Nm^3/h$ 碱性电解水制氢装置规模建设，全厂投资包括土地、厂房、公辅工程，在副产氧气外售价格为 0.35 元/Nm^3、电价在 0.1~0.5 元/kWh 时，计算得到氢气生产成本为 0.8~2.8 元/Nm^3（见图 5）。

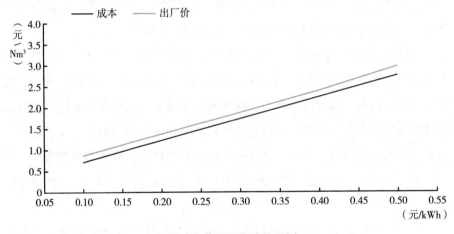

图 5　电解水制氢价格预测

以蒙西地区风光电基地为例，一般情况下可再生能源电价预计为 0.2~0.3 元/kWh，蒙西同时还是煤炭基地，按照近几年煤炭价格走势预计未来煤炭价格为 800~1000 元/吨。考虑到未来可再生能源价格还存在下降空间，因此按照电价 0.2 元/kWh 进行计算，在年操作 6000 小时情况下测算得到绿氢满足合理收益（IRR 税前为 6% 时）的氢气价格约为 1.5 元/Nm^3。当煤炭价格为 1000 元/吨时，可再生能源电解水制氢与煤制氢价格接近，可以实现替代。但如果煤炭价格降到 800 元/吨时，需要对煤制氢收取 120 元/吨的碳排放价格才能保证绿氢项目的竞争力。

如果可再生能源价格高于 0.25 元/kWh，则电解水制氢项目的营利性较差，目前即使在西部地区也有很多项目受资源条件、运营模式等因素影响导致电力成本高于 0.25 元/kWh。因此，获取较低成本的可再生能源指标、进行碳排放交易和申请政策补贴，是保障绿氢与传统灰氢和蓝氢具有相对竞争力的关键。

2. 碳排放分析

与煤制氢相比，电解水制氢的碳排放取决于电力来源。按照以煤炭为原料生产 1kg 氢气会产生 19kg 直接碳排放计算，电解水制氢减碳值根据同等条件下煤制氢碳排放值计算。当电力来源为网电时，按《关于做好 2023—2025 年发电行业企业温室气体排放报告管理有关工作的通知》（环办气候函〔2023〕43 号），2022 年度全国电网平均排放因子为 0.5703t CO_2/MWh，计算得到网电电解水制氢间接碳排放约为 32kg/kg 氢，远高于煤制氢碳排放。当电力来源为可再生能源时，绿电电解制氢的碳排放为零，绿氢替代煤制氢可以减碳 19kg/kg 氢。

虽然可再生能源制氢替代煤制氢可以获得较强的减碳效益，但目前国内碳排放政策和碳排放市场价格，使得可再生能源制氢项目只能获得生态和舆论效益，企业获得了口碑，但无法直接转换成经济效益，往往只能通过新能源项目收益或其他政策补贴进行支持。

3. 匹配性分析

由于氢气储运成本较高，非管道输氢方式超过 100 公里可能导致运费超过原料氢价格，绿氢的大规模应用往往优先考虑就近消纳，或转化为绿色化学品进行外销，目前国内外规划的大型绿氢项目都是以生产合成氨为主。但由于风光等可再生能源具有较大的波动性和不确定性，与连续性的化工生产间存在较大矛盾，需要将年利用小时数在 1000~3000 区间的风光伏通过电化学储能、电解水制氢和氢气储罐缓冲系统，才能用于稳态运行的下游化工装置。

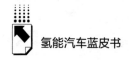

因此，保证生产的安全性与连续性是对风光化工一体化项目技术的重大考验。可再生能源供应采用并网式模式、离网式模式还是组合模式？电解水装置采用稳态运行还是变负荷运行？下游绿氢全部用于化学品生产还是作为耦合的部分原料供应下游装置？这些都是影响项目可再生能源与绿氢化工耦合发展的重要因素，也是波动性系统与稳态系统匹配性的矛盾，在PEM电解技术实现低成本长周期的大规模应用之前，只能通过系统设计、运营调节来不断优化解决。

（五）发展趋势

根据《氢能产业发展中长期规划（2021—2035年）》，可再生能源制氢将成为我国实现绿色低碳转型的重要载体，到2030年将可再生能源制氢广泛应用，有力支撑碳达峰目标实现。我国未来将逐步探索清洁低碳氢能在工业领域替代应用，在化工领域探索开展可再生能源制氢在合成氨、甲醇、炼化、煤制油气等行业替代化石能源的示范，在冶金领域探索氢能冶金示范应用。

《"十四五"新型储能发展实施方案》提出要探索可再生能源制储氢（氨）、氢电耦合等氢储能示范应用，重点试点可再生能源制氢、制氨等更长周期储能技术，满足多时间尺度应用需求，探索利用可再生能源制氢，支撑大规模新能源外送。

在碳达峰、碳中和政策的背景下，可再生能源制氢储氢和绿氢消纳都将是未来能源发展的重要方向，氢（氨）储能具备大规模、长周期等优势，可实现可再生能源电力在不同时间、空间尺度上的转移，因此未来可再生能源和绿氢化工市场空间巨大。

但目前我国绿氢与传统灰氢相比，在经济性方面还不具备较强的竞争力，这限制了风光制氢项目的大规模推广。未来随着风光电成本的进一步下降，以及碳排放成本的上升，绿氢将逐步展现其价值，预计未来在三北风光电基地绿氢的工业应用将率先实现盈利，随后海上风电制氢和分布式光伏制氢等也将在特定条件下具备应用场景。

综上所述，可再生能源制氢一体化项目发展前景广阔，政策利好不断，正处于行业发展的机遇期。但行业大多数项目还处于工业示范初期阶段，项目盈利前景不确定，不同技术相对竞争力变化较快，因此还需要着重关注行业相关技术进展和产业化发展情况，在条件合适的情况下推动规划项目大规模落地，促进我国能源低碳转型。

五 对策建议

（一）优化行业绿氢脱碳进程

基于碳达峰、碳中和发展的阶段性特点，各级政府和市场主体应综合考虑绿氢脱碳项目的经济效益和生态效益优化实施方案，协调灰氢、蓝氢、绿氢的发展路径，并根据当地资源和产业基础差异化发展，不应盲目加快绿氢替代灰氢进程。近期以蓝氢替代绿氢推动氢能在交通领域等进行小规模示范应用，在工业降碳领域优先推动工艺降碳、灰氢 CCUS、绿氢耦合化工的工业示范，未来逐步提高绿氢应用比例，以最小投资和最大收益实现碳达峰、碳中和的阶段性目标。

（二）完善绿氢政策支持体系

目前氢能发展的财税政策侧重于氢能交通领域，在氢电耦合、绿氢化工、天然气掺氢、氢冶金等领域国家层面没有统一的财税扶持政策，多靠地方出台政策对新能源指标、土地进行支持，未来国家和各个省份继续完善可再生能源制氢和氢能非交通领域的政策支持体系，使得绿氢在电网调峰储能、工业脱碳等领域大规模推广可以获得明确的财税补贴和相关支持，以实现项目的可持续性良性发展。

（三）推动技术创新和降本增效

限制可再生能源制氢和消纳大规模推广的决定因素是经济性，因此通过

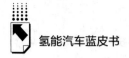

技术进步和场景优化实现绿氢降本增效是未来行业发展的重要任务。开发适应波动性可再生能源的高效制氢技术，研发低成本绿氢工业转化技术，优化"可再生能源发电-调峰储能-电解水制氢-储氢-终端调节"的多级缓冲设计方案，采用绿电离网制氢小比例替代灰氢耦合模式、绿电补网电制氢稳态制绿氢化学品等商业模式，从技术层面推动绿氢项目尽早实现盈利。

（四）加快标准体系和认证体系建设

目前绿氢制备和消纳各个环节的管理机制尚不健全，相关标准体系和认证体系缺失，制约了行业的发展。未来相关政府部门、行业协会和产业联盟应加快构建涵盖绿氢上下游各个环节的国家标准、行业标准、团体标准体系，并开展绿氢工厂认证、绿色化工产品认证、绿氢产品低碳交易等工作，研究绿氢在生产和消纳环节的价格补偿机制。

B.5
2023年加氢站基础设施建设及运营报告

王　朝　何春辉*

摘　要： 氢燃料电池汽车是氢能产业的重要应用领域，相比于燃油汽车，它具有无污染的优势，这决定了氢燃料电池汽车可成为能源交通领域的发展趋势。加氢站作为推进氢燃料电池汽车产业发展不可或缺的基础设施，在氢能产业发展的过程中扮演着重要角色。本文结合当前国内外加氢站最新建设进展、国内加氢站建设趋势，分析总结国内加氢站建设现存问题与挑战，介绍了国内加氢站的基础设施建设与运营情况，最后针对目前加氢站存在的问题，从日常维护、标准完善、技术攻关等方面提出建议。

关键词： 加氢站　燃料电池汽车　加氢站建设

引　言

　　氢燃料电池汽车是氢能产业的重要应用领域，相比于燃油汽车，它具有无污染的优势，这决定了氢燃料电池汽车可成为能源交通领域的发展趋势。加氢站作为推进氢燃料电池汽车产业发展不可或缺的基础设施，在氢

---

　　* 王朝，张家港氢云新能源研究院院长，主要研究方向为氢能产业及有关技术；何春辉，张家港氢云新能源研究院副院长，主要从事氢能装备研发及试验工作。

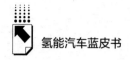

能产业发展的过程中扮演着重要角色。加氢站是通过将不同来源的氢气通过压缩机增压储存在站内的高压罐中，再通过加气机为氢燃料电池汽车加注氢气的燃气站，是氢燃料电池产业化、商业化的重要基础设施。加氢站按站内氢气储存形态来分，可以分为气氢加氢站、液氢加氢站；按氢气来源来分，可以分为外供氢加氢站和内制氢加氢站；按建设形式来分，可以分为固定式加氢站、撬装式加氢站和移动式加氢站。加氢站主要由制氢系统、压缩系统、储存系统、加注系统和控制系统等部分组成。从站外运达或站内制取纯化后的高纯氢气，通过氢气压缩系统压缩至一定压力，加压后的氢气储存在固定式高压容器中。当需要加注氢气时，氢气在加氢站固定高压容器与车载储氢容器之间高压差的作用下，通过加注系统快速充装至车载储氢容器。加氢站是氢能利用的关键基础设施，是连接氢能产业上下游的枢纽。

一 国内外加氢站基础建设情况

相关研究机构统计数据显示，截至 2023 年上半年，全球累计已建成的加氢站达到 1089 座，其中中国累计数量为 351 座，占全球比例达到 32.2%，成为全球最大的加氢站建设国。其余的加氢站主要分布在日本、韩国和北美等国际地区。从累计建成的加氢站来看，亚洲的数量遥遥领先，占比超过 60%。

（一）国外加氢站建设情况

1995 年 5 月，世界首座加氢站在德国慕尼黑机场建成。随后，各国纷纷推动加氢站的建设。根据 H2Station 数据记录，截至 2022 年底，欧洲拥有 254 座加氢站，其中德国拥有 105 座，法国拥有 44 座，英国和荷兰分别拥有 17 座。在北美，共有 89 座加氢站，而日本和韩国则分别拥有 165 座和 149 座加氢站（见图 1）。

目前，美国超过一半的加氢站位于加州，大多数可以实现 35MPa 和

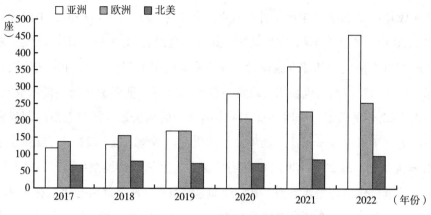

图1　2017～2022年全球加氢站累计建成数量

资料来源：EVTank统计数据。

70MPa的双压力等级加注。一部分加氢站拥有可再生能源制氢的能力。与此不同，欧洲的所有在运营的加氢站以70MPa加注为主。日本的加氢站主要以站外制氢为主，东京、爱知县等城市地区的加氢站数量相对较多，能够在70MPa的压力标准下，大约在3分钟内加注5kg的氢气。

与全球主要国家和地区发布的路线图相比，当前全球加氢站建设进展平稳。根据《美国氢能经济路线图》，到2030年，美国预计在全国范围内建设4300座加氢站。欧盟委员会公布的《可持续和智能交通战略》提出，到2030年，欧洲预计拥有1500座加氢站。根据日本政府最新版本的《氢能基本战略》，到2030年，日本计划建设1000座加氢站。

（二）国内加氢站基础建设情况

中国的第一座燃料电池加氢站于2006年6月由清能华通和BP（英国石油）公司合资建成，在北京中关村新能源交通示范园正式投入运营。然后，中国的加氢站进入了较长的缓慢发展期。然而，自2016年以来，中国的加氢站建设迅速发展，截至2023年6月，中国已累计建成351座加氢站，主要分布在广东、山东、江苏、上海等地。根据相关机构统计数据，广东省已建成 55 座加氢站，山东省已建成 34 座，浙江、江苏、河北、河南等多地均已建成超过 20 座。《中国氢能产业基础设施发展蓝皮书》提出，中国计划在 2030 年之前建成 1000 座加氢站。此外，全国有 22 个省（市）已发布相关政策以支持氢能基础设施建设，并且明确提出了 2025 年的加氢站建设目标。广西和新疆两地也在相关政策中提出未来将适度超前布局一批加氢站。根据 2022 年的数据，中国共有 274 座运营中的加氢站，但与上游的制氢和下游的氢燃料电池车相比，加氢站的建设速度较慢。在 2022 年，仅新建了 22 座加氢站，较 2021 年的 112 座有所减少。就加氢站类型而言，以纯加氢站和油氢合建站为主要类型，其中纯加氢站有 133 座，油氢合建站有 49 座。其他类型包括气氢合建站、氢电合建站，以及提供油、气、氢、电、光等多种综合能源供应的站点。

关于 2023 年中国加氢站建设的趋势，可总结如下。

（1）北方加氢站建设：投资总规模在 2023 年达到 1000 亿元以上，着重加快华北和东北地区的加氢站建设。未来三年内，计划新建两个氢能源示范区，总投资规模达到 50 亿元，同时将出台一系列政策支持措施，以促进加氢站的建设和应用。

（2）中部加氢站建设：西部地区的加氢站建设将步伐加快。政府将出台政策支持，以促进西部地区加氢站的建设，并加强加氢站的标准和技术要求。

（3）南方加氢站建设：深圳市将继续实施氢能源发展行动计划，促进氢能源的广泛应用，打造多元化的氢能源应用模式。政府还将提供支持服务，鼓励加氢站的建设投资，并提供相应的补贴。

数据表明，中国石化在加氢站行业中占有超过 50% 的市场份额。中国石化已将氢能作为其新能源业务的主要方向，并且其氢气年产能力已超过390 万吨，占全国氢气产量的 11% 左右。中石化将重点关注加氢站、制氢技术、氢燃料电池、储氢材料等多个领域。

南部地区主要以江苏、佛山和云浮为加氢站行业的重要区域，依托燃料电池汽车的大规模示范，该地区的氢能产业链正在逐渐完善。国内制氢企业的分布也明显呈现出东部沿海较多、内陆较少的趋势。北京、山东、江苏、上海和江苏等地占全国制氢总产量的 60% 以上。

中国目前运营的加氢站主要分布在江苏、山东、上海和江苏等四个省市。东部地区，特别是山东、江苏和上海，是氢能利用产业的主要集中地，并且是我国最早进行燃料电池研发和示范的地区之一。

过去，氢能源主要应用于商用车领域，乘用车市场几乎没有量产车型。但如今，中国国内氢能源汽车市场动态频繁，资本市场也不断为氢能源概念提供支持，以氢能源为代表的燃料电池车已经成为一个重要的新兴市场。为了推动氢能源产业的可持续发展，各方正在上下游齐头并进，努力在嘉兴港区建立完整的氢能源生态系统。

（三）国内加氢站现存问题与挑战

对比发达国家，中国的加氢站行业在相关技术方面仍明显滞后，面临着较多的挑战。

（1）加氢站加注压力：中国仍主要以 35MPa 为主要的加氢站压力标准，与国外发达国家相比，存在技术差距。

（2）加氢站的加注能力：中国的加氢站主要以每天能加注 500~1000kg 的规模为主，相较于国外，1000kg/d 以上的加氢站仍相对不足。

（3）氢气形态：中国的加氢站主要以高压气态加氢站为主，与国外的液氢加氢站相比，中国在这一领域的发展相对滞后。

（4）外供氢加氢站：中国主要采用外部供氢的方式运营加氢站，而站内制氢加氢站由于受初期设备投资高、工艺复杂、占地面积大等因素的限制，在中国推广较慢。

（5）综合建设与运营成本：加氢站的综合建设和运营成本较高，一座加注能力为 500kg/d 的固定式加氢站的投资规模约为传统加油站的 3 倍。此外，设备维护、运营、人工等运营成本也较高。

（6）标准法规不完善：中国的 70MPa 加氢站相关标准法规尚未完善，各地的运营管理存在差异。加氢站建设的审批流程复杂，涉及多个部门协调，包括用地审批、立项审批、规划审批、建设审批和安装验收等环节。

这些因素共同构成了中国加氢站行业发展的一些挑战和瓶颈。

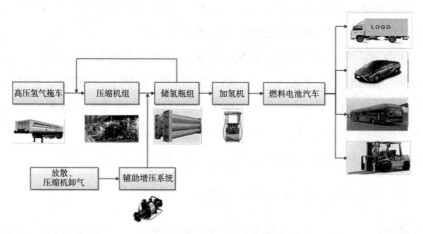

图2　站外制氢加氢站系统构成

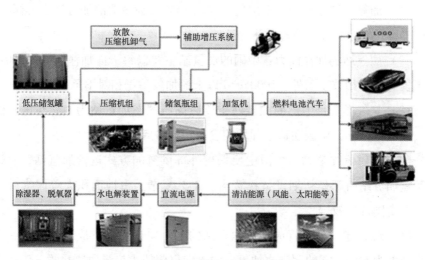

图3　站内制氢加氢站系统构成

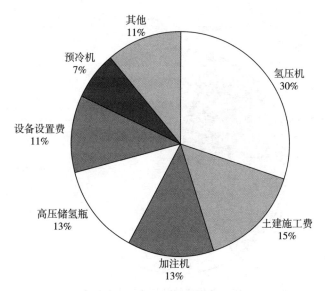

图4　中国加氢站建设成本结构占比

二　加氢站运营情况

目前，国内已建成加氢站约一半在运营中。此外，多数运营中的加氢站的日均加注量难以达到盈利水平。这一现象加上前期建站所涉及的难题，如用地难、取证难、建设周期长等因素，导致新建加氢站的速度有所减缓。

从实际市场角度来看，尽管加氢站是盈利设施，但需要足够的氢车加注量才能实现盈利。然而，氢车的高购置成本和高氢价使得大规模的氢车投运变得困难。

从氢能整体产业链的角度来看，前端制氢产业和储运环节的未完善，尤其是成本较高，限制了加氢站的降本，从而使得整个产业链难以实现闭环。

根据相关机构调研信息显示，国内现有的投运加氢站中，绝大多数都采用外供氢的方式，其中氢气的到站成本已经占据整体成本的近70%。这也直接导致了高基础的加氢站枪口氢价。

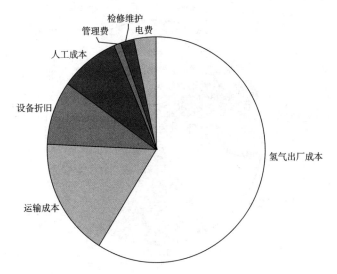

图5　外供氢加氢站加注成本构成

以 1000kg/35MPa 外供氢站，50%运营负荷为例，其枪口加注成本在无补贴情况下在 55～60 元/kg，而 1000kg 站满负荷运营的外供站最低也需 50 元左右的加注成本。这些高加注成本主要受以下因素的影响。

（1）氢价高：高氢价是造成加氢站运营率偏低的主要原因之一，导致加氢负荷率逐渐降低，甚至一些站点被迫停运。

（2）汽车数量不足：尽管全国已有 300 多座加氢站，数量在全球排名第一，但实际上车辆数量相对较少。加氢站已经超前建设，需要配套的车辆数量远未跟上，部分早期投放的燃料电池汽车因运营时间较长、性能退化和高维修成本等原因，已停用或报废。

（3）车-站协同问题：车辆与加氢站之间的协同问题需要解决。例如，广东省的加氢站和燃料电池汽车的运营率都不足一半，平均单站加氢负荷率低于40%。这使得车辆无法充分利用现有的加氢站资源。

（4）高纯氢气来源：目前国内高纯氢气主要来自工业副产氢，需要经过一系列提纯和检测工序，充装运输。工业副产氢的生产成本因工艺差异而有较大差异，制氢资源分布不均也对出厂氢气成本产生影响。

（5）绿氢产业发展：尽管绿氢产业有望成为平衡出厂氢价的推手，但目前大多数绿氢项目仍以就地消纳为主，未大规模外运。这也对氢气的成本和供应产生一定的限制。

这些因素综合作用导致加氢站的运营成本较高，使得枪口氢价上升，从而限制了加氢站的盈利和运营。

在"氢荒"地区，制氢加氢一体站的建设受到电力成本限制，制氢成本仍然较高，约为36元/kg氢气。考虑到站内建设、循环用水、设备购置和维护等成本，制加一体站的实际经济性并不太明显。

因此，总体而言，加氢站的建设和运营需要整个产业链的共同推动。这包括完善加氢站网络和确定经济的枪口氢价，以形成氢车大规模投运的前提条件。随后，通过后端氢车的大规模投运，为加氢站的运营带来盈利，最终形成良性循环。

到2023年，受到政策扶持、技术创新和投资增加等多种因素的影响，加氢站的建设和使用范围得到显著扩展。加氢站的经营模式变得越来越成熟，伴随以下改变。

一是技术支持改进：加氢站得到更好的信息技术支持，采用更先进的自动化技术，内部管理得到完善，从而提高运营的安全程度和效率。

二是智能化管理：实现加氢站灵活化管理，采取远程监控、智能分析和数据分析等技术，利用电子化流程管理，加强评估和监控，增强对加氢站的控制能力。

三是应用范围扩大：加氢站的应用范围也将大幅扩展，不仅为交通、工业、建筑和电力等行业提供氢能源解决方案，还将应用于服务行业，为更多的行业提供氢能源服务，扩大应用范围。这将促进氢能源的更广泛应用。

由于氢源不足和运营管理方法不完备等，许多已经建成的加氢站无法真正投入运营，或者不得不延期投运，这导致了一定的资源浪费。根据索比氢能网的统计数据，2023年上半年，全国仅有11座加氢站成功投入运营（见表1）。

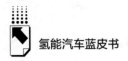
表 1　2023 年上半年国内加氢站投运情况

序号	投运时间	城市位置	建设单位	加氢能力	社会影响力
1	6 月 9 日	甘肃庆阳西峰东环路	中石油	2 台 350kg 长管拖车1 套加氢机加氢压力 35MPa、70MPa500kg/d	甘肃省首座加氢站,为"油、电氢、非"一体化综合能源服务站
2	5 月 16 日	浙江杭州滨江区滨文路	杭燃集团	2 台加氢机加氢压力 35MPa500kg/d	杭州"绿色亚运"示范点,"氢、电、天然气"三位一体站
3	4 月 18 日	湖北武汉革新大道	中石化	1 台双枪加氢机加氢压力 35MPa500kg/d	全市首座集加氢、加油、充电、光伏发电为一体的综合能源服务站
4	3 月 31 日	北京大兴青云店京福路	中石化	1 台双枪加氢机加氢压力 35MPa最高储氢 721.5kg1000kg/d	北京南部首座油氢一体站
5	3 月 22 日	江苏徐州兴华加油站	中石化	—	淮海地区第一座集加油、加氢、光伏发电、智能充电、洗车、购物等经营业态于一体的加氢综合能源站
6	3 月 13 日	山西孝义北外环与大众路交叉口	鹏飞集团	4 台加氢机2000kg/d	集加氢、加油、CNG、充电等综合功能于一体
7	2 月 23 日	江苏常熟银河路	空气产品和诚志股份合资	加氢压力 35MPa1000kg/d	可满足公交车、重卡、物流车等多种车型加氢需求
8	2 月 15 日	辽宁大连自贸区	中石化	1000kg/d	国内首个甲醇制氢加氢一体站,采用撬块化建站模式
9	2 月 14 日	浙江嘉兴岗山路	嘉燃集团	加氢压力 35MPa1000kg/d	嘉兴市区首座加氢站

续表

序号	投运时间	城市位置	建设单位	加氢能力	社会影响力
10	2月1日	四川攀枝花钒钛高新区马店	花城新能源有限公司	1000kg/d	中国西南地区第一座集汽车加氢和槽车充装于一体的综合站
11	1月6日	陕西西咸新区	维纳氢能	加氢压力35MPa 1000kg/d（一期） 2000kg/d（二期）	西咸新区首座加氢示范站

备注：作者根据网络公开资料整理。

根据2023年上半年投运的加氢站信息，可以得出以下几点结论。

一是尽管我国已经建成了多个加氢压力为70MPa的站点，但35MPa仍然是主流，一些站点已经为升级至70MPa氢气加注预留了空间。

二是以前，加氢站的加氢规模主要为500kg/d，但2023年上半年新投运的加氢多数规模已扩大至1000kg/d，这显示出加大加氢规模的趋势。

三是多数加氢站目前采用外供氢加氢站的方式，储氢方式为高压气体储氢，需要长管拖车运输。这种方式存在运输安全风险且运输成本较高。站内制氢可能是未来的发展方向之一。辽宁大连自贸区的加氢站是国内首个甲醇制氢加氢一体站，甲醇储氢密度高，大约是气态储氢（70MPa）的两倍。

四是加氢站多为"油、气、氢、电、服"综合加能站，这种合建加氢站不仅安全而且成本低，还省去了选址的麻烦，简化了建站审批流程，容易推广。中国石化计划在"十四五"期间布局1000座加氢站或油氢合建站，预计未来合建站将成为主流。

三 我国加氢站建设和运营建议

（一）注重加氢站安全维护

一是加强对加氢站的日常管理，建设动态监测平台，对加氢站运行实

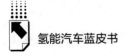
时监管，保障设备的安全运转。在运输管道、储氢设备等关口设置高灵敏度的氢气浓度自动检测仪表及报警装置，出现氢气泄漏时及时提醒工作人员。完善加氢站操作流程及规章制度，设置应急预案，通过定期演练提高工作人员的安全意识，帮助及时应对突发问题。二是从根源上防止氢气的泄漏，其中对压缩机系统的维护最为关键，在使用 3~6 个月后需对压缩机进行维护。检查气阀、压缩机膜片等，发现损耗后应立即更换。针对核心部件，需注意选用材料与氢气的相容性，以及国产设备与进口设备的兼容性。三是防范氢气泄漏后的积聚，在易泄漏处安装通风设备，出现泄漏时及时启动通风设备，减少氢气聚集从而降低爆炸风险。四是防止静电造成的爆炸事故，在加氢站内设置防静电接地装置并接入站区接地网，便于就近防静电接地。工作人员进行操作前须穿戴防静电服，并触摸人体静电释放装置。

（二）完善加氢站建设标准

结合中国具体情况，并参考加氢站的实际案例，制定和完善加氢站标准体系，实现审批、建设、运营、安全管理等环节的全面覆盖。加氢站运行介质氢气属易燃易爆气体，一般情况下加注压力为 35MPa/70MPa，压缩机出口压力甚至达到 45MPa/90MPa，规范严格的认证及监管是安全运营的有力保障。涉及具体安全要求、操作流程等细节还有待完善，运营中的资质要求、气源检测、安全措施等还处于发展初期，全国还未达到统一的标准。为实现建设标准的统一，应固定制定标准的牵头单位，以确保编制视角的一致。除加氢站相关标准的制定外，加氢站安全体系构建还需从设备安全、泄漏检测、爆炸防护等方面深入开展研究，实现卸气、压缩、储存、加注、管理全流程的加氢站安全控制。

（三）加大技术研发和研究实验投入

从国家层面制定氢能发展总体规划，引导加氢站设备技术创新，加强与国内外先进公司和研究机构的合作，加入相关氢能战略联盟，打造一流的创新联合体，创建国家级加氢站装备核心零部件创新研发平台，实现核心部件的技术转化，全面实现加氢站设备国产化，进一步实现设备的批量生产，降低设备成本。加大补贴力度，支持加油（气）站与加氢站合建等建设模式，利用现有加油站资源建设综合能源服务站的运营模式，节约了土地资源和建设成本，未来进一步推动氢能进入乘用车领域，带动加氢站发展。

政策标准篇

Policy & Standard Reports

B.6
中国氢能及燃料电池汽车产业政策
动态与建议

王建建 李冰阳 吕旺 王萍萍*

摘 要： 在国家和地方政策的引导和支持下，我国氢能与燃料电池汽车产业发展迅速，本文系统梳理和研究了 2022 年 1 月至 2023 年 7 月期间发布的氢能与燃料电池汽车产业政策，重点对国家层面氢能规划和相关政策、地方省市"十四五"规划、氢能、燃料电池汽车和加氢站专题政策进行了系统分析与研究，分析发现，全社会对氢能产业的关注度持续加大，国家及地方政府相继发布系列支持政策，氢能与燃料电池汽车产业发展政策环境持续完善，部分地方在政策方面进行了创新探索和管理突破。最后，结合政策现状和形势，提出"强化顶层设计、加大核心技术创新、完善

* 王建建，中汽数据有限公司清洁能源研究部氢能项目主管，高级工程师，主要研究方向为氢能及燃料电池汽车产业政策与发展战略；李冰阳，中汽数据有限公司清洁能源研究部部长；吕旺，中汽数据有限公司清洁能源研究部补能战略室主任；王萍萍，就职于北京工业大学城市建设学部城市交通学院。

配套支持政策、扩大示范应用场景、完善标准评价体系"等方面政策建议。

关键词: 氢能 燃料电池汽车 燃料电池汽车产业

在全球加快能源低碳转型、我国聚焦"碳达峰、碳中和"战略目标背景下，国家对氢能产业的支持力度持续加大，将其作为国家能源发展战略的重要组成部分。国家和地方政府相继出台氢能及燃料电池汽车相关政策，为我国氢能与燃料电池汽车产业加速发展提供了重大机遇。中汽数据氢能及燃料电池汽车产业政策信息库统计显示，2022 年 1 月至 2023 年 7 月，国家和地方政府累计发布氢能及燃料电池汽车相关政策 470 余项（包含氢能相关内容），其中氢能专题政策 140 项，其他涉及氢能政策约 330 余项，主要集中在"双碳"政策、新能源汽车产业支持政策、能源及相关产业"十四五"规划、节能绿色主题政策方向。

一 国家氢能与燃料电池汽车产业引导政策进展

（一）国家氢能产业政策动态

2022 年以来，氢能及燃料电池汽车相继在国家"双碳"政策体系、关联产业"十四五"规划、绿色节能、交通运输、能源发展、科技创新等政策中体现，氢能与汽车、能源、储能等产业深度融合、协同发展，被认为是落实"双碳"战略目标的重要路径，成为推动能源体系绿色低碳转型的重要方向。

顶层设计中氢能产业战略定位趋于明确。2022 年 3 月，国家发展改革委、国家能源局联合印发《氢能产业发展中长期规划（2021—2035 年）》，明确了氢能是"未来国家能源体系的重要组成部分、用能终端实现绿色低碳转型的重要载体、战略性新兴产业和未来产业重点发展方向"的三大战略定位，提出"到2030年，形成较为完备的氢能产业技术创新体系、清洁能源制氢及供应体系，产业布局合理有序，可再生能源制氢广泛应用，有力支撑碳达峰目标实现"，同时也提出要构建氢能产业发展"1+N"政策体系，有效发挥政策引导作用。作为国内首部国家级氢能专题规划，为我国氢能产业发展凝聚了共识、坚定了发展信念，指明了路径和方向，在国内氢能产业发展进程中具有重要的里程碑意义。此外，2022年12月，中共中央、国务院发布了《扩大内需战略规划纲要（2022—2035年）》，明确了要在氢能领域释放出行消费潜力，推进汽车电动化、网联化、智能化，加强停车场、充电桩、换电站、加氢站等配套设施建设。《"十四五"现代物流发展规划》提出了加强货运车辆适用加氢站及内河船舶适用的岸电设施等配套布局建设。在运输、仓储、配送等环节积极扩大氢能等新能源、清洁能源应用，加快建立氢能等清洁能源供应和加注体系。

自《氢能产业发展中长期规划（2021—2035年）》发布以来，氢能产业发展方向逐步明确，交通领域作为氢能多元化示范应用的重点领域，相关政策标准逐步完善。交通运输部等部门发布了多项促进氢能产业在交通领域落实应用的政策，其中包括推广氢燃料电池在重型货运车辆方面的应用，鼓励开展氢燃料电池汽车试点应用，并在部分城市推进城际客运、重型货车、冷链物流车等开展氢燃料电池汽车试点应用，以及从车辆购置、运营、路权保障及充换电、加氢等配套设施等方面建立有效的支持政策体系等内容。2022年8月，交通运输部发布了《绿色交通标准体系（2022年）》，涉及新能源与清洁能源应用等多项节能降碳标准，在氢能和燃料电池方面，涉及三项氢燃料电池相关标准，该政策对氢燃料电池汽车标准体系进行了进一步补充。2023年4月，国家能源局发布的《2023年能源工作指导意见》提出，积极推动氢能应用试点示范，探索氢能产业发展的多种路径和可推广的经验。加快攻关新型储能关键技术和绿氢制储运用技术，推动储能、氢能规模化应用。

氢能作为战略性新兴产业，与关联产业联系密切，融入程度更深，涉及政策广。氢能在工业绿色发展、能源领域创新、钢铁工业发展、石化化工发展、汽车船舶产业发展、绿色货运发展、工业领域碳达峰实施方案等多项国家政策中均被提及，具体涉及"可再生能源制氢，强化储能、氢能等前沿科技攻关，研发大规模及长距离管道输氢技术，推动氢能规模化应用、制定氢冶金方案、推进炼化、煤化工与'绿电'、'绿氢'等产业耦合示范，氢系统安全"等政策涉及氢能"制储输用"等环节，进一步促进氢能应用体系的建立，推进氢能产业全链条发展，助力绿色低碳转型，有力支撑碳达峰目标实现等相关内容，具体政策要点及内容见表1。

（二）国家燃料电池汽车示范应用政策动态

2020年9月，为推动我国燃料电池汽车产业持续健康、科学有序地发展，财政部、工业和信息化部、科技部、国家发展改革委、国家能源局五部门联合发布《关于开展燃料电池汽车示范应用的通知》，决定开展燃料电池汽车示范应用工作，将对燃料电池汽车的购置补贴政策，调整为燃料电池汽车示范应用支持政策，对符合条件的城市群开展燃料电池汽车关键核心技术产业化攻关和示范应用给予奖励，形成布局合理、各有侧重、协同推进的燃料电池汽车发展新模式。

2021年下半年，财政部等五部门同意北京市、上海市、广东省、河北省、河南省报送的城市群启动实施燃料电池汽车示范应用工作，到2025年，五个城市群将实现超过3.5万辆燃料电池汽车的示范应用，对全国燃料电池汽车及氢能产业发展都将起到很好的带动作用。

目前，燃料电池汽车示范应用城市群工作有序推进，已有五大城市群41座城市纳入并推动示范工作。各城市群积极开展燃料电池汽车多元化场景示范应用，并取得一定成效，截至2023年7月底，五大燃料电池汽车示范城市群累计示范应用车辆6436辆，其中京津冀城市群2308辆，上海城市群2497辆，广东城市群370辆，河北城市群406辆，郑州城市群855辆，累计运营里程10430万公里。示范应用政策带动加氢基础设施建设，五大城市群在运营加氢站共计81座，累计加氢量0.65万吨，燃料电池汽车加氢需求得到有效满足。

表1 国家氢能与燃料电池汽车相关政策（2022年1月至2023年7月）

发文部门	时间	文件名称	氢能相关政策要点
工信部等五部门	2022.1	产业创新发展行动《智能光伏发展行动计划(2021—2025年)》	支持智能光伏制氢等试点示范项目建设,加快开展制氢技术研究。支持建设一批光伏储能、光伏直流制氢、光伏制氢等系统验证平台,加强多领域横纵联合
国家能源局	2022.1	《2022年能源行业标准计划立项指南》	在氢能领域,将电解质制氢及综合应用、氢电耦合技术、氢燃料电池零部件等氢能源关键技术列入能源行业标准计划立项重点方向
国家发展改革委等7部门	2022.1	《促进绿色消费实施方案》	加强充换电、新型储能、加氢等配套基础设施建设,积极推进车船用LNG发展。推动开展新能源汽车换电模式试点工作,有序开展燃料电池汽车示范应用
交通运输部	2022.1	《绿色交通"十四五"发展规划》	鼓励开展氢燃料电池汽车试点应用。积极探索油电混合、氢燃料、甲醇动力船舶应用。在张家口等城市推进国际客运、重型货车、冷链物流车等开展氢燃料电池汽车试点应用
国务院	2022.1	《"十四五"市场监管现代化规划》	适应科技创新和能源变革需要,加强和完善对涉氢特种设备的监管
国家发展改革委、国家能源局	2022.1	《"十四五"新型储能发展实施方案》	到2025年,氢储能、热(冷)储能等长时间尺度储能技术取得突破。开展氢(氨)储能、热(冷)储能等关键核心技术、装备和集成优化设计研究。拓展氢(氨)储能试点示范应用领域,开展依托可再生能源制氢(氨)的储能试点示范。探索可再生能源制氢、制氨等长周期储能技术,满足更长时间尺度应用需求,支撑大规模新能源外送
国家发展改革委、国家能源局	2022.1	《"十四五"现代能源体系规划》	开展风电、光伏发电制氢示范。适度超前部署一批氢能项目,着力突破可再生能源制氢等关键核心技术,力争氢能全产业链关键技术取得突破,推动氢能技术发展和示范应用。高效可再生能源制氢、储运、应用和燃料电池关键技术及多元化示范应用。氢能在可再生能源消纳、电网调峰等多场景示范应用

续表

发文部门	时间	文件名称	氢能相关政策要点
工信部、国家发展改革委、生态环境部	2022.2	《关于促进钢铁工业高质量发展的指导意见》	氢冶金、低碳冶金、洁净钢冶炼、薄带铸轧、无头轧制等先进工艺技术取得突破进展。支持建立低碳冶金创新联盟，制定氢冶金行动方案，加快推进低碳冶炼技术研发应用
国家发展改革委、能源局	2022.2	《关于完善能源绿色低碳转型体制机制和政策措施的意见》	推行大容量氢能等清洁能源交通工具，完善加氢等站点布局及服务设施。探索氢气管道掺氢输送、纯氢管道输送、液氢运输等高效输氢方式。鼓励建设油气电氢一体化综合交通能源服务站。探索建立氢能产供销储体系
国家发展改革委、工信部等4部门	2022.2	《高耗能行业重点领域节能降碳改造升级实施指南（2022年版）》	指南拟对17大行业提出节能降碳改造升级实施指南，其中涉及氢能的包括炼油、乙烯、现代煤化工、合成氨、烧碱、水泥、平板玻璃、建筑和卫生陶瓷、钢铁、焦炭等10个大行业
科技部等9部门	2022.3	《"十四五"东西部科技合作实施方案》	共建光伏制造、氢能生产、储能蓄能、节能降碳等领域研发中试和成果转化平台。依托呼包鄂等新型创新型城市群，共同开展大规模储能、智能电网等清洁能源技术开发与成果转化应用，推动内蒙古能源绿色低碳转型，支撑国家重要能源和战略资源基地建设
国家能源局	2022.3	《2022年能源工作指导意见》	因地制宜开展可再生能源制氢示范，探索氢能技术发展路线和商业化应用路径。加快构建新型储能、氢能等低碳零碳负碳重大关键技术研究。围绕新型电力系统、新型储能、氢能和燃料电池、碳捕集利用与封存、能源系统数字化、能源安全等6大重点领域，增设若干创新平台
工信部	2022.3	《2022年汽车标准化工作要点》	修订燃料电池电动汽车碰撞后安全要求标准。全面推进燃料电池电动汽车能耗及续驶里程、低温起动性能、动力性能试验方法以及燃料电池发动机性能试验方法、车载氢系统关键技术条件等关键零部件标准研究，支撑燃料电池电动汽车关键技术研发应用及示范运行

续表

发文部门	时间	文件名称	氢能相关政策要点
国家发展改革委、国家能源局	2022.3	《氢能产业发展中长期规划（2021—2035年）》	到2025年，形成较为完善的氢能产业发展制度政策环境。氢能示范应用取得明显成效，清洁能源制氢及氢能储运技术取得较大进展，市场竞争力较大幅提升，初步建立以工业副产氢和可再生能源制氢为主的氢能供应体系，产业布局合理有序，可形成较为完备的氢能产业技术创新体系。清洁能源制氢广泛应用，有力支撑碳达峰目标实现。到2035年，形成氢能产业体系，构建涵盖交通、储能、工业等领域的多元氢能应用生态
国家发展改革委、外交部等4部门	2022.3	《关于推进共建"一带一路"绿色发展的意见》	深化能源技术装备领域合作，重点围绕高效低成本可再生能源发电、先进核电、智能电网、氢能、储能、二氧化碳捕集利用与封存等开展联合研究及交流培训
工信部等6部门	2022.4	《关于"十四五"推动石化化工行业高质量发展的指导意见》	加快突破新型催化、绿色合成、功能一结构一体化高分子材料制造、"绿氢"规模化应用等关键技术。合理引导气代料"以气代料"，适度增加富氢原料比重。鼓励石化化工企业因地制宜、合理有序开发利用"绿氢"，推进炼化、煤化工与"绿电""绿氢"等产业耦合示范
财政部	2022.5	《财政支持做好碳达峰中和工作的意见》	大力支持发展新能源汽车、完善充换电基础设施支持政策，稳妥推动燃料电池汽车示范应用工作
国家发展改革委、国家能源局	2022.5	《关于促进新时代新能源高质量发展实施方案》	加强新能源产业知识产权国际合作，推动计量、检测和试验研究能力达到世界先进水平，积极参与风电、光伏、海洋能、氢能、储能、智慧能源及电动汽车等领域国际标准、合格评定程序的制定和修订，提升我国国际标准和检测机构认证的国际认可度和影响力
国家发展改革委、国家能源局等9部门	2022.6	《"十四五"可再生能源发展规划》	开展规模化可再生能源制氢示范。在可再生能源发电成本低、氢能储输用产业发展条件较好的地区，推动可再生能源规模化制氢应用，推进化工、煤矿"交通等领域绿氢替代。推广燃料电池在工矿区、港区、船舶、重点产业园区等重点示范应用，统筹推进绿氢能源终端供应设施和能力建设，提高交通领域绿氢使用比例

续表

发文部门	时间	文件名称	氢能相关政策要点
生态环境部、国家发展改革委等7部门	2022.6	《减污降碳协同增效实施方案》	加快新能源车发展，逐步推动公共领域用车电动化，有序推动老旧车辆替换为新能源车辆和非道路移动机械使用新能源清洁能源。探索开展中重型电动、燃料电池货车应用和商业化运营。加强氢能冶金、二氧化碳合成化学品、新型电力系统等关键技术等研发
工信部、国家发展改革委、生态环境部	2022.8	《工业领域碳达峰实施方案》	深入推进节能降碳，调整优化用能结构，推进氢能制储运销用全链条发展。大力发展循环经济，推动低碳原料替代，鼓励有条件的地区利用可再生能源制氢、优化煤化工、合成氨、甲醇等原料结构。加大交通运输领域绿色低碳产品供给。大力推广节能与新能源汽车，强化整车集成技术创新，提高新能源汽车产业集中度。开展电动重卡、氢燃料汽车研发及示范应用
科技部等9部门	2022.8	《科技支撑碳达峰碳中和实施方案（2022—2030年）》	氢能技术。研发可再生能源高效低成本制氢技术、大规模物理储氢和化学储氢技术、大规模及长距离管道输氢技术、氢能安全技术等；探索研究新型制氢和储氢技术。研究基于太阳能、生物质等合成燃料的直接制氢等绿氢制备技术
交通运输部	2022.8	《绿色交通标准体系（2022年）》	《标准体系》涉及新能源与清洁能源应用、能耗能效、碳排放控制、节能技术与管理等多项节能降碳标准，在交通和燃料电池方面，节能降碳标准200中包括燃料电池全生命周期技术规范、氢燃料电池公共汽车配置要求、国家节能降碳相关标准中包涵加氢站技术规范（2021年版）
工信部、财政部等5部门	2022.8	《加快电力装备绿色低碳创新发展行动计划》	加快氢能、氢燃料电池电堆等技术装备研发应用，加强氢燃料电池关键零部件、长距离离管道输氢装备等技术攻关。电力装备十大领域推广应用方向——氢能装备：开展制氢关键装备及技术应用，推进不同场景下的可再生能源—氢能综合利用系统应用，推动长距离管道离输氢与终端应用
国务院	2022.9	《关于支持山东深化新旧动能转换推动绿色低碳高质量发展的意见》	支持青岛港扩大氢能源利用，日照港建设大宗干散货智慧绿色示范港口，构建以电气化铁路、节能环保船舶为主的中长途绿色货运系统

续表

发文部门	时间	文件名称	氢能相关政策要点
国家发展改革委、工信部等5部门	2022.9	《关于加快内河船舶绿色智能发展的指导意见》	到2025年，液化天然气(LNG)、电池、甲醇、氢燃料等绿色动力关键技术取得突破，船舶装备智能技术水平明显提升，内河船舶绿色智能装备技术标准规范体系基本形成。加强船用氢燃料电池动力技术研发，探索氢燃料电池动力技术在客船等应用，鼓励采用太阳能等可再生能源电解水产生的绿氢。完善氢燃料电池动力、甲醇、氢燃料等船舶技术规范，建立电动船舶标准体系
国家能源局	2022.10	《能源碳达峰碳中和标准化提升行动计划》	进一步推动氢能产业发展标准化管理，加快完善氢能标准顶层设计和标准体系。开展氢制备、氢储存、氢输运、氢加注、氢能多元化等技术标准研制，支撑氢能"制储输用"全产业链发展。重点围绕可再生能源制氢、电氢耦合、燃料电池及系统等领域，增加标准有效供给。建立健全氢能质量、氢能检测评价等基础标准
市场监管总局、国家发展改革委等9部门	2022.10	《建立健全碳达峰碳中和标准计量体系实施方案》	建立覆盖制氢输氢用氢各环节的氢能标准体系。开展氢燃料品质和氢能检测及评价等基础通用标准制修订。做好氢能风险评价、临氢设备评价，开展高安全标准研制。推进可再生能源水电解制氢等绿氢制备标准研制，开展高压气态储氢和固态储氢系统、液氢储存容器等绿氢储存标准研制，完善加氢机、加注协议、中长距离氢运直接还原、富氢高炉、氧气高炉、电弧炉短流程制定氢气竖炉冶金直接还原、富氢熔融还原、薄板坯连铸连轧技术等标准。加强液态氢、天然气（含液态氢高压新能源汽车和储供氢设施计量测试技术与应用。开展液态氢、天然气品质计量测试技术研究
教育部	2022.10	《绿色低碳发展国民教育体系建设实施方案》	根据国家碳达峰、碳中和工作需要，支持具备条件和实力的高等学校加快储能、氢能、碳捕集利用与封存、碳汇、碳排放权交易、绿色金融等学科专业建设

续表

发文部门	时间	文件名称	氢能相关政策要点
中共中央 国务院	2022.12	《扩大内需战略规划纲要（2022—2035年）》	在氢能领域释放出行消费潜力。优化城市交通网络布局，大力发展智慧交通。推进汽车电动化、网联化、智能化，加强停车场、充电站、换电站、加氢站等配套设施建设
中央人民政府	2022.12	《"十四五"现代物流发展规划》	加强货运车辆适用的充电桩、加氢站等配套布局建设。在运输、仓储、配送等环节积极扩大电力、氢能、天然气（LNG）加注站等布局建设。在运输、仓储、配送等环节积极扩大电力、氢能、天然气、先进生物液体燃料等新能源应用。加快建立天然气、氢能等清洁能源供应和加注体系
国家标准化管理委员会	2023.2	《2023年国家标准立项指南》	突破超高压或深冷氢能储氢、高效催化剂、氢燃料电池、电化学储能等前沿技术，发展高效制氢、储氢、用氢产品，加快氢能在智慧交通、绿色化工等领域应用，推动多能互补
国家标准化管理委员会、国家能源局	2023.2	《新型储能标准体系建设指南》	到2025年，在化学储能、压缩空气储能、超级电容储能、飞轮储能、超导储能等领域形成较为完善的系列标准；其中，共有11项氢储能专项标准，涉及规划设计、施工验收、检验监测、运行维护、安全应急五大类别
国家能源局	2023.3	《2023年能源行业标准计划立项指南》	2023年氢能领域设置了专项标准立项计划，包括基础与安全、氢制备、氢存和输运、氢加注、氢能应用和其他方面的规划
国家能源局	2023.3	《加快油气勘探开发与新能源融合发展方案（2023—2025年）的通知》	对于作为油气用能清洁替代的太阳能、风能、氢能、地热等新能源项目，优先列入各级新能源发展规划；依托全国投资项目在线审批监管平台，用于油气勘探开发的风光发电、氢能地热等多能互补、源网荷储、微电网等新能源设施

续表

发文部门	时间	文件名称	氢能相关政策要点
国家能源局	2023.4	《2023年能源工作指导意见》	积极推动氢能应用试点示范,探索氢能产业发展的多种路径和可推广的经验。加快攻关新型储能关键技术和绿色制氢绿色储运用技术,推动储能、氢能规模化应用。加强新型电力系统、储能、氢能、抽水蓄能、CCUS等标准体系研究,重点支持能源碳达峰碳中和相关标准立项,加快标准制修订
国家标准委、国家发展改革委、工信部	2023.4	《碳达峰碳中和标准体系建设指南》	氢能领域重点完善全产业链技术标准,加快制修订氢燃料品质氢能检测等基础通用标准,氢和氢气系统安全、风险评估标准,氢密封、临氢材料,氢气泄漏检测和防爆抑爆、氢气安全泄放标准,供氢母站、油气氢合综合能源站安全氢检测安全标准,电解水制氢系统及其关键零部件标准,炼厂氢制备及检测标准,氢储输标准,氢液化装备与液态氢储存容器、高压气态氢运输、纯氢/掺氢管道等氢站标准,加氢站系统及其关键技术和设备标准,燃料电池、冶金等领域氢能应用技术标准

资料来源:根据政府网站公开资料整理、中汽数据氢能及燃料电池汽车产业政策信息库。

二 地方氢能与燃料电池汽车产业政策进展与动向

地方是我国氢能与燃料电池汽车产业发展与示范应用的主阵地，也是国家和地方政策最终执行的实施地。在"双碳"目标和国家氢能规划的引导下，各地围绕氢能产业发展规划、技术创新、扶持办法等方面出台一系列政策，与上下级地方政府协同，积极推进氢能产业发展，出台燃料电池汽车政策，以抢占氢能发展先机，打造地方发展新动能。根据中汽数据不完全统计，截至 2023 年 7 月底，国内已有 25 个省（含直辖市）发布了省级氢能专题政策，2022 年 1 月至 2023 年 7 月，有 30 个省（含直辖市）、85 个城市出台了 400 余项氢能相关政策，其中氢能、燃料电池汽车和加氢站等氢能专题政策 135 项，还有各地"双碳"政策、能源发展"十四五"规划、制造业高质量发展规划、新能源汽车产业发展、绿色低碳发展、科技创新和交通运输等领域 270 项政策中都提到了氢能相关内容。

（一）地方氢能产业专题政策动向与分析

在"双碳"背景和国家氢能政策推动下，地方政府积极出台氢能产业专题政策，2022 年 1 月至 2023 年 7 月，国内地方省市共计发布氢能专题政策 88 项（见表 2），其中省级 32 项、市级 43 项、区县级 13 项，政策类型包含氢能产业发展规划、实施方案、工作要点、扶持政策、实施细则等。地方省市氢能产业支持政策发布数量呈增长趋势，尤其是省级和区县级政策数量的增多进一步表明了地方政府对氢能产业发展的重视，抢抓新兴产业发展机遇。氢能产业专题政策的类型更加全面和细致，包括工作要点、行动方案、实施细则等，正确把握产业发展的方向，抓住氢能发展的重点，力争把对氢能产业的支持落在实处，发挥政策的支持作用。

在地方省市的众多政策中，规划类政策的引领作用尤为重要，在统计周期内，上海市、内蒙古自治区、河南省、安徽省、辽宁省等 14 个省份发布了省级氢能产业规划。截至 2023 年 7 月底，国内已有北京、上海、山东、

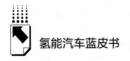

河南、河北等 20 个省份出台了省级氢能产业规划,鄂尔多斯市、张家口市、广州市等 50 个市共出台 54 项市级氢能规划。

地方省市的氢能政策以本地现有发展为基础,依托省份特色产业平台,打造具有省份特色的氢能核心产业。以内蒙古自治区、吉林、青海为例,2022 年 2 月,内蒙古自治区发布《内蒙古自治区"十四五"氢能发展规划》,指出到 2025 年,基本构建全国重要的绿氢生产输出基地、燃料电池重卡示范基地、氢能装备生产制造基地,成为国内领先、国际知名的氢能产业发展聚集地,打造"北疆绿氢城"的新名片。2022 年 10 月,吉林省发布的《"氢动吉林"中长期发展规划(2021—2035 年)》明确了吉林省氢能产业未来发展思路,实现产业从跟跑到并跑再到领跑的跨越,在全国形成差异化优势,打造氢能产业发展新高地,按"一区、两轴、四基地"布局氢能产业,打造"中国北方氢谷"。2023 年 1 月,青海省发布《青海省氢能产业发展中长期规划(2022—2035 年)》,致力于建成具有省份特色的氢能发展政策体系和管理体制,形成国内领先的集"制储输用"为一体的氢能产业集群,探索氢能多元化应用场景,充分发挥可再生能源、盐湖等优势资源,统筹谋划绿氢化工产业布局,打造"中国氢海"。

由于氢气具有易燃易爆的特性,属于危化品范畴,长期以来,制氢项目须在化工园区内,且必须取得危化品生产许可证,这在一定程度上提高了氢能的使用成本,限制了氢能行业的规模化发展,基于此,武汉、河北、山东、广东等多个省市出台了关于非化工园区制氢的相关政策,对制氢环节进行政策松绑,包括制氢加氢一体站、氢能对外销售、电解水等可再生能源制氢项目在非化工园区的开展,支持非化工园区制氢的相关政策,有助于降低氢能成本,推动氢能产业的快速发展,实现氢能的大规模开发和利用。2022 年 3 月,《武汉市人民政府关于支持氢能产业发展的意见》出台,鼓励绿色高效的制氢技术应用,积极高效利用工业副产氢,探索在非化工园区满足安全生产条件的区域开展能源型氢气制取项目。2022 年 4 月,山东省印发《2022 年"稳中求进"高质量发展政策清单(第二批)》,在氢能方面指出:探索可再生能源制氢、制氢加氢一体站试点项目不在化工园区发展,且不受固定投资额不低于 3 亿元的限制。广东省发布的《广东省燃料电池汽车加氢站管理暂行办法》和《广东省燃料电池汽车加氢站建设管理暂行办法》，均允许在非化工园区建设制氢加氢一体站。2022 年 12 月，吉林省《支持氢能产业发展若干政策措施（试行）》开展分布式可再生能源制氢加氢一体站在非化工园区示范建设。2023 年 1 月，《江西省氢能产业发展中长期规划（2023—2035 年）》明确提出要在确保安全的前提下，参照天然气和火电厂制氢车间管理政策，探索小规模分布式能源用制氢项目不纳入化工园区并可对外销售的管理机制。2023 年 6 月，《河北省氢能产业安全管理办法（试行）》允许在化工园区外建设电解水制氢（太阳能、风能等可再生能源）等绿氢生产项目和制氢加氢一体站。

表 2　地方省/市氢能专题政策（2022 年 1 月至 2023 年 7 月）

省份	发布部门	时间	政策名称
北京市	大兴区政府	2022.4	《大兴区促进氢能产业发展暂行办法（2022 年修订版）》
	大兴区经信局	2022.10	《大兴区氢能产业发展行动计划（2022—2025 年）》
	市经信局	2022.8	《北京市关于支持氢能产业发展的若干政策措施》
	经济开发区	2022.10	《北京经济技术开发区关于促进氢能产业高质量发展的若干措施》
	大兴区政府	2022.10	《大兴区氢能产业发展行动计划（2022—2025 年）》
	昌平区经信局	2023.4	《昌平区促进氢能产业创新发展支持措施实施细则》
上海市	嘉定区经济委员会	2022.1	《嘉定加快推动氢能与燃料电池汽车产业发展的行动方案（2021—2025）》
	青浦区经济委员会	2022.2	《关于组织申报 2022 年度氢能补贴扶持资金项目的通知》
	临港管委会	2022.4	《关于同意上海临港新片区氢能产业发展基金使用"临港新片区"字号的批复》
	市发改委等 8 部门	2022.6	《上海市氢能产业发展中长期规划（2022—2035 年）》
	市发改委等 10 部门	2022.8	《关于支持中国（上海）自由贸易试验区临港新片区氢能产业高质量发展的若干政策》
	崇明区政府	2023.6	《崇明区加快氢能产业发展与应用三年行动计划（2023—2025 年）》
	市交通委、市发展改革委、市经济信息化委	2023.7	《上海交通领域氢能推广应用方案（2023—2025 年）》

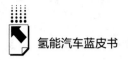

续表

省份	发布部门	时间	政策名称
广东省	黄浦区政府、广州开发区	2022.2	《关于组织开展 2022 年区促进氢能产业发展办法兑现工作(第一批)的通知》
	佛山市南海区	2022.4	《佛山市南海区推进氢能产业发展三年行动计划(2022—2025 年)》
	深圳市发改委	2022.7	《深圳市氢能产业创新发展行动计划(2022—2025 年)(征求意见稿)》
	珠海市发改局	2022.7	《珠海市氢能产业发展规划(2022—2035 年)》
	广州市南沙区政府	2022.8	《南沙区氢能产业扶持办法(征求意见稿)》
	中山市发改局	2022.11	《中山市氢能产业发展规划(2022—2025 年)》
	深圳市盐田区发改委	2023.6	《盐田区国际氢能产业园企业入驻及园区管理办法》
河北省	唐山市政府	2022.6	《唐山市氢能产业发展实施方案》
	省政府	2023.6	《河北省氢能产业安全管理办法(试行)》
	定州市政府	2023.7	《定州市氢能产业发展三年行动方案(2023—2025 年)》
河南省	商务厅	2022.3	《创新聚能 氢能产业成为我省招商引资新热点》
	濮阳市政府	2022.8	《濮阳市促进氢能产业发展扶持办法》
	省发改委	2022.9	《河南省氢能产业发展中长期规划(2022—2035 年)》
	省发改委	2022.9	《郑汴洛濮氢走廊规划建设工作方案》
	新乡市政府	2023.1	《新乡市氢能产业发展中长期规划(2022—2035 年)》
	濮阳市	2023.3	《2023 年濮阳市氢能产业发展工作要点》
	省发改委	2023.5	关于印发《郑汴洛濮氢走廊规划建设 2023 年 20 项重点工作清单》的通知
山东省	青岛西海岸新区管委	2022.1	《青岛西海岸新区氢能产业发展规划(2021—2030 年)》
	省能源局	2022.7	《山东省氢能产业发展工程行动方案》
	淄博市政府	2022.8	《淄博市氢能产业发展中长期规划(2022—2030 年)》
	东营市政府	2023.3	《东营市氢能产业发展规划(2022—2025 年)》
安徽省	阜阳市政府	2022.7	《阜阳市氢能源产业发展规划(2021—2035 年)(征求意见稿)》
	省政府	2022.11	《安徽省氢能产业发展中长期规划》
浙江省	嘉兴市经信局等 10 部门	2022.1	《嘉兴市推动氢能产业发展财政补助实施细则》
	嘉兴港区开发建设管理委员会	2022.5	《嘉兴港区氢能产业发展扶持政策》
	嘉善县政府	2022.8	《关于加快推进氢能产业发展的若干政策意见》
	嘉兴海盐县政府	2022.9	《海盐县加快推进氢能产业发展若干政策意见(征求意见稿)》

省份	发布部门	时间	政策名称
江苏省	常熟市政府	2022.3	《2022年常熟市氢燃料电池产业发展工作要点》
	南通市工信局	2022.11	《南通市氢能与燃料电池汽车产业发展指导意见（2022—2025年）》
	常州市武进区政府	2023.1	《关于支持武进区氢能产业发展的若干措施》
	常州市武进区政府	2023.2.9	《武进区加快推动氢能产业发展的实施意见》
	南京市工信局	2023.2	《南京市加快发展储能与氢能产业行动计划（2023—2025年）》
	无锡市发改委	2023.5	《无锡市氢能和储能产业发展三年行动计划（2023—2025）》
湖北省	武汉市政府	2022.3	《关于支持氢能产业发展的意见》
	武汉市经信局	2022.7	《关于支持氢能产业发展意见的实施细则》
	武汉市青山区人民政府	2022.11	《青山区促进氢能产业发展的若干措施（征求意见稿）》
	省发改委、能源局	2022.11	《关于支持氢能产业发展的若干措施》
四川省	攀枝花市发改委	2022.12	《关于支持氢能产业高质量发展的若干政策措施》
	成都市经信局	2022.6	《关于组织开展2022年成都市氢能产业高质量发展项目申报工作的通知》
	省经信厅	2022.11	《关于推进四川省氢能及燃料电池汽车产业高质量发展的指导意见（征求意见稿）》
	攀枝花市政府	2022.11	《攀枝花市氢能产业示范城市发展规划（2021—2030年）》
辽宁省	省发改委	2022.8	《辽宁省氢能产业发展规划（2021—2025年）》
内蒙古自治区	自治区能源局	2022.2	《内蒙古自治区"十四五"氢能发展规划》
	自治区政府	2022.3	《关于促进氢能产业高质量发展的意见》
	鄂尔多斯市政府	2022.4	《鄂尔多斯市氢能产业发展三年行动方案（2022—2024年）》
	鄂尔多斯市政府	2022.6	《鄂尔多斯市氢能产业发展规划》
宁夏回族自治区	自治区发改委	2022.11	《宁夏回族自治区氢能产业发展规划》
山西省	吕梁市政府	2022.4	《吕梁市氢能产业发展2022年行动计划》
	吕梁市政府	2022.6	《吕梁市氢能产业中长期发展规划（2022—2035）》
	省发改委	2022.8	《山西省氢能产业发展中长期规划（2022—2035）》
	吕梁市政府	2022.12	《吕梁市2022年氢能产业专项资金使用管理办法（暂行）》
	省发改委	2023.4	《山西省氢能产业链2023年行动方案》

续表

省份	发布部门	时间	政策名称
陕西省	省发改委	2022.8	《陕西省"十四五"氢能产业发展规划》
	省发改委	2022.8	《陕西省氢能产业发展三年行动方案(2022—2024年)》
	省发改委	2022.8	《陕西省促进氢能产业发展的若干政策措施》
	西咸新区开发建设管委会	2023.2	《西咸新区促进氢能产业发展的若干政策措施》
	西咸新区空港新城管委会	2023.7	《西咸新区促进氢能产业发展的若干政策措施兑现实施细则》
甘肃省	酒泉市政府	2022.6	《酒泉市氢能产业发展实施方案(2022—2025)》
	省政府	2023.1	《关于氢能产业发展的指导意见》
	兰州市	2023.5	《兰州市氢能产业发展实施方案(2022—2025年)》
	平凉市政府	2023.6	《关于加快推进氢能产业发展的实施意见》
	兰州市	2023.7	《兰州市氢能产业发展规划(2022—2035年)》
吉林省	省政府	2022.10	《"氢动吉林"中长期发展规划(2021—2035年)》
	省政府	2022.12	《支持氢能产业发展若干政策措施(试行)》
	省政府	2022.12	《"氢动吉林"行动实施方案》
湖南省	省发改委、能源局	2022.11	《湖南省氢能产业发展规划》
	长沙市发改委	2023.1	《长沙市氢能产业发展行动方案(2023—2025年)》
福建省	福州市工信局	2022.12	《福州市促进氢能源产业发展扶持办法》
	省发改委	2022.12	《福建省氢能产业发展行动计划(2022—2025年)》
江西省	省发改委、能源局	2023.1	《江西省氢能产业发展中长期规划(2023—2035年)》
青海省	省发改委	2023.1	《青海省氢能产业发展中长期规划(2022—2035年)》
天津市	市发改委	2023.2	《天津市"十四五"扩大内需战略实施方案》
重庆市	九龙坡经信局	2023.3	《重庆市九龙坡区支持氢能产业发展政策措施(试行)》
新疆维吾尔自治区	自治区发改委	2023.4	《自治区氢能产业发展三年行动方案(2023—2025年)》

资料来源:根据政府网站公开资料整理、中汽数据氢能及燃料电池汽车产业政策信息库。

(二)地方燃料电池汽车专题政策动向与分析

汽车是氢能技术应用的先行示范领域,为氢能产业政策体系建设做出了很多积极探索和落地尝试,自燃料电池汽车示范应用城市群政策实施以来,城市群地方政府出台了多项专题政策,非示范城市群参照城市群政策体系,也积极开展本地产业政策体系完善工作。2022 年 1 月至 2023 年 7 月，据不完全统计，国内发布了 20 项燃料电池汽车专题政策，其中省级 12 项、市级 8 项。其中北京、上海、广东、河北、河南发布的燃料电池汽车专题政策以燃料电池汽车示范城市群地方支撑和配置政策为主，浙江、武汉发布了本地燃料电池汽车专题支持政策（见表 3）。

表 3　地方省/市燃料电池汽车专题政策（2022 年 1 月至 2023 年 7 月）

省份	发布部门	时间	政策名称
北京市	市经信局	2022.4	《关于开展 2021—2022 年度北京市燃料电池汽车示范应用项目申报的通知》
	市经信局	2022.5	《2021—2022 年度北京市燃料电池汽车示范应用项目拟承担"示范应用联合体"牵头企业公示》
	市经信局	2022.11	《北京市燃料电池汽车标准体系》
	市经信局	2023.4	《关于开展 2022—2023 年度北京市燃料电池汽车示范应用项目申报的通知》
上海市	市经信委	2022.1	《2021 年度上海市燃料电池汽车示范应用拟支持单位公示》
	市经信委等 6 部门	2022.12	《关于开展 2022 年度上海市燃料电池汽车示范应用项目申报工作的通知》
	市经信委等	2023.4	《上海市燃料电池汽车示范应用专项资金实施细则》
广东省	省发改委等 8 部门	2022.8	《广东省加快建设燃料电池汽车示范城市群行动计划（2022—2025 年）》
	广州市发改委	2022.12	《广州市燃料电池汽车示范应用工作方案（2022—2025 年）》
河北省	张家口市政府	2022.7	《张家口市支持建设燃料电池汽车示范城市的若干措施》
	保定市政府	2022.7	《保定市氢燃料电池汽车产业安全监督和管理办法（试行）》
河南省	郑州市工信局	2022.8	《郑州市支持燃料电池汽车示范应用若干政策》
	安阳市政府	2023.6	《安阳市加快燃料电池汽车产业高质量发展若干政策》
浙江省	省发改委	2022.6	《关于批复同意浙江省氢燃料电池汽车示范区(点)的通知》

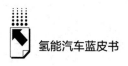
省份	发布部门	时间	政策名称
内蒙古自治区	鄂尔多斯市伊金霍洛旗	2022.2	《关于推广普及以氢燃料电池为主新能源重卡的倡议书》
	鄂尔多斯市政府	2022.3	《鄂尔多斯市支持上海城市群燃料电池汽车示范应用奖补政策》
天津市	市财政局、发改委、工信局	2023.3	《燃料电池汽车示范城市地方财政支持政策指导意见》

资料来源：根据政府网站公开资料整理、中汽数据氢能及燃料电池汽车产业政策信息库。

2023 年 4 月，北京市经信局发布《关于开展 2022—2023 年度北京市燃料电池汽车示范应用项目申报的通知》，通知中提出燃料电池汽车示范应用项目主要采取"应用场景示范+'示范应用联合体'申报"方式实施，应用示范场景由经信局明确并公布，包括省际专线货运、城市重型货物运输、城市物流配送、城市客运四个场景，"示范应用联合体"由燃料电池汽车整车制造企业牵头，会同燃料电池系统企业、车辆运营企业、加氢站运营企业组成。并对"示范应用联合体"根据任务完成情况给予资金支持，主要包括车辆推广奖励、车辆运营奖励、加氢站建设和运营补贴、关键零部件创新奖励等，对纳入并完成示范应用项目的燃料电池汽车，按照中央奖励 1∶1 的标准安排市级车辆推广奖励资金。

2022 年 12 月，上海市发布《关于开展 2022 年度上海市燃料电池汽车示范应用项目申报工作的通知》明确了各任务均由"示范应用联合体"申报，由燃料电池系统企业牵头，依照《2022 年度上海市燃料电池汽车示范应用任务汇总表》申报项目，支持有关企业在本市开展燃料电池汽车示范应用。2023 年 4 月，上海市经信委印发《上海市燃料电池汽车示范应用专项资金实施细则》，对燃料电池汽车示范应用专项资金管理进一步做出详细的规定，明确了专项资金支持领域和标准。其中，燃料电池汽车符合相关要求，取得国家综合评定奖励积分的，本市按照每积分 20 万元给予奖励；每个考核年度内行驶里程超过 2 万公里的燃料电池货车、商业通勤客车给予营运奖励,每辆车累计最多奖励3个年度;符合本市相关要求的关键零部件,用于国内示范城市群车辆应用,由相关区参考积分值给予企业奖励资金,原则上每积分奖励3万元;燃料电池公交车辆购置和运营补贴标准按照本市新能源公交车发展扶持政策执行;按照有关规定建设加氢站,完成竣工验收并取得经营许可的,本市按照不超过核定的设备购置和安装投资总额30%给予支持;加氢站氢气零售价格不超过35元/公斤的,按照年度氢气实际销售量,给予加氢站运营主体支持;建立上海市加氢站与氢燃料电池汽车公共数据平台,为燃料电池汽车示范应用有关工作提供服务和支撑,市级平台提供的数据通过国家有关部委的年度考核后,按照此次考核年度实际发生的平台运维费用,经审定后给予市级平台运营主体奖励资金。

2022年8月,广东省发改委发布了《广东省加快建设燃料电池汽车示范城市群行动计划(2022—2025年)》,提出六个重点任务和三项保障措施,到示范期末,实现电堆、膜电极、双极板等八大关键零部件技术水平进入全国前五,形成一批技术领先并具备较强国际竞争力的龙头企业,实现推广1万辆以上燃料电池汽车目标,年供氢能力超过10万吨,建成加氢站超200座,车用氢气终端售价降到30元/公斤以下。加快整车推广应用方面,统筹使用各级财政资金,按照总量控制、逐步退坡原则,对符合行驶里程、技术标准并获得国家综合评定奖励积分的燃料电池汽车给予购置补贴。对获得国家综合评定奖励积分1万辆车,且不少于5项关键零部件在示范城市群内制造,按照燃料电池系统额定功率补贴3000元/千瓦(单车补贴最大功率不超过110千瓦)。对完成1万辆推广目标后的补贴标准另行制定。

非国家示范城市群省市出台本地省市级燃料电池汽车支持政策,推进省市内燃料电池汽车有序发展。2022年3月,武汉市发布《市人民政府关于支持氢能产业发展的意见》,提出到2025年,燃料电池汽车推广量达到3000辆,对符合要求的燃料电池汽车,参考国家积分核算办法核算本市生产的整车与核心零部件积分,给予车辆购买企业20万元/分的财政奖励;《武汉市支持氢能产业发展财政资金管理办法的通知》提到对本市整车企业研发并批量化生产的燃料电池车型,按照每销售5辆车一个阶梯给予奖励。2022年6月,浙江省发改委发布《关于批复同意浙江省氢燃料电池汽车示范区（点）的通知》，认定宁波市等 5 个地区为省级氢燃料电池汽车示范区，嘉善县、长兴县 2 个地区为省级氢燃料电池汽车示范点，下一步，将以示范区为重点区域，加快推进浙江省氢燃料电池汽车产业高质量发展。2023 年 3 月，天津市财政局、发改委、工信局联合印发《燃料电池汽车示范城市地方财政支持政策指导意见》，其中对于车辆购置按照与国家奖励 1∶1 的标准，对辖区内企业购买燃料电池汽车给予地方补贴，对新建加氢制氢设施按固定资产投资总额的 30% 给予最高 500 万元的一次性补贴，所需资金由市财政承担。

（三）地方加氢站专题政策动向与分析

加氢站是为燃料电池汽车提供氢气的基础设施，对于促进燃料电池汽车运行具有重要保障作用，各地积极制定加氢站管理政策，明确政府部门职责，支持加氢站建设与运营。2022 年 1 月至 2023 年 7 月，北京、广州、南京、郑州、济南、嘉兴、攀枝花等 15 个城市发布了加氢站管理专题政策（见表 4），政策类型包括加氢站建设管理、运营管理、发展规划、安全管理、运行扶持等，其中主要以加氢站建设运营管理为主，对加氢站的立项规划、施工建设、许可审批、经营管理、安全和应急管理、政府监管等环节进行全链条系统性规范化要求，明确职能部门职责分工和现场作业规范，对燃料电池汽车加氢站的建设运营进行规范管理。

近年来，国家鼓励支持加氢站建设，地方从市场需求出发，完善氢能产业布局，但现阶段由于各地区氢能发展水平不一，各地政策缺乏统一性，各地加氢站主管部门不一致，加氢站经营管理政策普遍参照天然气加气站管理模式，加氢站主管部门主要集中于住建和城管两大部门，多数地区都要求投入运营前必须取得燃气经营许可证和气瓶充装许可证。例如，济南市在《关于推进我市汽车加氢站规划建设运营管理工作的实施意见》中，明确由住建部主导、其他相关部门配合，指导开展加氢站的建设、消防审核、工程质量监督和行业管理工作；《榆林市加氢站管理暂行办法》提出市住建局负责全市加氢站的行业指导和管理工作；在《潍坊市加氢站建设运营扶持办法》中，潍坊市城市管理局负责全市加氢站行业管理工作；在《郑州市汽车加氢站管理暂行办法》中，市城镇燃气主管部门负责本市汽车加氢站监督管理工作；在《南京市加氢站建设运营管理暂行规定》中，由发改部门、工信部、应急管理部多个部门协调合作负责加氢站的一系列建设、运营、安全管理等工作。各地对于加氢站土地属性分类不同。例如，《淄博市加氢站建设管理暂行办法》指出，自然资源和规划部门负责加氢站规划用地保障并按规定办理规划用地审批等工作；《广州市加氢站管理暂行办法》指出，市城市管理部门是本市加氢站行业管理部门，负责统筹协调加氢站管理中的重大问题，对各区的加氢站运营管理等工作进行业务指导。

针对当前加氢站建设审批难、加氢成本高、运营经济效益不佳等现实问题，各地在加氢站管理中普遍提到"重点支持油、氢、气一体化综合能源站、制加一体站建设，鼓励利用现有加油（气）站改扩建加氢站"。站内制氢可以缓解氢气运输成本高等难题，近年来，制氢加氢一体化站成为行业关注的热点，在电价便宜、无稳定氢源供应或长管拖车补能覆盖的地区优势明显，多个地方在非化工园区制氢和制氢加氢一体化站方面管理进行了积极探索和政策突破。《河北省氢能产业安全管理办法（试行）》规定，氢能企业按行业类别归口监督管理，除化工企业的氢能生产、电解水制氢（太阳能、风能等可再生能源）等绿氢生产不需要取得危险化学品安全生产许可外，允许在化工园区外建设绿氢生产项目和制氢加氢一体站。《广东省燃料电池汽车加氢站建设管理暂行办法》提出，重点支持加氢合建站和制氢加氢一体站建设，鼓励加油（气）站利用现有土地改（扩）建加氢设施，鼓励新布点加油站同步规划建设加氢设施；制氢加氢一体站制氢规模不得超过3000公斤/天，储氢罐总容量不得超过3000公斤，允许在非化工园区建设制氢加氢一体站。《唐山市燃料电池汽车加氢站建设管理暂行办法》提出，自用加氢站所属企业应配套建设制氢工厂，支持在非化工园区建立光伏制氢、风电制氢项目，并依托开展制氢工厂加氢站一体的制氢加氢项目。大连自贸片区在开展制氢加氢一体站建设实践的基础上，推出《中国（辽宁）自由贸易试验区大连片区（保税区）制氢加氢一体站技术规范》。

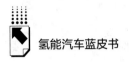

表4　加氢站相关政策（2022年1月至2023年6月）

省份	发布部门	时间	政策名称
北京市	市城管委	2022.4	《北京市氢燃料电池汽车车用加氢站建设管理暂行办法（征求意见稿）》
	市城管委	2022.11	《北京市氢燃料电池汽车车用加氢站发展规划（2021—2025年）》
	市城市管理委员会	2023.7	《2021—2022年度北京市燃料电池汽车车用加氢站建设和运营财政补贴情况公示》
广东省	广州市城市管理和综合执法局	2022.5	《广州市加氢站管理暂行办法》
	东莞市发改委	2022.5	《东莞市加氢站"十四五"发展规划（2021—2025年）》
	佛山市南海区政府	2022.12	《佛山市南海区促进加氢站建设运营及氢能源车辆运行扶持办法（2022年修订）》
	广州市发改委	2022.9	《广州市氢能基础设施发展规划（2021—2030年）》
	住房和程序建设厅	2022.10	《广东省燃料电池汽车加氢站管理暂行办法》
	佛山市南海区政府	2023.1	《佛山市南海区促进加氢站建设运营及氢能源车辆运行扶持办法（2022年修订）》
		2023.3	《广东省燃料电池汽车加氢站安全管理规范（试行）》（征求意见稿）
	省应急管理厅	2023.5	《制氢加氢一体站安全技术规范（报批稿）》
	省生态环境厅	2023.6	《广东省燃料电池汽车加氢站建设管理暂行办法》
河北省	唐山市发改委	2022.7	《唐山市燃料电池汽车加氢站建设管理暂行办法》
山西省	榆林市政府	2022.6	《榆林市加氢站管理暂行办法》
河南省	郑州市政府	2022.8	《郑州市汽车加氢站管理暂行办法》
	安阳市政府	2022.8	《安阳市汽车加氢站管理暂行办法》（征求意见稿）
	郑州市自然资源和规划局	2023.2	《郑州市主城区燃料电池汽车加氢站布局专项规划（2022—2025年）》
江苏省	无锡市应急管理局	2022.5	《无锡市氢能企业安全管理暂行规定》
	南京市应急管理局	2022.6	《南京市加氢站建设运营管理暂行规定》
山东省	潍坊市政府	2022.1	《潍坊市加氢站建设运营扶持办法》
	淄博市住建局等11部门	2022.10	《淄博市加氢站建设管理暂行办法》
	济南市政府	2023.3	《关于推进我市汽车加氢站规划建设运营管理工作的实施意见》

省份	发布部门	时间	政策名称
浙江省	嘉兴市住建局	2022.8	《嘉兴市燃料电池汽车加氢站规划建设运营管理实施意见》（征求意见稿）
	省住建厅	2022.12	《浙江省汽车加氢站建设专项规划技术导则》（征求意见稿）、《浙江省汽车加氢站建设专项规划编制技术手册（指南）》（征求意见稿）
	省住建厅等5部门	2023.6	《关于加强汽车加氢站建设运营的实施意见》
四川省	攀枝花市城市管理行政执法局	2022.7	《攀枝花市燃料电池汽车加氢站建设运营管理办法（试行）》
内蒙古	自治区能源局、自治区住房城乡建设厅、自治区交通运输厅	2023.1	内蒙古自治区加氢站管理暂行办法

资料来源：根据政府网站公开资料整理、中汽数据氢能及燃料电池汽车产业政策信息库。

三　氢能与燃料电池汽车产业政策建议

氢能产业正在成为全球能源技术革命和能源转型发展的重大战略方向，我国氢能与燃料电池汽车产业发展正迎来良好的发展机遇期，但作为新兴产业，现阶段国内氢能与燃料电池汽车产业的发展还依赖于政策扶持，上下游协同创新、产业链有序发展、基础设施持续建设、示范应用加快推进等，还需要进一步发挥政策对产业引导、合理布局、科技攻关和示范应用的作用，进而促进氢能全产业链高质量发展。

1. 强化产业顶层设计，开展体制机制政策创新

《氢能产业发展中长期规划（2021—2035年）》指出，氢能是未来国家能源体系的重要组成部分、用能终端实现绿色低碳转型的重要载体，已明确了氢的能源属性，建议尽快出台《中华人民共和国能源法》，加快推进氢能立法制度创新，将氢能作为能源进行管理，为氢的能源属性确立和作为能源进行管理提供法律依据。同时，氢能产业链长，涉及面广，既是工业原

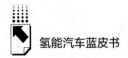

料，又是能源载体，以适应氢能产业发展新需求为导向，着眼于解决产业当前发展的关键制约、卡点、堵点等问题，尽快完善相关配套政策和行业标准，加快管理创新和政策创新，加快研究制定国家氢能发展"1+N"政策支撑体系，分领域制定氢能产业发展和应用实施路线图，引导地方合理优化产业布局。明确国家层面氢能产业监管体系，规范氢能项目规划、立项、审批、建设等管理工作流程，研究制定统一的加氢站审批管理办法。根据应用场景细化管理，在充分考虑安全风险和边界条件下，开展非化工园区站内制氢、站内制氢加氢一体化加氢站等新模式试点示范，加快加氢站建设进程。

2. 强化核心技术创新，打造自主可控供应链

聚焦产业链上下游短板和薄弱环节，围绕产业链布局创新链，组建产学研用协同、上下游衔接的创新联合体，开展以市场需求为导向的基础研究、应用基础研究、原创技术、共性技术、应用技术研发，推动氢能基础材料、关键部件技术攻关与核心装备自主化。加快推进高性能、长寿命质子交换膜燃料电池技术创新，加快高储氢密度储运技术和装备研发应用。鼓励产业链上骨干企业、科研院所等共同打造自主可控的产业生态，形成大批量生产能力，系统构建自主可控的氢能及燃料电池汽车创新链、供应链体系。探索跨区域氢能产业协同发展机制，引导地方立足区域发展基础和比较优势，依托龙头企业和重点园区，打造差异化、特色化、具备国际竞争力的氢能产业集群，避免低水平重复建设和同质化竞争。

3. 深度融入"双碳"体系，完善配套支撑政策

充分发挥交通应用突破口的先导引领作用和节能减排效应。积极开展燃料电池汽车应用碳足迹追踪评价和节能减排评价体系研究，支持将减排量纳入温室气体自愿减排交易市场，构建覆盖氢能制、存、运、加、用各环节的交通领域氢能应用数据监控平台，实现对氢气来源、储存运输、车辆运行、基础设施等环节的全面情况摸排、动态运营监测、高效溯源管理，保障氢能交通安全高效运行。启动车用燃料电池资源综合利用政策规范和标准研究，促进燃料电池材料循环利用。完善燃料电池汽车示范应用城市群积分评价标准、考核细则、路权激励等配套支撑政策，构建零碳交通应用示范区。强化

氢能专业技能人才培养，完善氢能人才培训教育体系，建立职业技能认证评价机制，为产业发展提供高素质人才队伍保障。

4. 扩大示范应用场景，提升车用氢能供给能力

扩大燃料电池汽车示范应用区域与范围，在干线物流、倒短运输、冷链物流、市政环卫、渣土运输等场景大力开展燃料电池重卡和专用车示范应用，在网约车、租赁用车、公务用车、出租车等场景开展燃料电池乘用车示范应用，与纯电动汽车形成互补优势。以规模化、多场景的示范应用充分验证提升国产零部件的可靠性和稳定性。建设安全、经济、稳定的车用氢能制储运加体系，多渠道布局车用氢气供应保障能力，优先开展工业副产氢就近提纯利用，积极发展绿色高效的可再生能源制氢。以场景用车需求为导向，适度超前开展加氢站基础设施规划布局与建设，在风光水电资源丰富、具备氢能应用场景地区，建设制氢加氢一体化站，建设跨省、跨市的高速公路加氢走廊，构建覆盖"点-线-网"的车站联动发展新模式，形成可复制、可推广的经验。

B.7
中国燃料电池电动汽车标准化工作进展

苏智阳 兰 昊 何云堂*

摘 要: 标准对产业发展具有规范和引领作用，全国汽车标准化技术委员会电动车辆分技术委员会自2009年以来，先后已发布15项燃料电池汽车国家、行业标准，形成了相对完善的燃料电池电动汽车标准体系。随着燃料电池汽车产业发展和技术提升，一方面新产品、新技术的发展亟须标准规范，另一方面原有标准中部分内容已不符合产业现状。本文主要介绍了国内外燃料电池电动汽车标准法规的最新进展。展望未来，在国内标准方面，主要工作包括加快推动燃料电池电动汽车加氢通信协议，燃料电池发动机故障分类、车载氢系统在线监测等在研标准制修订进程，以及开展燃料电池电动汽车安全要求，燃料电池发动机用加湿器、引射器、电导率仪等标准预研工作；在国际标准法规协调方面，我国将继续深度参与联合国全球技术法规GTR和国际标准化组织ISO中燃料电池电动汽车相关标准法规的研究工作，有力地推动燃料电池汽车国际标准法规的制定与协调。

关键词: 燃料电池汽车 燃料电池系统 国际法规

---

* 苏智阳，硕士，工程师，中国汽车技术研究中心有限公司中国汽车技术标准化研究院；兰昊，硕士，高级工程师，中国汽车技术研究中心有限公司中国汽车技术标准化研究院；何云堂，中国汽车技术研究中心教授级高工，同济大学兼职教授，全国汽车标准化技术委员会灯光分委会（SAC/TC114/SC21）副主任委员，全国汽车标准化技术委员会电动车辆分委会（SAC/TC27）委员，全国燃料电池标准化技术委员会（SAC/TC342）委员，中国汽车工程学会（C-SAE）灯光分会秘书长，国际标准化组织（ISO）电动汽车注册专家，联合国燃料电池汽车全球技术法规（UN GTR13）中方负责人，国际氢能协会（IAHE）标准和规范专业委员会委员。

　　燃料电池电动汽车是一种利用氢气和空气中的氧在催化剂的作用下，在燃料电池中经电化学反应产生的电能作为主要动力源驱动的汽车，由于其使用氢气作为燃料，燃料电池汽车的使用可以减少传统燃油汽车的污染排放，改善空气质量和环境状况，符合我国可持续发展的战略目标；还可以减少对传统化石燃料的依赖，有利于我国能源结构的转型；除此之外，燃料电池汽车的发展可以带动相关产业链的发展，促进我国汽车产业的升级和转型，提高产业的整体竞争力。我国政府高度重视燃料电池电动汽车发展，2020 年 9 月，财政部等五部委发布了《关于开展燃料电池汽车示范应用的通知》，将对燃料电池汽车的购置补贴政策，调整为燃料电池汽车示范应用支持政策，对符合条件的城市群开展燃料电池汽车关键核心技术产业化攻关和示范应用给予奖励。该政策发布后，各地区积极申报。近期，北京、上海、广东等地报送的城市群获批，将启动实施燃料电池汽车示范应用工作。此外，各地区也密集出台各类氢能、燃料电池汽车相关政策，鼓励燃料电池汽车产业发展。在这样的大背景下，燃料电池汽车正进入发展的"快车道"。

一　国内燃料电池电动汽车标准工作进展

　　我国燃料电池电动汽车标准由电动车辆分标委（TC114/SC27）归口管理。自 2009 年以来，在工业和信息化部、国家标准化管理委员会的支持和指导下，我国先后发布了 15 项国家、行业标准，涵盖覆盖基础通用、整车、关键系统和零部件、接口、设施等多个领域，形成了相对完善的燃料电池电动汽车标准体系。

　　随着燃料电池汽车产业发展和技术提升，一方面新产品、新技术的发展亟须标准规范，另一方面原有标准中部分内容已不符合产业现状。因此，多项燃料电池电动汽车标准正处于制修订状态。截至 2023 年 10 月，共有 9 项标准报批（见表 1）。

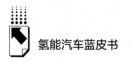

表1　燃料电池电动汽车领域已发布和在研国行标

分类		名称	状态
基础		GB/T 24548-2009《燃料电池电动汽车术语》	现行有效
整车	安全性	GB/T 24549-2020《燃料电池电动汽车安全要求》	修订预研
		GB/T 37154-2018《燃料电池电动汽车　整车氢气排放测试方法》	现行有效
		GB/T《燃料电池电动汽车碰撞后安全要求》	已报批
	动力性	GB/T 26991-2011《燃料电池电动汽车　最高车速试验方法》	已报批
		GB/T《燃料电池电动汽车低温冷起动性能试验方法》	已报批
	经济性	GB/T 35178-2017《燃料电池电动汽车　氢气消耗量测量方法》	现行有效
		GB/T《燃料电池电动汽车能量消耗量及续驶里程测试方法》	已报批
	定型	GB/T 39132-2020《燃料电池电动汽车定型试验规程》	现行有效
关键系统	燃料电池发动机	GB/T 24554-2022《燃料电池发动机　性能试验方法》	现行有效
		GB/T 34593-2017《燃料电池发动机氢气排放测试方法》	现行有效
		GB/Z《燃料电池发动机耐久性试验方法》	已报批
		QC/T《燃料电池发动机故障分类及处理方法》	在研
	空气供应系统	QC/T《燃料电池发动机用空气滤清器》	在研
		QC/T《燃料电池发动机用空气压缩机》	已报批
		QC/T《燃料电池发动机用增湿器》	预研
	冷却系统	QC/T《燃料电池发动机用冷却水泵》	在研
		QC/T《车用电导率仪》	预研
	氢气供应系统	QC/T《燃料电池发动机用氢气循环泵》	已报批
		QC/T《燃料电池发动机用氢气喷射器》	在研
		QC/T《燃料电池发动机用氢气引射器》	在研
	车载氢系统	GB/T 26990-2011《燃料电池电动汽车　车载氢系统技术条件》	已报批
		GB/T 29126-2012《燃料电池电动汽车　车载氢系统试验方法》	
		QC/T《燃料电池电动汽车车载氢系统在线检测规范》	在研
接口		GB/T 26779-2021《燃料电池电动汽车　加氢口》	现行有效
		GB/T 34425-2017《燃料电池电动汽车　加氢枪》	已报批
		QC/T 816-2009《加氢车技术条件》	现行有效
		QC/T《燃料电池汽车加氢通信协议》	在研

分类	名称	状态
示范运行	GB/T 29123-2012《示范运行氢燃料电池电动汽车技术规范》	修订预研
	GB/T 29124-2012《氢燃料电池电动汽车示范运行配套设施规范》	修订预研

（一）基础及整车部分

燃料电池电动汽车碰撞安全是确保燃料电池电动汽车安全应用的重要指标之一，也是制约燃料电池电动汽车大规模、大范围推广应用的主要技术瓶颈之一。联合国《燃料电池电动汽车安全全球技术法规》（UN GTR 13）法规中就对燃料电池电动汽车碰撞安全提出了相关要求，工作组参照其要求制定了 GB/T《燃料电池电动汽车碰撞后安全要求》，其对碰撞后 CHSS 安全和防触电保护要求做出了详细规定，其中重点内容如下。

（1）M_1、N_1 类车辆按规定进行正面碰撞、侧面碰撞和后面碰撞试验，试验后应满足碰撞后 CHSS 安全、防触电保护、电解液泄漏、REESS 以及氢系统特殊安全的要求。

（2）M_2、M_3、N_2、N_3 类车辆的 CHSS 按照规定完成滑车试验并满足储氢气瓶固定装置强度要求。

（3）碰撞后 CHSS 安全要求如下：

（a）CHSS 的燃料泄漏限值

按照规定的测试方法，在泄漏测试时间内，所有储氢气瓶的氢气平均泄漏率的总和不应超过 118NL/min。

（b）封闭空间或半封闭空间内浓度限值

封闭空间或半封闭空间内浓度限值应满足以下任一要求：

一是按照规定的测试方法，碰撞后的燃料泄漏不应使封闭空间或半封闭空间内的氢气浓度超过 4%（体积浓度），如果使用氦气，则浓度不应超

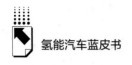

过 3%；

二是每一个储氢气瓶的主关断阀在碰撞发生后 5s 内自动关闭，且无泄漏。

（c）储氢气瓶固定装置强度要求

试验后储氢气瓶的固定装置应与车身保持连接，氢气瓶不应从固定装置中脱离，CHSS 在碰撞后不能侵入乘员舱内。

（4）氢系统特殊安全要求。碰撞结束后泄漏测试时间内，CHSS、燃料电池发动机不应起火、爆炸。

目前，该标准经过多次会议讨论已较为成熟，已于 2023 年 6 月公开征求意见，2023 年 10 月通过电动车辆分标委审查和报批，预计将于 2024 年上半年发布。

（二）燃料电池系统标准进展

燃料电池系统包含燃料电池发动机、空气供应系统、冷却系统、氢气供应系统以及车载氢系统等多个部分，燃料电池电动汽车发动机耐久性是燃料电池电动汽车商业化推广的前提以及技术瓶颈，该标准制定过程中参考燃料电池电动汽车在中国工况上运行的实际功率制定了对应的循环耐久工况，并对燃料电池发动机、车用燃料电池堆、车用燃料电池膜电极、燃料电池发动机用空压机、燃料电池发动机用氢气循环泵的耐久性试验方法及要求做出了相关规定，主要内容如下。

（1）试验前应按照标准规定对发动机进行准备，完成试验准备阶段后，燃料电池发动机耐久性试验按照以下步骤进行：

（a）在 10min 之内，开始按照循环工况进行加载，加载过程中燃料电池发动机的净输出功率应满足要求；

（b）每累计完成 5h 循环工况（即 10 个循环工况，记为一组）后，停机 15min；

（c）每累计完成 20h 循环工况（即 40 个循环工况）后，停机 5h；

（d）每累计完成 200h 循环工况（即 400 个循环工况）后，进行以下步骤：

一是进行一次稳态特性试验和动态响应特性试验，然后停机，在热机状态下进行绝缘电阻测试，待停机达到 5 小时后，进行氢气流道气密性测试；

二是按照标准规定，由制造商对燃料电池发动机进行保养，保养过程的总时间不应超过 5h，并将保养情况记录至表中；

三是保养结束后，进行氢气流道气密性测试和绝缘电阻测试，测试结果应满足要求；

四是进行一次稳态特性试验和一次动态响应特性试验，然后使燃料电池发动机运行在怠速状态（或燃料电池发动机最低功率点）；

（e）重复上述步骤（a）至（d），直至达到规定的试验终止条件后，使燃料电池发动机停机。

停机后，可根据制造商要求选择是否对燃料电池发动机进行整体气密性测试，完成以上步骤后，终止试验。试验过程中，如果出现燃料电池发动机故障或试验不可抗力，则按照规定进行处理，并应将相关情况记录至表中；

（f）处理试验数据，并将结果记录至表中。

（2）试验过程中，达到以下任意一项条件则终止试验：

（a）燃料电池发动机在参考电流下的功率无法达到 $90\%P_E$（额定功率）；

（b）在任一循环工况（1800s）过程中，燃料电池发动机不满足规定的功率公差的累积时间超过 180s，且按照规定调整后仍无法满足要求；

（c）燃料电池发动机出现 3 级故障，且必须更换关键部件（燃料电池堆、空气压缩机、氢气循环系统、空气或氢气的增湿器、冷却泵、控制器）后才能修复；

（d）循环工况加载的累计时间超过燃料电池发动机设计寿命的 10%，且不少于 1000h 时。

（3）燃料电池发动机的故障分类及处理应符合以下要求：

（a）1 级故障，或不影响燃料电池发动机正常运行的故障。针对此类情况，可在试验停机期间，对燃料电池发动机进行维修；

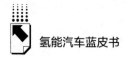

（b）2级故障，或影响燃料电池发动机的正常运行，需要限制燃料电池发动机的功率输出的故障。针对此类情况，应立即停机，对燃料电池发动机进行维修，并记录停机时本组循环工况中已完成的个数 n。维修后，继续进行循环工况试验，将本组未完成的循环工况数（10-n）加至下一组循环工况中，即连续完成（20-n）个循环工况，试验过程中不再停机；

（c）3级故障，或燃料电池发动机必须立即停机的故障。针对此类情况，应立即停机，对燃料电池发动机进行检查，并记录停机时本组循环工况中已完成的个数 n。如果该故障必须通过更换关键零部件（燃料电池堆、空压机、氢气循环系统、冷却泵、增湿器、控制器）后才能修复，则终止试验。如果该故障无须更换关键零部件即可修复，则维修后，继续进行循环工况试验，将本组未完成的循环工况数（10-n）加至下一组循环工况中，即连续完成（20-n）个循环工况，试验过程中不再停机。

目前，该标准经过多次会议讨论已较为成熟，已于2023年6月公开征求意见，2023年10月通过电动车辆分标委审查和报批，预计将于2024年上半年发布。

（三）燃料电池接口相关标准

燃料电池电动汽车接口标准主要包括 GB/T 26779—2021《燃料电池电动汽车加氢口》、GB/T 34425—2017《燃料电池电动汽车加氢枪》、QC/T 816-2009《加氢车技术条件》以及现在正在预研的 QC/T《燃料电池汽车加氢通信协议》等标准。本年度工作组在接口标准领域的工作重点除了继续完成加氢枪标准的修订并成功报批外，还进行了 QC/T《燃料电池汽车加氢通信协议》的预研工作。

加氢通信协议对于加氢的作用主要体现在提高通信速度和带宽、保障安全性和隐私以及增强兼容性和互操作性等方面，其能够更好地支持加氢过程的控制和监测，保障加氢过程的安全和稳定，并提高整体效率。当前，由于缺乏相关标准，厂家主要参考 SAE J2799 等国外相关要求对加氢进行开发，存在整车企业及加氢站/机厂家对加氢协议理解偏差，导致无法实现有效加注的情况，行业对标准存在迫切需要。

目前，该标准正在起草过程中，下一步，工作组将对标准的技术内容、可行性、适用性等方面进行深入研究和分析，并组织起草组根据收集到的研究成果及实践经验对标准草案进行完善，预计于 2024 年完成该标准的审查和报批工作。

二 国际燃料电池电动汽车标准法规工作进展

2023 年 6 月 20~22 日，联合国世界车辆法规协调论坛（WP.29）第 190 次会议在瑞士日内瓦召开。会议期间，由中国、美国、韩国和日本共同牵头修订的 UN GTR No.13《燃料电池电动汽车安全全球技术法规》（以下简称燃料电池汽车安全法规）经各缔约方投票表决，获得全票通过。

燃料电池汽车安全法规于 2013 年首次发布，主要规定了燃料电池电动汽车和储氢系统的安全要求及试验方法，对推动提升燃料电池电动汽车安全技术水平、保障消费者生命财产安全发挥了重要作用。为适应燃料电池电动汽车的产业发展和技术进步，中国、美国、韩国和日本于 2017 年共同牵头启动该项法规的修订，组织全球近 50 个国家和地区参与了技术研究、试验验证和沟通协调等有关工作。中国汽车技术研究中心有限公司、浙江大学、同济大学、上海重塑能源集团股份有限公司等国内单位的专家全面参与，对法规的适用范围、储氢气瓶爆破压力等问题进行了系统研究。并作为重型车辆研究小组组长，牵头开展了重型车储氢气瓶组滑车碰撞、储氢气瓶循环寿命以及温度驱动安全泄压装置（TPRD）释放方向等技术内容的研讨，为法规修订工作做出了积极贡献。

本次修订几乎涉及了第一阶段各个段落的修订，除编辑型修改和小的技术改动外，变化较大的方面有以下几点。

（a）范围扩展到所有氢燃料电池汽车。其中的商用车部分的碰撞试验由滑车试验代替。

（b）储氢瓶火烧试验，增加了试验的设计环节，保证火烧试验结果的

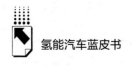

可重复性。

（c）70MPa 储氢瓶（碳纤维复合材料容器）的初始爆破压力由一阶段的 225%NWP 更改为 200%NWP，35MPa 储氢瓶（碳纤维复合材料容器）则维持不变；玻璃纤维合成材料制成的储氢瓶的初始爆破压力保持 350%NWP 不变。

（d）在基准循环数方面，一阶段文本的 11000 次初始基准循环数要求对于使用寿命为 15 年的储氢瓶偏保守，第 2 阶段工作组同意将当前 11000 次的初始基准循环数要求和 22000 次的"爆裂前泄漏"循环数要求扩展到使用寿命为 25 年的储氢瓶。各缔约方可自行决定引入的最长服务期限，停止使用的日期不得超过制造日期后的 25 年。

（e）在材料相容性及氢脆方面，开发了疲劳寿命和慢应变率拉伸（SSRT）试验以及评估具有较高 HG-SCC（在潮湿气体条件下出现应力腐蚀开裂）敏感性材料的试验，并确定了试验要求。

此外，我国组织相关领域专家积极参与燃料电池电动汽车 ISO 标准制定，2022 年 2 月，由中国提出并担任项目负责人的两项国际标准 ISO/TR 11954《燃料电池电动汽车动力性测试方法》和 ISO/TR 17326《燃料电池电动汽车低温冷起动性能试验方法》也顺利立项，是我国在电动汽车领域国际标准化方面新的突破。目前，两项国际标准均已进入 DTR 阶段，预计将于 2023 年底或 2024 年初发布。

三　燃料电池电动汽车标准法规未来展望

下一步，我国将继续加速燃料电池电动汽车国家标准和国际标准法规研究，充分发挥标准在便利经贸往来、支撑产业发展、促进科技进步、规范社会治理中的重要作用。

在国内标准方面，下阶段主要工作包括加快推动燃料电池电动汽车加氢通信协议，燃料电池发动机故障分类、空气滤清器、氢气喷射器、冷却水泵，车载氢系统在线监测等在研标准制修订进程，以及开展燃料电池电动汽车安全要求，燃料电池发动机用加湿器、引射器、电导率仪等标准预研工作。

在国际标准法规协调方面，我国将继续深度参与联合国全球技术法规GTR 和国际标准化组织 ISO 中燃料电池电动汽车相关标准法规的研究工作，利用自身在燃料电池电动汽车领域的技术积累，并结合我国在燃料电池汽车国家标准制定过程中的实践经验，有力地推动燃料电池汽车国际标准法规的制定与协调。

测评安全篇

Assessment Safety Reports

B.8
车用燃料电池关键部件测试与评价

郝 冬 张妍懿 赵 鑫 焦道宽 王睿迪*

摘 要： 燃料电池是实现氢能转换为电能利用的关键载体，在碳中和、碳达峰目标提出后，获得了基础研究与产业应用层面新的高度关注。随着燃料电池汽车产业的快速发展，燃料电池关键部件的测试评价技术也趋于完善。燃料电池关键部件的性能优劣一直是企业关注的重点。本部分首先对燃料电池汽车政策情况进行介绍，随后对燃料电池关键部件的技术发展现状及发展趋势进行分析，最后结合笔者对燃料电池关键部件测评技术的积累，对包含质子交换膜、催化剂、碳纸、膜电极等燃料电池关键部件的测试评价

---

* 郝冬，博士，高级工程师，中汽中心首席专家，中汽研新能源汽车检验中心（天津）有限公司技术总监，主要研究方向为燃料电池汽车及关键部件测评技术；张妍懿，硕士，高级工程师，中汽研新能源汽车检验中心（天津）有限公司燃料电池部部长，主要研究方向为燃料电池汽车及关键部件测评技术；赵鑫，博士，高级工程师，中汽研新能源汽车检验中心（天津）有限公司，主要研究方向为质子交换膜测评技术；焦道宽，博士，工程师，中汽研新能源汽车检验中心（天津）有限公司，主要研究方向为碳纸、双极板测评技术；王睿迪，硕士，工程师，中汽研新能源汽车检验中心（天津）有限公司，主要研究方向为膜电极、催化剂测评技术。

指标体系进行介绍，以期为行业相关人员提供必要的燃料电池关键部件的测评技术信息。对于继续开展燃料电池关键部件性能指标、安全性、耐久性开展测试方法研究和试验验证工作，一方面将形成科学完善的关键部件试验方法，另一方面形成关键部件产品先进性评价方法，共同支撑"以奖代补"政策中对关键部件产品的评价需求。

关键词： 车用燃料电池　关键部件　催化剂

一　车用燃料电池关键部件相关政策情况

发展氢能是保障我国未来能源体系安全与推进能源清洁低碳化的重要举措，在全球追求清洁、低碳社会的大背景下，主要发达国家相继出台规划加强了对氢能与燃料电池产业发展的政策性引导。2020 年，欧盟发布了《欧盟氢能战略》。2023 年，美国发布了《国家清洁氢能战略路线图》。近年来，我国对氢能行业的重视也在不断提高。国家发展和改革委员会发布了《氢能产业发展中长期规划（2021—2035 年）》，明确氢的能源属性，是未来国家能源体系的组成部分，充分发挥氢能清洁、低碳特点，推动交通、工业等用能终端和高耗能、高排放行业绿色低碳转型。同时，明确氢能是战略性新兴产业的重点方向，是构建绿色低碳产业体系、打造产业转型升级的新增长点。2020 年，财政部等五部门联合发布《关于启动燃料电池汽车示范应用工作的通知》（以下简称《通知》），中央财政通过对新技术示范应用以及关键核心技术产业化应用给予奖励，加快带动相关基础材料、关键部件和整车核心技术研发创新。《通知》重点支持电堆、膜电极、质子交换膜、碳纸、催化剂、双极板、氢气循环系统、空气压缩机等关键核心技术的研发突破，推动关键部件在产业化应用中的考核验证和迭代提升，满足相应指标、技术水平和可靠性，通过专家委员会评审后，可获得额外奖励。《通知》的

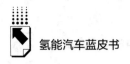

发布对促进关键材料和核心部件的技术攻关和转化应用起到了有力的推动
作用。

二 燃料电池关键部件技术发展

（一）质子交换膜

质子交换膜（Proton Exchange Membrane，PEM）是燃料电池的关键材
料之一，是一种特殊的离子选择性透过的聚合物膜。根据含氟情况，质子交
换膜主要分为全氟磺酸质子交换膜、部分氟化聚合物质子交换膜、复合质子
交换膜以及非氟化聚合物质子交换膜。其中，全氟磺酸质子交换膜在燃料电
池中应用最广，最先实现产业化。全氟磺酸质子交换膜一般由碳氟主链和带
有磺酸基团的醚支链构成。全氟磺酸树脂分子主链具有聚四氟乙烯结构，因
而具有优异的热稳定性、化学稳定性以及机械强度；全氟磺酸树脂分子支链
上存在亲水性的磺酸基团，因而具有良好的质子传导特性。全氟磺酸质子交
换膜又分为普通型和增强型。普通型全氟磺酸质子交换膜现已实现大规模量
产，主要品牌包括美国杜邦的 Nafion 系列膜、陶氏化学的 Dow 膜、3M 的全
氟碳酸膜、日本旭化成的 Alciplex、日本氯工程的 C 系列、加拿大 Ballard 的
BAM 系列膜、比利时 Solvay 的 Solvay 系列膜、中国东岳集团的 DF988 和
DF2801 质子交换膜。增强型全氟磺酸质子交换膜主要包括聚四氟乙烯/全氟
磺酸复合膜和玻璃纤维/全氟磺酸复合膜。现阶段，全氟磺酸质子交换膜的
制备技术路线主要分为两大类。一类是熔融成膜法；另一类是溶液成膜法，
又可细分为溶液浇铸法、溶液流延法、溶胶凝胶法。采用熔融成膜法制成的
膜，不仅厚度均匀性好，生产效率高，而且树脂熔融时破坏性小，产品质量
稳定，成型工艺优异。虽然全氟磺酸质子交换膜在燃料电池中最先实现产业
化，但是其也存在一些缺点，如高温时易发生化学降解，膜质子传导性变
差；单体合成困难，成本高等。为了提高质子交换膜的性能，对质子交换膜
材料的改进研究正在不断进行。现阶段，质子交换膜的优化方案主要包括有

机/无机纳米复合质子交换膜、对质子交换膜的骨架材料进行改进、对质子交换膜的内部结构进行调整、机械增强型质子交换膜以及自增湿型质子交换膜。

（二）催化剂

催化剂是组成燃料电池膜电极的关键材料之一，膜电极的阴阳极两侧均有催化剂层，分别催化阴极氧还原反应和阳极氢氧化反应。阴极发生氧还原反应的速率比阳极氢氧化反应慢 4 个数量级，因此阴极侧催化剂的用量往往高于阳极侧。燃料电池催化剂按照是否含 Pt 可分为三大类：Pt 基催化剂、低 Pt 催化剂和非 Pt 催化剂。现阶段，商业化应用的燃料电池催化剂主要为 Pt 基催化剂，主要成本来源为 Pt 元素。早期，我国的燃料电池催化剂基本从国外催化剂厂商进口，主要厂商为英国庄信万丰（JM）和日本田中贵金属（TANAKA）等。近几年，国内也有一些催化剂厂商在燃料电池催化剂方向有所突破，技术路线上与国外催化剂基本一致，产品性能参数与国外基本接近，在耐久性和稳定性上还有一定提升空间。国内代表企业主要有上海济平、苏州擎动、新能催化等。目前，车用燃料电池催化剂还以 Pt/C 催化剂为主，合金类催化剂的应用正处于研发和小批量制备阶段，尚未有大量数据积累。催化剂作为燃料电池堆的重要成本来源，据测算约占到整堆成本的 36%。因此，催化剂也是未来燃料电池降低成本的重要途径之一。燃料电池的商业化应用促进了低 Pt 催化剂的应用，平衡成本、性能、耐久的关系，将成为未来催化剂行业发展的主要方向，Pt 的回收利用对催化剂的成本降低也具有积极意义。

（三）碳纸

近年来，随着燃料电池行业的快速发展，碳纸型气体扩散层市场规模逐年增长。由于加工工艺、制造难度等，碳纸的生产成本在燃料电池堆中占比较高。早期，燃料电池碳纸的供应基本源于日本东丽、德国 SGL 和科德宝、美国 AvCarb 等国际厂商。与此相比，我国尚未实现高性能碳纸的大规模产业化，国内开发燃料电池所用碳纸型气体扩散层大多来源于进口产品。最近，依托于国家政策的加持以及国内氢能市场的日渐成熟，国内碳纸产业呈现欣欣向荣的发展态势，市场上不断涌现出具备生产燃料电池用碳纸能力的厂商，相继推出了系列化产品。当前通用氢能、上海嘉资、上海碳际等公司具备研发和生产碳纸型气体扩散层的能力。整体来看，国产碳纸型气体扩散层在技术层面已经可以对标国际先进产品，有望逐渐进入产业化阶段，但目前普遍处于送样测试验证阶段，未来有望完全实现碳纸型气体扩散层产业链国产化供应。随着燃料电池整体市场的逐渐扩大以及国产碳纸产业化、规模化的持续推进，未来国产碳纸在产量及价格方面有望具有显著优势。此外，国内的碳纸产品要与进口产品同台竞争，保持持续的竞争力，既要不断提升产品创新能力，也要夯实原材料供应基础，满足具备完整碳纸设计生产能力的基本要求，主动应对不断发展变化的市场需求。

（四）膜电极

膜电极是燃料电池堆中发生化学反应的位置，是燃料电池堆的"心脏"。膜电极集成了质子交换膜、催化剂和气体扩散层三种关键材料，是燃料电池的关键部件之一，也是燃料电池堆的主要成本来源，约占整堆成本的60%。生产膜电极的企业较多，国外主要为巴拉德（Ballard）等，丰田和现代也有自己的膜电极生产线，但不对外销售。膜电极国产化进程相对较快，目前国内代表性企业主要有武汉理工、鸿基创能、擎动科技、唐锋新能源和上海亿氢等。经过多年的技术积累，膜电极的生产工艺已经迭代到第三代。第一代工艺为GDE膜电极生产工艺，具体为将催化剂浆料涂覆在气体扩散层上，工艺简单，不受质子交换膜的溶胀影响，但催化剂的使用率较低。第二代工艺为CCM膜电极生产工艺，也是目前商业化膜电极的主要生产工艺，具体为将催化剂浆料涂覆在质子交换膜上，CCM膜电极较第一代工艺性能更好。第三代工艺为有序化膜电极生产工艺，通过对催化剂、离聚物和疏水剂的有序化设计，提升催化效率，目前主要处在研发阶段。燃料电池商业化应用对膜电极的耐久性提出了更高的要求，膜电极领域整体发展趋势为高性能、长耐久、低 Pt 载量和高一致性，现阶段国内膜电极的技术水平与国际基本持平，量产的产品功率密度基本可达到 $1.5W/cm^2$，但在耐久性上还缺乏统一的标准和大量验证。

（五）双极板

双极板是燃料电池的核心部件，主要作用为支撑膜电极、提供氢气、氧气和冷却液流体通道，分隔氢气和氧气、收集电子、传导热量。根据材料的不同，双极板可分为石墨双极板、金属双极板以及复合材料双极板。石墨是热和电的良导体，具有较高的电导率、化学稳定性、热稳定性以及耐腐蚀、低密度等优点，对于制作双极板具有独特优势。然而，石墨也是一种多孔脆性材料，其强度低、延展性差，难以满足双极板的气密性要求，在加工时，需要对石墨进行反复浸渍、碳化处理，从而制造成无孔石墨双极板。因此，石墨双极板对制造工艺要求很高。如果制成的双极板具有较高孔隙，气密性较差，不仅影响电堆的整体性能，还有可能导致氢泄漏，造成安全隐患。过去，石墨双极板比较常用。但由于在批量生产时，金属双极板的生产成本相对较低，且大功率的金属双极板电堆比石墨双极板电堆体积小，因此，近年来金属双极板的应用越来越广。与石墨双极板相比，金属双极板具有与之类似的高导电、导热能力，且具有更好的机械强度、阻气能力和抗冲击能力，因此，金属双极板能够做到超薄，比功率密度得到大幅提升。同时，金属双极板机械加工性强、制作工序较少、制作的超薄双极板甚至可小于 1mm，并且量产工艺成熟，大幅降低的热容使金属双极板具备了更强的低温起动能力，并且可以大幅降低量产成本，因此，金属双极板备受行业内关注。复合材料双极板由两种或两种以上材料组成，通过复合其他材料来优化其机械性能，克服石墨及金属材料的缺陷，且兼具石墨材料的耐腐蚀性和金属材料的高强度特性。碳基复合材料双极板可以根据导电填料及树脂配比调整双极板的导电性能和机械强度，可以采用模压或注射成型工艺进行批量化生产，降低双极板的制造成本，未来具有较大应用前景。

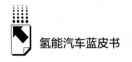

（六）电堆

燃料电池堆主要由催化剂、质子交换膜、气体扩散层、双极板以及其他结构件如密封件、端板和集流板等组成。燃料电池堆是燃料电池汽车产业的心脏，成本占据燃料电池系统成本的60%以上，且具有较高的技术门槛。目前我国的电堆技术正在迅速发展，自主化程度加快，电堆正在向高功率、长寿命和低成本方向发展。现阶段，国内电堆产业链已初具雏形，上游厂商齐全，膜电极、质子交换膜和双极板具备国产化能力，气体扩散层有小批量供应，催化剂具备研发能力。相比国外电堆，国内电堆在核心材料与关键技术方面仍存在短板，也是电堆成本居高不下的主要原因，因此当前降低电堆成本仍是燃料电池汽车商业化的关键。2022年以来，电堆的功率等级显著提升，东风汽车、北京氢璞、上海骥骶、国氢科技、捷氢科技等知名电堆厂商以及整车企业陆续推出额定功率150kW及以上电堆。电堆的功率密度也有显著提升，如氢晨科技推出的230kW金属双极板电堆的体积功率密度达到了6.2kW/L，北京氢璞推出的IV代310kW石墨双极板电堆的体积功率密度达到了4.1kW/L。寿命方面，各制造厂在优化电堆设计的基础上，通过提高电堆关键部件的一致性、优化水热管理、开发新的水热管理技术、应用新材料，来提高电堆使用寿命。东风汽车、北京氢璞等推出的燃料电池堆在经历2000小时以上的耐久循环工况后性能无明显衰减。环境适应性方面，基于研发关键材料和部件的低温特性，开发电堆的低温起动技术，目前国内大部分厂家均已成功完成−30℃的电堆低温自起动测试，下一步目标为在目前的起动温度下降低起动时间以及能量消耗，优化起动策略以及设计方案，以提高电堆的冷起动耐久性。近年来，随着燃料电池系统小型化需求的不断深入和成本控制要求，电堆增湿方式也逐渐由外增湿向阳极循环自增湿转变，对燃料电池的水热管理策略与在线控制提出了更高要求。

（七）空压机

空压机是燃料电池发动机空气供应系统的核心部件之一，其输出的流量和压力直接影响燃料电池系统中氧气的浓度和分压，进而影响燃料电池系统的效率、动态性能、噪声等关键性能指标。燃料电池空气的进气流量、压力和湿度直接影响着燃料电堆的反应效率以及质子交换膜的安全性，是决定燃料电池发动机输出功率和安全性的重要影响因素，因此空压机一般要求满足无油、高压比、低噪声、低功耗、快速响应、频繁启停和体积小等技术性能。根据工作原理，可以将空压机分为速度型和容积型。速度型分为离心式、轴流式和混流式。容积型包括回转式和往复式，回转式分为罗茨式、螺杆式、涡旋式和滑片式；往复式分为活塞式和隔膜式。目前在燃料电池汽车上应用的主要是离心式、螺杆式、罗茨式、涡旋式。随着行业技术的进步和发展，离心式逐渐成为行业内的主流技术路线。离心式空压机属于透平压缩机，目前一般采用电机直驱方式，在电机转子超高速旋转下，叶轮带动气体高速旋转，与蜗壳相互作用产生高压、大流量的空气，将机械能转换为气体动能，具有结构紧凑、尺寸小、封闭性好、质量轻且振动小、在额定工况效率高等优点。全球主要燃料电池汽车生产制造企业在最新一代燃料电池发动机技术架构中，均选取离心式空压机作为阴极供气技术方案（见表1）。随着国内燃料电池及空压机产业的发展，国内燃料电池的研发和生产制造取得了长足的进步，车用燃料电池发动机用空压机的技术已经产业化并在多款汽车上经历长时间的运行，在空压机流量、压比、功率等方面已经接近或超过了国际先进水平，并且逐渐摆脱依赖国外进口的现状，但是目前仍然存在产品价格高、寿命低、产品一致性差等缺点，在高速电机性能、轴承的稳定性方面还有很大的研究上升空间。

表1 各公司燃料电池汽车的空压机类型

企业	前一代	当前
丰田	罗茨式	离心式
本田	螺杆式	离心式
现代	离心式	离心式
戴姆勒	螺杆式	离心式
通用	螺杆式	离心式

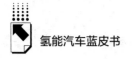

（八）氢气循环系统

氢气循环系统是将燃料电池堆阳极出口的流体介质循环输送至燃料电池堆阳极入口的系统，一般由氢气循环泵、引射器的单个或多个组合形式构成。燃料电池发动机在运行过程中，阳极侧的氢气一直处于过量状态，氢气循环泵或引射器的作用就是将燃料电池堆阳极出口的高湿氢气循环输送至燃料电池堆阳极入口，实现氢气的循环利用，同时依靠高湿氢气对燃料电池堆阳极入口的干氢气进行增湿。目前行业内具有多种技术方案，主要是单氢气循环泵模式、单引射器模式以及氢气循环泵和引射器两两组合的形式，每一种技术方案都有其技术特点和应用场景，可根据设计需求进行选择。单氢气循环泵回氢模式在燃料电池供氢回氢系统设计中属于传统设计方案，其特点是响应速度快，工作区间范围广，且可以根据燃料电池工作状况进行主动调节，但是氢气循环泵也面临着成本高、体积大、重量大、额外的能量消耗、振动以及噪声等问题。相比于氢气循环泵，引射器具有结构简单、运行可靠、噪声低、无额外功耗等特点，但是引射器在应用过程中存在工作区间窄、低功率工作区引射效果不佳且工作稳定性差的问题。双引射器并联回氢的模式，工作区间较大，能够满足电堆在不同功率下的使用需求，但是双引射器并联回氢模式，含有两个引射器，增加了系统体积、重量和成本，使系统结构和控制策略更加复杂。引射器与氢气循环泵组合的模式，在低功率小流量阶段采用氢气循环泵进行氢气主动循环，在大功率大流量阶段采用引射器进行氢气被动循环，该技术方案避免了氢气循环泵在电堆大功率区间运行时的能量浪费，也解决了引射器在电堆小功率区间引射效果不佳的问题，但是氢气循环泵与引射器组合的方案增加了系统复杂程度和成本，提高了系统控制难度。

三 燃料电池关键部件评价指标

（一）质子交换膜

对于质子交换膜来说，其常见的测试评价体系应覆盖物理特性（包括厚度及厚度均匀性、拉伸性能等）、工作特性（包括质子传导率、离子交换当量、透气率、溶胀率、吸水率、透氢电流密度等）、耐久性（包括机械稳定性、化学稳定性等）。

质子传导率为电阻率的倒数，是衡量膜的质子传导能力的一项重要电化学指标。质子传导率的大小直接反映了质子在膜内的迁移能力。质子传导率越大，膜传导质子的能力越好，内电阻越小，氢气的化学能可更高效地转变为电能，燃料电池的输出功率密度越高，电池效率越高。根据设计要求，质子交换膜产品的质子传导率至少要达到 0.1S/cm。透气率为在恒定温度和单位压力差下，稳定透过时，单位时间内透过试样单位面积的气体的体积，主要用于考察气体在质子交换膜中的渗透性能。由于氢气分子极小，且具有很强的渗透能力，厚度仅为 $10\mu m$ 量级的质子交换膜并不能把氢气完全隔离；同时，在质子交换膜制备过程中，由于无法完全避免气泡、粉尘等其他不良因素的存在，质子交换膜中必然会存在微小的穿孔，氢气从阳极侧经该微小穿孔窜漏至阴极侧，会发生放热反应，当窜漏导致的发热量超过阈值时，将会发生热失控危险。因此，严格限制质子交换膜的透气率上限，避免微小穿孔窜漏量过大，是避免热失控危险的重要保障。质子交换膜透气率与前述提到的质子传导率、拉伸强度等评价指标不同，其差异性较大，因而成为测评的难点。理想的质子交换膜透气率为 $0mL/(min \cdot cm^2)$，实际上，现阶段质子交换膜产品的透气率很难达到理想值，对车用燃料电池质子交换膜透气率上限建议为 $0.14mL/(min \cdot cm^2)$。

（二）催化剂

从实际应用、评价的角度出发，考虑到燃料电池阴极催化剂用量更高，对成本的影响更大，催化剂测评指标体系偏重于对阴极催化剂的测评。指标体系主要分为两个层级的测试，由三个部分组成：催化剂的本征性能、催化剂在膜电极上的性能和催化剂的耐久性。催化剂本征性能主要关注 Pt 含量、电化学活性面积和氧还原反应活性，催化剂在膜电极上的性能主要关注 Pt 担载量、电化学活性面积和氧还原反应活性等参数，催化剂的耐久性作为近

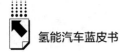

年来关注度逐渐提升的方面，主要参数为催化剂在圆盘电极上和在膜电极层级的 Pt 颗粒耐久以及碳载体耐久。

电化学活性面积通常用来评估催化剂实际参与电化学催化反应的表面积，多采用循环伏安法进行测试。循环伏安法在催化剂的性能表征中具有广泛应用，该方法通过控制电极电势在指定电势范围内以一定速率扫描，采集电流随电压变化的曲线，即得到循环伏安曲线。阴极氧还原反应为四电子反应，其动力学反应速率相较于氢还原反应慢 5 个数量级，需要大量的催化剂参与反应，燃料电池贵金属 Pt 的需求量主要来自阴极氧还原反应的需求，对燃料电池成本控制提出了挑战。在圆盘电极和膜电极上均可测得电化学活性面积和氧还原反应活性，圆盘电极上的测试受催化剂的分散状态、成膜好坏、体系中的杂质影响等，涉及的微观动力学过程较多，宏观上控制难度较高；在膜电极层级的催化剂性能表现以及耐久性的测试，具有更大的参考意义，这是由于催化剂在 RDE 的测试无法引入扩散过程对性能的影响，催化剂的本征活性在膜电极上并不能完全得到发挥，催化剂的本征活性优劣在膜电极上也并未见对应关系。

（三）碳纸

从厚度及厚度均匀性、密度、机械性能、透气率、粗糙度、电导率、热导率、亲疏水性等出发可以评价影响碳纸性能的核心指标，整体涵盖了燃料电池气体扩散层的尺寸特性、力学性能、电学性能、热学性能。

拉伸强度反映了气体扩散层生产制造工艺的特点，其性能主要取决于碳纤维自身强度、浸渍黏结剂碳化后的强度，与压缩特性、抗弯强度一同组成了气体扩散层的典型力学特性，也即机械性能。气体扩散层拉伸强度反映了气体扩散层制造过程中的技术路线的差异性，包括了纤维本身的强度，以及碳化、石墨化过程中的工艺水平，碳纤维的直径尺寸也会影响到力学性能。具有较好强度的气体扩散层可为质子交换膜燃料电池的安装和使用带来保障，同时稳定整个电极的结构，提高电池的寿命。拉伸强度对性能的影响还体现在生产过程中产线的稳定性，批量化生产时不会从中间断裂；体现在电堆装配过程中性能的稳定性，气体扩散层强度太差发生断裂会对性能造成恶劣的影响，包括刺破电极、断裂后热导率、电导率性能急剧下降、接触电阻/热阻升高、电极压缩受力严重不均匀造成电流密度分布、水传输通道及水管理、气体传输通道等偏离设计值，使得电池性能及寿命急剧下降。燃料电池堆在装配过程中的预紧力会造成气体扩散层发生压缩形变。在压缩状态下，气体扩散层的孔隙率、孔径、厚度等都会发生变化，进而影响到气体扩散层整体的水热传输性能。严重时，压缩变形幅度过大会造成气体扩散层内部发生断裂，使得其传导能力大幅下降。因此，压缩特性是气体扩散层支撑电极的直观表现。在电池装配过程中，由于沟脊结构型的双极板设计，脊下的气体扩散层变形幅度更剧烈，会影响到脊下的传热传质过程。因此，常见的一种设计理念便是通过改善流道和气体扩散层设计以强化脊下的横向传输。由此可以看出，压缩特性对于气体扩散层的性能至关重要。

（四）膜电极

目前，膜电极领域的发展方向为高性能、长耐久、低成本、高一致性，从应用角度出发，膜电极的测评指标主要分为三大类：膜电极的基本参数、工作特性和耐久性指标。膜电极的基本参数主要包含 Pt 担载量、厚度均匀性参数，膜电极的工作特性主要包含极化曲线、电化学活性面积、透氢电流密度和氧还原反应活性参数，膜电极的耐久性指标主要包含膜电极的工况耐久性和膜电极组成材料（质子交换膜、催化剂、催化剂载体）的加速耐久性测试。

极化曲线是表示电极电位与电流或电流密度之间关系的曲线，是获取燃料电池膜电极性能的关键测试指标，完整的极化曲线呈现电压随电流快速下降、平稳（几乎呈线性）下降和快速下降三个阶段，膜电极活化极化、欧姆极化和浓差极化分别是曲线上三个阶段主要的影响因素。膜电极性能受操作条件影响，部分膜电极具有自增湿功能，过高的湿度将影响膜电极排水，发生水淹现象，部分产品通过工艺设计，可表现出宽工况适应性。在耐久性方面，目前国内还没有业内公认的测试标准，这也给膜电极企业为下游厂家

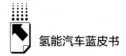
供货造成了很大的困难，需要针对不同企业的测试标准分别进行测试。基于膜电极在实际车用环境下面临的组合循环工况的耐久性测试方法，通过工况循环时间或次数评价膜电极的整体衰减情况，此时，膜电极的各个组成材料可能面临不同程度的衰减，更接近实车运行时膜电极的衰减机制，具有一定的加速作用，降低寿命评价的成本。膜电极的性能和耐久与膜电极上 Pt 担载量的相关性均较大，考虑到平衡其性能和耐久，并兼顾成本，现阶段膜电极的 Pt 担载量大多在 $0.3 \sim 0.5 \mathrm{mg/cm^2}$。

（五）双极板

作为燃料电池堆核心部件之一，双极板发挥了配气、导电、传热、支撑结构等作用。因此，评价影响双极板性能核心指标可以从其厚度及厚度均匀性、面积利用率、机械性能、气体致密性、电导率、热导率等角度出发，涵盖尺寸特性、机械性能、电学性能、热学性能、特征性能。

腐蚀电流密度是双极板电学性能指标中最为关键的指标之一，其直接决定了双极板的耐久性和使用寿命。双极板的腐蚀电流密度定义为单位面积双极板材料在燃料电池运行环境中，在腐蚀电位下由电化学或化学作用引起的破坏产生的电流值。腐蚀电流密度值大小反映了双极板腐蚀速率的快慢，是表征双极板材料及部件在燃料电池运行环境下耐腐蚀性能的物理量。当前，金属双极板不断得到关注，对腐蚀电流密度的测试需求激增，被用来衡量其表面涂层耐腐蚀性的优劣。金属双极板在成本和加工成形方面具有优势，但是其易腐蚀的特点也影响了燃料电池的导电性和耐久性。燃料电池在启/停、怠速、高负载和变载 4 种工况下，各工况的电势和电流密度不同，所需的氢气和空气的过量系数也不同，不同的工作状况对金属双极板及涂层的耐久性有不同的影响。电势对材料的耐久性具有重要的影响作用，高电势下的双极板更易发生腐蚀，无涂层的不锈钢样品在 0.6V 时会发生点蚀现象，在大于 0.7V 时会发生严重腐蚀。在启/停工况或瞬态电势变化时，由于反应气体不充分等，产生特别高的电势，会加速金属的腐蚀。此外，由于阴极环境劣于阳极环境，需要重点关注评价阴极环境下的耐久性。

（六）电堆

对于电堆来说，其常见的测试评价体系应覆盖基本性能（包括极化曲线、额定功率、峰值功率、功率密度、参数敏感性、动态响应等）、环境适应性（包括高低温储存、低温冷起动、高低温气密性、起动/储存后性能评价）、安全性（包括气密性、电安全性、机械可靠性）以及耐久性（包括低温冷起动耐久性、工况耐久性）。

气密性是衡量燃料电池堆安全性的一项最基础也是最重要的指标。其中氢空互窜速率的大小直接反映了单位时间内阳极的氢气渗透到阴极的空气中的能力，过度的渗漏代表膜上可能存在微小穿孔，当大量氢气从阳极侧经该微小穿孔窜漏至阴极侧，会发生放热反应，当窜漏导致的发热量超过阈值时，将会发生热失控危险。当阳极气体的外漏速率过高时，此时具有较大的泄漏风险。耐久性主要分两方面进行评价，最直接的评价指标为循环工况耐久，通过对耐久工况中同一工况点或对不同耐久时长过程中性能复测中基准点进行记录，计算耐久循环中的电压衰减幅度以及耐久衰减速率，以及燃料电池堆的一致性进行变化趋势的分析。另外，低温冷起动耐久性的评价同样重要，每经历一次低温冷起动过程，电堆的结构都会有不同程度的损伤，经过多次的冷起动试验后的性能变化也是重要的评价指标，同样电堆的气电安全性也是耐久性测评中的重要参考数据。

（七）空压机

空压机的性能影响因素是复杂多样且相互关联的，在选取空压机评价指标时，重点考虑对空压机先进性评价具有代表性的指标。空压机的指标体系通常涵盖一般要求（含油量、噪声）、工作特性（额定流量及压比、整机效率、动态响应）、环境适应性（高温适应性、低温适应性、高原适应性）和耐久可靠性（耐振动、耐久性）4个维度。

环境适应性是空压机一项重要性能指标，该指标反映了空压机处于不同工作环境时，空压机的流量及压比能否满足燃料电池的需求。空压机的环境适应性主要包括高温适应性、低温适应性和高原适应性。空压机应用在燃料电池汽车中时，需充分考虑环境温度和海拔高度对空压机性能的影响，环境温度和海拔高度对空气密度的影响，空气密度变化导致空压机运转一周所能压缩的空气质量也会随环境温度的变化而变化，所以空压机的工作特性会出现相应的变化，这也将会影响空压机的应用效果。噪声是空压机的一项关键指标，也是企业所重点关注的性能表现。当前行业内空压机的主流技术路线多采用两级压缩的离心式空压机，空压机设计转速较高，一般为120000rpm左右，甚至有些企业已经推出了125000rpm的超高速离心式空压机。由于空压机高转速、大流量和高压比的工作特性，空压机在运行过程中会产生较大的噪声，成为燃料电池发动机中主要的噪声来源之一。空压机运行噪声来源主要是电机和进排气的气动噪声，这也成为行业降噪技术突破的重点。该指标直接影响着后期装车应用过程中驾乘人员的舒适性，进而影响燃料电池汽车的推广和应用。

（八）氢气循环系统

由于氢气循环系统技术路线的复杂性和多样性，通常把氢气循环系统看作一个"黑箱"，从燃料电池发动机应用的角度考核氢气循环系统的各项指标性能。通常从一般要求、工作特性、环境适应性和耐久可靠性4个维度出发，构建氢气循环系统指标评价体系，主要包含气密性、额定流量及压升、工作范围、噪声、起动响应、动态响应、耐振性、含油量、高温适应性、低温适应性、低温冷起动和耐久性等，下面重点介绍低温冷起动和耐久性。

低温冷起动能力是氢气循环系统的一项核心技术指标，该指标在一定程度上决定了燃料电池系统的低温冷起动能力。燃料电池系统运行过程中，燃料电池堆阴极的水会反渗透到阳极，使阳极的氢气一直处于高湿状态。当燃料电池系统在低温环境下运行关机后，虽然有一定的低温吹扫策略，但是阳极系统会不可避免地残留一部分水汽或者液态水，该部分水汽会在氢气循环泵的泵头或引射器喷气口进行冷凝，低温条件会结冰。因此，当经过低温条件下的停机后再次起动时，氢气循环系统的低温冷起动性能不完善，则会导致燃料电池系统低温起动失败。耐久性是氢气循环系统最为关键的一项性能指标。氢气循环系统作为氢气供应系统的关键零部件之一,其寿命在一定程度上影响了燃料电池发动机的寿命。氢气循环系统的耐久性分为氢气循环泵的耐久性和引射器的耐久性。对于含引射器组成的氢气循环系统,重点考核引射器前端供气的比例阀或者氢气喷射器的耐久性。而对于含氢气循环泵的氢气循环系统,则重点考核氢气循环泵的耐久性,一般会构建涵盖起停工况、动态循环工况和高负荷工况的耐久工况,并根据企业的研发需要选择测试介质、介质相对湿度和注水量等,来对氢气循环泵进行耐久性考核。

四　下一步工作及测试评价

未来,将继续重点围绕燃料电池关键部件性能指标、安全性、耐久性开展测试方法研究和试验验证工作,一方面形成科学完善的关键部件试验方法,另一方面形成关键部件产品先进性评价方法,共同支撑"以奖代补"政策中对关键部件产品的评价需求。

B.9

燃料电池汽车氢泄漏安全现状及建议

王桂芸　胡辰树　李炎培*

摘　要： 随着氢能产业蓬勃发展，由氢泄漏、燃烧和爆炸导致的安全问题日益凸显。本文分别从氢泄漏事故案例、氢安全标准现状和氢泄漏安全研究三个方面对燃料电池汽车氢泄漏安全展开研究，在了解氢气泄漏扩散特点的基础上对典型氢泄漏事故发生时的促成因素、可能原因、损失和设备进行分析，调研国内外氢安全相关标准制定进展以及标准侧重点，对国内外氢泄漏扩散、自燃、喷射火和云爆炸等方面研究进行汇总分析，为燃料电池汽车氢泄漏安全研究提供理论支持。

关键词： 燃料电池汽车　氢泄漏　氢安全

　　在"碳达峰、碳中和"发展背景下，氢能作为低碳、零碳的纯绿色能源正在影响着世界能源格局。在全面贯彻落实新发展理念做好"碳达峰、碳中和"工作的政府报告中，多次强调要统筹推动氢能产业链各个环节积极发展，在储氢、加氢、绿色能源制氢等前沿技术方面进一步攻关。《氢能产业发展中长期规划（2021—2035 年）》中明确了氢的能源属性，确定为未来国家能源体系的重要组成部分，积极发挥其低碳、清洁和无污染等特

---

　*　王桂芸，博士，工程师，中汽数据有限公司补能战略室，主要研究方向为涉氢场景氢安全技术研究；胡辰树，高级工程师，中汽数据有限公司清洁能源研究部技术总监，主要研究方向为氢安全与燃料电池应用技术；李炎培，硕士研究生，中国民航大学，主要研究方向为安全管理及技术。

点，在高能耗、高排放的工业应用领域充分发挥其积极作用，降低行业碳排放。在交通领域中，尤其是氢能燃料电池汽车的应用中，由于氢气本身特性活泼，极易发生泄漏，进一步扩散会导致其燃烧和爆炸事故，所以，进行氢泄漏安全研究对氢能产业健康发展具有重要意义。

一　氢泄漏事故分析

（一）氢气基本性质

在氢气泄漏事故中，往往事故类型与现场氢气状态密切相关，同时受氢气本身特性影响会出现一些特殊事故。

与传统的天然气、汽油相比，氢气在空气中具有最宽的可燃范围、最快的火焰速度、最低的最小点火能，如表 1 所示。纯氢在空气中被点时火焰在白天不易观察，且纯氢火焰层流燃烧速度相比于甲烷等常见燃料高一个数量级，从而导致更容易发生燃烧和爆炸等现象，对现场工作人员造成伤害。

表 1　不同燃料特性对比

燃料	氢气	天然气	汽油
密度（kg/m³）	0.082	0.7	720
燃烧热（kcal/g）	34.2	13.3	13
空气中可燃范围（vol%）	4~74	5~15	1~7
火焰速度（m/s）	2.1	0.4	0.3
最小点火能（mJ）	0.02	0.3	0.3
空气中扩散系数（cm²/s）	0.61	0.16	0.05

资料来源：作者根据文献资料整理。

在氢能产业快速发展过程中，受各种各样因素影响而导致的氢泄漏事故频发，对氢气生产企业、加氢站和氢能车辆使用人员都造成了一定的伤害，同时带来更多的经济损失和人员伤害。但氢气也有较安全的特性，如氢气在空气中的浓度达到 4%~74% 是其可能燃烧的极限条件，当浓度为 18%~59%

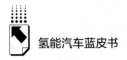

会达到其爆炸极限，可见在空气混合后并不会很容易发生爆炸；氢气密度较小，扩散系数较大，发生泄漏之后氢气会迅速向上和四周扩散，不容易形成可燃气的浓度，氢气泄漏事故发生之后及时采取相应有效的措施能够最大限度地减小发生氢安全事故的概率。

（二）典型氢泄漏事故案例分析

高压储氢罐或管道容易在运输、储存过程中发生氢气泄漏、燃烧和爆炸等重大安全事故。针对氢气泄漏导致的安全事故原因、发生事故设备、经济损失和促成因素进行充分分析，能够帮助指导氢系统安全管理和氢安全知识教育工作的开展，提供针对性的改进方法和纠正措施，同时能够提升涉氢环境下的氢安全技术和氢系统安全管理水平，为氢安全体系建设提供技术支持。

2019年6月，挪威首都奥斯陆郊外的一座合营加氢站发生爆炸，事故发生时周围并未有人员发生直接的伤亡，但由于加氢站附近的非氢能燃料电池汽车内气囊发生弹出，致使车内乘客受伤。本次事故的可能原因是工作人员在密封储氢罐时发生人为操作失误，促成因素主要是在储氢罐单元接口处，预设螺丝的扭矩并未达到预定值，存在松懈的可能，氢气在长时间的高压作用下，从部分密封区域开始泄漏，直至内部气压不断增加进一步造成未松动螺丝发生转动，最终高压储氢罐密封失效，大量氢气发生泄漏，短时间内扩散四周造成燃烧爆炸事故。在此次事故后，对于加氢站等单位在之后工作中应及时对设备执行严格的组装、验证和文件编制程序，增加自动泄漏检测频率。

2019年6月，空气产品公司（Air Products）在美国加州圣克拉拉的氢转运设施发生高压氢气泄漏事故，事故的可能原因是在装有模块化高压氢气的拖车在装载氢气时，现场充氢的两个司机在没有授权的情况下试图维修一个发生泄漏的阀门，并且沟通失误，从而导致氢气意外从一个开口的管道中泄漏。在泄漏发生数秒后，氢气与空气混合发生爆炸，并产生高压喷射火焰。火灾和爆炸导致管道损坏，并触发储氢瓶的热敏泄压装置，进而增加了氢气泄漏量，总计大约250公斤的氢气在这起事故中泄漏。火焰传播到了临近的拖车，幸而工作人员及时启动急停并将其他拖车与氢气源隔离。通过对事故损失的分析，圣克拉拉消防局和空气产品公司的应急响应是适当和有效的。事故仅造成两人轻伤，现场停泊的车辆受损严重但是氢转运设施并未遭到显著损坏。

2020年7月，位于东莞市沙田镇立沙岛的东莞巨正源科技有限公司（以下简称"巨正源公司"）厂内南区PSA制氢装置装卸台1辆管束式集装箱在充装氢气过程中，充车软管断裂发生氢气泄漏进而引发火灾，造成直接经济损失21760元，未造成人员伤亡。事故的主要原因是事故软管质量不合格，充装过程中断裂，造成充装氢气泄漏。事故软管的承压能力无法满足公司工艺要求的工作压力指标，实际使用达到17.473MPa时软管发生破裂，随即与管接头断裂脱落，造成6号管束车内已装氢气通过装卸管口（断裂软管金属接头尚连接在装卸管口上）直接泄漏，以及5号管束车内已装氢气通过充装软管经充装母管回流至断裂软管大量泄漏；事故软管断裂后受压甩动，撞击装卸台管路产生点火源，引燃泄漏的氢气。事故软管两端拴挂防脱落防甩动钢丝绳，而非整条软管拴挂；在软管断裂的时候逐步丧失防脱落防甩功能，现场无法采取其他有效措施防止软管脱落、甩动，导致软管撞击装卸台管路产生点火源引发起火事。

对于氢安全事故案例原因的分析，一般从事故的促成因素、可能原因、经济损失和相关设备等四个方面出发，研究事故发生后的应急处理措施和经验教训。从促成因素来看，氢泄漏安全事故发生主要受人为过失、情绪意识、程序设备变更、设计缺陷、培训问题和决策失误等方面影响，在人为过失中常常因为操作人员对设备程序不够熟练，或因自身情绪意识问题发生错误操作导致。从可能原因来看，一般氢安全事故主要是因为设备故障、操作错误、维护不足、程序缺陷和材料不相容等多个方面出现问题，最终致使储氢设备发生氢气泄漏、燃烧和爆炸事故。在此过程中，设备本身的故障更为重要，它直接会影响整个氢系统的安全程度。从造成的损失来看，有一部分氢泄漏事故仅仅会造成财产损失，并不会对人员造成伤害，其中主要是因为设备故障导致的氢气泄漏，被相关工作人员和仪器及时检测，阻止了事故的进一步

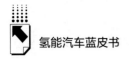

扩大，但仍然会有一小部分事故能够造成人员的轻伤和工期暂停的损失。从发生事故中涉及的设备来看，多为一些输气管道和阀门，还有一些氢气压缩机、储氢气瓶和电气设备等，因为发生氢气泄漏一般是管道接口处或者阀门处，由于巨大的压强导致氢气很容易泄漏，发生一系列的燃烧爆炸事故。

二 氢安全标准现状

随着氢能在交通、工业等领域的应用规模逐步提升，面对更加多元化的应用场景，氢能在安全、储运和设备等具体方面急需统一规范的标准体系。为贯彻落实国家关于发展氢能产业的决策部署，充分发挥标准对氢能产业发展的规范和引领作用，国家标准委，国家发展改革委、工业和信息化部、生态环境部、应急管理部、国家能源局等部门联合印发《氢能产业标准体系建设指南（2023 版）》。这是国家层面推出的首个氢能全产业链标准体系建设指南。

《氢能产业标准体系建设指南（2023 版）》系统构建了氢能制、储、输、用全产业链标准体系，氢能产业标准体系框架由基础与安全、氢制备、氢储存和输运、氢加注、氢能应用 5 个部分组成。由于全球范围内发生多起氢能事故，氢安全问题出现在储氢、运氢、用氢等各个环节，指南特意把安全相关标准单独列出来，与基础部分共同组成第一章节，在小节 1.6 氢安全通用要求中，又分为氢安全基本要求、临氢材料、氢密封、安全风险评估、安全防护装备、监测预警和应急处置等七个子体系。本章节主要从氢安全的监测预警和应急处理两方面进行国内外相关标准的现状发展研究。

目前，国内氢安全相关标准共收集 15 项，如表 2 所示，主要涉及氢能产业链的制氢、储运、加氢和用氢四个方面，氢安全基本要求有《GB/T 29729-2022 氢系统安全的基本要求》和《GB 4962-2008 氢气使用安全技术规程》两个标准，内容涉及氢气泄漏监测装置的安全技术、报警装置的安装技术、氢气泄漏事故对建筑物的影响和发生泄漏事故后的应急处置措施；制氢环节主要为氢氧发生器或水电解系统的安全技术要求，多为发生泄漏事故后的应急措施；储运方面标准较完善，其中《GB/T 40060-2021 液氢贮存和运输技术要求》和《GB/T 40061-2021 液氢生产系统技术规范》为液氢储存与运输方面的安全技术要求；加氢环节中《GB/T 34584-2017 加氢站安全技术规范》标准主要为加氢站工作期间的监测预警安全技术。

表2　国内氢安全相关标准

序号	对应标准体系	标准号	标准名称	涉及方面
1	1.6.1 氢安全基本要求	GB/T 29729-2022	氢系统安全的基本要求	氢安全基本要求
2		GB 4962-2008	氢气使用安全技术规程	
3	2.2.2 水电解制氢设备	GB/T 34539-2017	氢氧发生器安全技术要求	应急处置
4	2.2.3 水电解制氢系统	GB/T 37563-2019	压力型水电解制氢系统安全要求	应急处置
5	3.1.2 氢液化	GB/T 40061-2021	液氢生产系统技术规范	监测预警
6	3.3.1 氢储运系统通用要求	GB/T 34542.1-2017	氢气储存输送系统第1部分:通用要求	监测预警
7		GB/T 40060-2021	液氢贮存和运输技术要求	应急处置
8	4.1.3 站用储氢容器	GB/T 34583-2017	加氢站用储氢装置安全技术要求	应急处置
9	4.3.2 加氢站安全管理	GB/T 34584-2017	加氢站安全技术规范	监测预警
10	5.2.1 车辆	GB/T 24549-2020	燃料电池电动汽车安全要求	监测预警
11	其他	QJ 2298-1992	用氢安全技术规范	应急处置
12		QJ 3271-2006	氢氧发动机试验用液氢生产安全规程	应急处置
13		T/CCSAS 019-2022	加氢站、油气氢合建站安全规范	应急处置
14		T/SDAS 185—2020	燃料电池轨道车辆车载氢系统安全要求	应急处置
15		GB 50116-2013	火灾自动报警系统设计规范	监测预警

资料来源：作者收集整理。

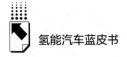

在氢能燃料电池车辆应用方面，《GB/T 24549-2020 燃料电池电动汽车安全要求》主要是车辆氢系统中的氢气泄漏监测预警安全技术。除此之外，相关的团体标准多为氢气发生泄漏事故时的应急处置标准，涉及液氢生产、用氢、加氢和车载氢系统等方面。

国外氢安全相关标准共 18 项，如表 3 所示，依据发布组织或机构来划分为国际标准化组织（ISO）、国际电工委员会（IEC）、美国汽车工程学会（SAE）、欧洲工业气体协会标准（EIGA）、美国国家标准协会（ANSI）和其他六个部分。其中，ISO/TR 15916：2015 *Basic considerations for the safety of hydrogen systems* 标准为氢安全基本要求，主要涉及氢气泄漏监测、报警装置安装、涉氢环境对建筑物影响和应急处置措施。IEC 中的三项氢安全相关标准主要为固定式气体探测器、氧气探测器和燃料电池模块安全性三方面的监测预警安全技术要求。SAE 安全标准主要是发生氢气泄漏事故时的应急处置措施和安全管理要求。EIGA Doc 215/18 *HYCO PLANT GAS LEAK DETECTION AND RESPONSE PRACTICES* 是 EIGA 中为数不多涉及氢气泄漏检测的安全标准，其内容涵盖了预防、检测和应对涉氢环境下的易燃或有毒气体泄漏的方法，讨论了典型的泄漏检测技术，包括个人监测、固定监测和用于识别泄漏位置的专用检测器。美国国家标准协会发布的 ANSI/AIAA G-095A-2017 *Guide To Safety Of Hydrogen And Hydrogen Systems* 标准，规范了提供氢气系统的设计者、建设者和用户可用于确保氢气系统安全或解决氢气危害的应急处置措施，还有关于一般安全系统和控制、使用、人员培训、危险管理、设计、设施、检测、储存、运输和应急程序的指导，包括氢气泄漏监测预警。EN 50073 *Guide for selection, installation, use and maintenance of apparatus for the detection and measurement of combustible gases or oxygen* 标准提供了可使用固定式、运输式或便携式可燃气体检测装置在使用过程中的安装技术规范，通过检测可燃气体的存在并发出适当的听觉或视觉警告来降低风险。

表 3　国外氢安全相关标准

序号	组织/机构	标准号	标准名称	涉及方面
1	国际标准化组织（ISO）	ISO 19880-1:2020	Gaseous hydrogen-Fuelling stations Part 1: General requirements	应急处置
2		ISO/TR 15916:2015	Basic considerations for the safety of hydrogen systems	氢安全基本要求
3		ISO/TS 19883:2017	Safety of pressure swing adsorption systems for hydrogen separation and purification	监测预警
4	国际电工委员会（IEC）	IEC 60079-29-2:2015	Explosive atmospheres-Part 29-2: Gas detectors-Selection, installation, use and maintenance of detectors for flammable gases and oxygen	监测预警
5		IEC 60079-29-3:2014	Part 29-3: Guidance on functional safety of fixed gas detection systems	监测预警
6		IEC 62282-2-100:2020	Fuel cell technologies-Part 2-100: Fuel cell modules-Safety	监测预警
7	美国汽车工程学会（SAE）	SAE J 2990-1:2016-06	Gaseous Hydrogen and Fuel Cell Vehicle First and Second Responder Recommended Practice	应急处置
8		SAE J 2578:2014-08	Recommended Practice for General Fuel Cell Vehicle Safety	应急处置
9		SAE J 2579:2018-06	Standard for Fuel Systems in Fuel Cell and Other Hydrogen Vehicles	应急处置
10	欧洲工业气体协会标准（EIGA）	EIGA Doc 06/19	SAFETY IN STORAGE, HANDLING AND DISTRIBUTION OF LIQUID HYDROGEN	应急处置
11		EIGA Doc 15/21	GASEOUS HYDROGEN INSTALLATIONS	应急处置
12		EIGA Doc 215/18	HYCO PLANT GAS LEAK DETECTION AND RESPONSE PRACTICES	监测预警
13	美国国家标准协会（ANSI）	ANSI/ISA 60079 29 2 2012	Explosive Atmospheres-Part 29-2: Gas detectors-Selection, installation, use and maintenance of detectors for flammable gases and oxygen	监测预警
14		ANSI/AIAA G-095A-2017	Guide To Safety Of Hydrogen And Hydrogen Systems	氢安全基本要求
15		ANSI/UL 521-2019	Standard for Safety for Heat Detectors for Fire Protective Signaling Systems	监测预警

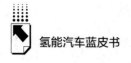

续表

序号	组织/机构	标准号	标准名称	涉及方面
16	美国国家标准协会（ANSI）	ANSI/UL 268-2016	Smoke Detectors for Fire Alarm Systems	监测预警
17		ANSI/ISA-92.00.02-2013	Installation, Operation, and Maintenance of Toxic Gas-Detection Instruments	监测预警
18	其他	EN 50073	Guide for selection, installation, use and maintenance of apparatus for the detection and measurement of combustible gases or oxygen	监测预警

资料来源：作者收集整理。

当前，国外相关组织或机构在氢能产业标准方面内容较为全面，涉及氢气泄漏检测仪器的安装技术种类较多，报警器安装技术要求详细。国内有较为全面的氢能产业标准体系框架，对于氢安全问题有单独的标准框架规范。受限于现阶段发展，氢安全相关标准较少，同时，在氢能车辆应用方面，现有标准能够详细全面地对车载氢系统的各个环节进行规范，以达到预期的安全效果。

三 氢泄漏安全研究进展

安全问题伴随着整个氢能全生命周期，事故发生与产业各个环节的氢泄漏密切相关，尤其是储运环节的高压储氢罐与管道部件，氢气在高压下具有更快的扩散速度和更多的泄漏量，如遇到碰撞、外部破坏和氢脆现象等极易引起氢气大量泄漏扩散，进一步造成燃烧和爆炸事故。如图1所示，根据高压氢气泄漏时引起事故的类型可以分为单纯泄漏扩散，即高压氢气从阀门或管道中释放出来并未遇到外部可燃条件仅发生泄漏扩散，以及有燃烧爆炸现象的泄漏扩散。其中，后者可以依据是否被外界火源直接点燃以及是否存在直接的点火源分为自燃、喷射火和云爆炸，自燃即为在涉氢环境中自发燃烧；喷射火为受外界火源影响达到氢气燃烧条件而发生的剧烈反应；氢气的云爆炸是氢气泄漏之后与空气中其他可燃气体共同混合形成混合气云遇到点火源进而发生爆炸的行为。在以往的高压氢气泄漏安全研究中，主要集中在对氢气泄漏导致的氢气扩散、氢气自燃、高压氢气喷射火和氢气云爆炸等四个方面。

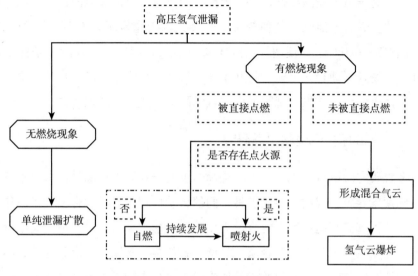

图 1　高压氢气泄漏事故类型 *

　　* 沈晓波、章雪凝、刘海峰：《高压氢气泄漏相关安全问题研究与进展》，《化工学报》2021 年第 72 期。

（一）高压氢气泄漏和扩散研究

　　氢气在不同的压力和环境下发生泄漏事故所造成的泄漏扩散形式有所不同，高压氢气泄漏发生之后一般会形成高压欠膨胀射流，当泄漏量较小时，高压氢气动态排放过程相对复杂。以往研究使用等熵膨胀模型和气体状态方程计算泄漏出口处的氢气浓度、泄漏速度和泄漏量等参数，掌握高压氢泄漏时变特征，用零维模型进一步预测随后的气体膨胀情况。随后发现，高压氢气在泄漏时出现热交换现象会影响预测模型的准确性，在此前研究的基础上，基于范德华状态方程和 Perry 流量系数公式，采用质量流量公式建立泄流孔模型，即一个包括热交换的高压气体泄漏过程模型（HEC 模型）。现有理论模型多针对开放场景下高压氢气泄漏预测，对封闭场景下的模拟较少，

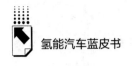

存在预测不准确的情况。

现有研究主要针对氢气加氢站、地下停车库和燃料电池汽车氢系统等涉氢场景下高压氢气泄漏事件，重点模拟不同风速、风向和泄漏位置对泄漏特征的影响。燃料电池汽车数值模拟中，实验基于储氢压力为 70MPa 的氢燃料电池汽车（HFCV），使用计算流体动力学工具模拟了意外泄漏条件下的四种不同场景，即打开天窗、打开车窗、打开天窗和车窗以及打开天窗、车窗和后挡风玻璃。结果发现车辆内部氢气浓度受风速影响很大。

（二）高压氢气泄漏自燃研究

多数研究团队认为氢气发生燃烧爆炸事故未找到点火源是由氢气本身发生自燃现象导致，因而提出了多种不同的自燃机理，通过耦合多种机理作用能够清楚了解到高压泄漏下的自燃现象。在自燃火焰形成过程中，高浓度混合点往往在氢、氧和空气混合层后管壁上方位置，自燃火焰由此开始，随后快速传播至尾部。自燃现象并不是凭空产生，其影响因素令许多研究团队痴迷，其中，中国科学技术大学孙金华课题组最早针对氢气自燃现象下影响因素展开研究，通过对高压氢气尾部管道的横截面形状、爆破片的开口率以及杂质气体（如甲烷）等因素进行多次实验，并基于扩散点理论建立了求解多个均匀区参数的数学方程，提出了理论点火临界压力。然而，影响高压氢气泄漏自燃现象的因素有很多，各个因素之间的相互作用共同造就了氢气燃烧爆炸事故，各因素间具体的耦合机制仍在研究中。

（三）高压氢气喷射火研究

高压氢气泄漏之后如果被点燃或先发生自燃，此时会有发生喷射火的可能，在管道内等封闭空间尤甚，通过观察以往研究中高速照相机影片可以看出，氢气火焰转成喷射火初期，在距离喷嘴有一段距离时会形成马赫盘，然后背部出现扁平火焰，随后喷嘴处的火焰逐渐消失，而由马赫盘下游的火焰继续传播并最终形成喷射火。在火焰传播过程中，其环境下的各种参数变化情况也值得关注，研究中针对不同管道长度、喷射火尺寸和火焰平移速度都开展了深入分析，如利用图像处理工具对喷嘴几何形状与火焰尺寸之间的关系进行仿真分析。目前，相关研究由于实验场所、环境因素、点火机制和管道设置等方面影响，其研究结果有一定的局限性。

有研究再现了喷嘴周围旋涡结构生成过程，从中发现初期形成的局部火焰如果没有从马赫盘下游区移动至大漩涡中，就不会形成喷射火，因此认为初始阶段喷嘴区域生成的旋涡结构是形成喷射火的关键因素。在此研究的基础上，更多的学者开展了真实场景下的仿真验证工作，模拟隧道内氢气运输车辆氢泄漏引起的喷射火行为，对不同的通风大小、泄漏位置和隧道温度等多方面因素进行实验。除此之外，在核反应堆、燃料电池汽车氢系统和90MPa高压氢气喷射火等多个领域也进行了研究，然而，目前高压氢气喷射火模型也面临着计算效率低、工况单调及缺乏验证数据等问题。

（四）氢气云爆炸研究

传统的氢气云爆炸理论模型主要为 TNT 当量法、TNO 多能法、Baker-Strehlow-Tang（BST）法等，在最近研究中基于标度律提出了一种更适合开放场景下的氢气云爆炸预测方法，其结果与实验数据相吻合具有更高的准确性。氢气泄漏时往往会与其他易燃气态混合形成风险更大的混合云气。除此之外，对小尺度高压氢气罐氢泄漏、圆柱形容器和惰性气体等方面进行了研究，其中对惰性气体的研究较多。为了降低氢气燃爆风险，惰性气体对其燃烧特性的影响也是目前氢能安全的研究重点。研究中的惰性气体多为二氧化碳和氮气，结果发现，二氧化碳由于具有更大的比热、更高的碰撞效率以及对氢燃烧反应更强的动力学效应，因而相比氮气具有更优的抑制效果，同时，二氧化碳对密闭空间内氢气爆炸的惰性作用实验表明最大爆炸压力、火焰传播速度等指标都随着二氧化碳添加量的增加而降低。在研究中受设备、安全和成本的限制，氢气云爆炸的实验规模都比较小，其结论可拓展性不强，不能作为大尺度数值模拟的有效论证依据。

通过大涡模拟研究不同尺寸和位置的障碍物对爆炸的影响，一致认为湍流作用能够增强爆炸时的超压效应，之后针对国内加氢站的储氢系统，模拟了不同风速下氢气泄漏和气云爆炸过程，结果表明泄漏方向与风向相反时，氢气云爆炸事故的危害更大。实验研究和数值模拟都存在各自的局限和不足，为此学术界继续用二者相融合的研究方法来探索氢泄漏引发云爆炸现象的更深层机制。

四　氢泄漏防范措施及建议

（1）在氢泄漏事故发生后，针对不同事故类型、氢气储存状态以及涉氢环境特点应作出不同的应急处理措施，一般在事故发生时应及时关闭氢气泄漏源，检查管道或储氢罐相关安全装置是否正常工作，对封闭空间内的氢气泄漏应及时通风并保障通风设备工作时没有引起氢气燃烧的风险，若不能及时处理，应采用蒸汽进行稀释，防止氢气积聚形成爆炸性气体混合物。对氢气着火源，不得熄灭正在燃烧的气体，并用水强制冷却着火设备，此外，氢气系统应保持正压状态，防止氢气系统发生回火，同时采用大量消防水雾喷射其他引燃物质和相邻设备，可以有效防止火灾扩大，需注意氢火焰肉眼不易察觉，消防人员应佩戴自给式呼吸器，穿防静电服进入现场，注意防止外露皮肤烧伤。

（2）《氢能产业标准体系建设指南》的印发，有力提升我国氢能安全标准化工作的科学性、系统性和广泛适用性。氢能产业标准体系以基础与安全标准为基础，支撑氢制备、储存和输运、加注、应用全产业链关键技术标准。氢泄漏安全问题是现阶段整个氢能产业发展需要解决的关键问题，为保障氢能产业健康快速发展，应加快涉氢场景氢泄漏安全标准落地实施，从涉氢场景建设，到氢气生产、储运、应用，形成完善的涉氢场景氢安全标准规范。

（3）现阶段的氢安全研究主要集中在仿真模拟研究，需要结合实际问题，如制氢车间、加氢站、停车库、隧道、滚装船等涉氢场景开展研究，加强对相关场景下氢泄漏、扩散及燃烧爆炸相关试验验证，使得数值模拟与试验相结合，搭建氢泄漏监测预警监控平台，实时监控涉氢场景氢气泄漏扩散状态，为氢能产业发展提供良好的基础。

B.10
燃料电池检验行业安全保障技术及发展方向

段志洁　孙　辉　王大威　史兆会　郑贺婷*

摘　要：　燃料电池汽车（FCV）作为新能源汽车中最具发展前景的方向之一，受到国内外的广泛关注，而燃料电池系统作为 FCV 的核心组成部分，在现阶段获得了氢能企业的高度重视，在燃料电池系统及相关配件的研发方面投入了大量的成本，但是由于系统结构复杂，涉及高压储氢系统、燃料电池电堆系统及相关阀门零部件，新研发的产品需要通过检测验证，检验产品功能安全、产品质量及设计可靠性等方面，因此当前阶段，燃料电池检测行业对氢能燃料电池产品研发至关重要。鉴于研发阶段产品可靠性需验证确认的特点，检测过程中极易发生异常情况，因此如何建立风险预防保障机制，保障检测行业测试过程安全就显得尤为重要。本文将结合燃料电池检测行业相关安全技术法规标准要求、相关典型风险解析、安全保障技术及行业面临的安全挑战进行分析，并提出应对保障的安全措施建议。

关键词：　燃料电池检测　风险预防机制　安全生产

---

* 段志洁，特嗨氢能检测（保定）有限公司总经理；孙辉，特嗨氢能检测（保定）有限公司安全总监，主要研究方向为氢安全管理及涉氢现场安全技术评价；王大威，特嗨氢能检测（保定）有限公司质量总监；史兆会，特嗨氢能检测（保定）有限公司氢安全专家；郑贺婷，特嗨氢能检测（保定）有限公司标准化工程师。

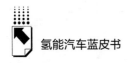

燃料电池检测作为燃料电池汽车研发、市场化的重要支撑环节，区别于传统检测行业，受限于对氢能的认知和研究水平，燃料电池检测具有更高的安全风险与挑战，作为当前氢能领域最广泛的应用场景，燃料电池便是将氢能从概念转化到现实应用最直观具象的展示，氢能行业受困于成本与安全两大问题，因此燃料电池检测行业如何证明产品安全可靠并保证测试过程安全就显得至关重要。

一 燃料电池检验行业安全相关政策及标准分析

（一）国际安全战略及法规指引

目前燃料电池检测行业乃至整个氢能领域的发展都将安全放在首位，但涉氢安全事故仍时有发生。通过对近年来相关涉氢安全事故的原因分析，发现有七成左右的氢安全事故造成人员伤害或财产损失，其中超过九成的氢安全事故都是由氢泄漏造成的，例如阀门泄漏、连接泄漏、安全附件、材料脆裂等，这些问题都可以通过测试实验发现，鉴于应用端事故频发，不难看出燃料电池检测行业也一样存在大量的异常事件，这也造成了检测实验过程中出现了很多事故（见图1）。

诸多氢安全事故也造成了社会大众对氢能安全的信心缺失，因此国家层面在发布氢能战略的同时也会同步发布相关的安全保证机制。以韩国为例，2020年2月4日，韩国政府正式颁布《促进氢经济和氢安全管理法》。这是全球首个促进氢经济和氢安全的管理法案，目的在于促进基于安全的氢能经济建设。该法案聚焦经营许可、安全专职人员任命、竣工验收、定期安全培训等内容，并建议氢能企业购买保险。韩国政府之所以如此重视氢能安全，也跟氢能检测事故有很大关系。

2019年5月23日，韩国江原道一家非营利组织气罐在实验过程中发生了爆炸事故，事故造成2人死亡，错误充氢方式导致了升温升压，超压后未正常泄放排压，造成了本次爆炸，罐体碎片飞出了300多米，事故造成了非常恶劣的社会影响（见图2）。

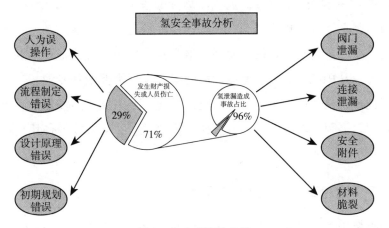

图1　氢安全事故分析

图2　韩国江原道非营利组织气罐爆炸

　　2023年6月，日本也修订了《氢能基本战略》，计划未来15年内投资15万亿日元推动氢能广泛应用，以实现脱碳、稳定能源供应和经济增长。《氢能基本战略》的主要战略方向包括打造稳定、价廉、低碳的氢能和氨供应链，加强氢能产业国际竞争力的《氢能产业战略》，以及保障氢能安全应用的《氢能安全战略》，氢能战略配套发布了相关的安全保障战略，其中重点强调，为实现安全和有保障的氢能社会，需要通过结合科学试验数据的基础上进行技术发展，发展和培育专业的第三方认证机构和检测机构。可见，从国家层面看，氢能领域的安全发展需要依托专业检测机构支持。因此燃料电池检测行业对燃料电池产业乃至氢能交通场景的安全发展至关重要，需要燃料电池检测行业作为重要关口，守好投产使用前的重要安全质量关。

（二）国内安全法规要求分析

国内氢能行业蓬勃发展，同时基于对安全工作的重视，自 2016 年开始，国家逐步推进风险分级管控与隐患排查治理的双重预防机制建设，并在 2021 年 9 月发布了新安全生产法，进一步夯实企业安全生产职责，检测行业属于小众行业细分种类，燃料电池检测行业由于其使用氢气的特殊性与危险性，被予以更多的关注，特别是针对火灾消防隐患的问题，通常会被列入地方重点防火单位，并作为"双随机"检查的必查企业，给予重点帮扶。区别于化工企业，燃料电池检测企业通常不具备生产、储存氢气的资质与能力，也不适用于化工企业相关管理的法规或标准，但是为了保障企业平稳发展，燃料电池检测企业会依据相对严格的法规要求对自身进行约束，目前河北省发布了《河北省氢能产业安全管理办法（试行）》，其中明确要求氢能企业需要执行 GB 30871 的有关规定对危险作业进行管理，需要建立双重预防机制对涉氢风险进行管控，需要搭建信息化平台对企业自身安全管理流程进行改善，该管理办法对氢能产业制储运加用全产业进行了要求，同时放宽对绿氢制取项目进入化工园区及危险品生产许可的要求，为氢能行业的发展进行了"松绑"，燃料电池检测行业作为小众细分行业类别，完全参考该办法管理也有一定的难度及不适用性。尽管全国各地发布了很多氢能安全的管理要求，但缺乏对于氢能检测领域的相关要求。2023 年 8 月国家标准委等六部门联合印发了《氢能产业标准体系建设指南（2023 版）》，按照技术、设备、系统、安全、检测等进一步分解，形成了 20 个二级子体系、69 个三级子体系。从标准的维度对燃料电池检测行业进行相关的约束及要求，填补了安全法规无法聚焦覆盖的空白。

（三）安全相关标准分析

国际上，ISO（国际标准化组织）和IEC（国际电工委员会）是两大国际标准编制和出版组织，ISO TR 15916：2015《氢系统安全的基本考虑》，虽然只是一份技术报告，不是更具强制性的标准，但由于其详细描述了氢与安全相关的特性，识别了氢气与液氢的危险、风险及其安全考虑，该标准成为 ISO/IEC 标准体系中氢安全实践的基础性导则；此外，基于氢气比重小、易逃逸、易燃易爆的特性，在检验检测过程中涉及氢气存储输送和使用、氢燃料电池测试、氢气瓶循环和耐压爆破等工作内容，因此存在火灾、爆炸、触电等各类安全事故隐患。同时，在涉氢检验检测过程中，极易发生氢气泄漏，氢气探测是氢安全的基础安全技术之一，国际标准中也制定发布了关于防爆、防静电以及氢气探测等相关标准，为氢燃料电池检验检测行业提供了安全参考依据（见表1）。

表 1　国际标准——氢安全相关标准

序号	标准编号	标准名称	中文名称
1	ISO TR 15916：2015	Basic considerations for the safety of hydrogen systems	氢系统安全的基本考虑
2	IEC 62282 - 2 - 100：2020	Part 2-100：Fuel cell modules-Safety	第2-100部分：燃料电池模组-安全性
3	IEC 62282 - 3 - 100：2019	Part 3-100：Stationary fuel cell power systems-Safety	第3-100部分：固定式燃料电池电源系统-安全性
4	IEC 60079 - 10 - 1：2015	Explosive atmospheres Part 10 - 1：Classification of areas-Explosive gas atmospheres	爆炸性环境 第10-1部分：分区-爆炸性气体环境
5	IEC 60079-14：2013	Explosive atmospheres Part 14：Electrical installations design, selection and erection	爆炸性环境 第14部分：电气装置的设计、选型和安装

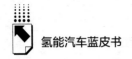

续表

序号	标准编号	标准名称	中文名称
6	IEC 60079-17:2013	Explosive atmospheres-Part 17: Electrical installations inspection and maintenance	爆炸性环境 第17部分:电气装置的检查与维护
7	IEC/TS60079-32 1:2013	Explosive atmospheres-Part 32-1: Electrostatic hazards, guidance	爆炸性环境 第32-1部分:静电危险,导则
8	IEC/TS60079-32 2:2015	Explosive atmospheres-Part 32-2: Electrostatics hazards-Tests	爆炸性环境 第32-1部分:静电危险-测试
9	ISO 26142:2010	Hydrogen detection apparatus-Stationary applications	氢探测装置-固定式应用
10	IEC 60079-29	Explosive atmospheres-Gas detectors	爆炸性环境-气体探测器
11		Part 29-1: Performance requirements of detectors for flammable gases	可燃气体探测器的性能要求
12		Part 29-2: Selection, installation, use and maintenance of detectors for flammable gases and oxygen.	可燃气体探测器与氧气探测器的选型、安装、使用和维护
13		Part 29-3: Guidance on functional safety of fixed gas detection systems.	固定式气体探测系统功能安全导则

目前国内缺少专门针对氢燃料电池检验检测行业相关的安全管理规范和标准,其中国标GB/T27476《检测实验室安全》(主要包括第1部分:总则;第2部分:电气因素;第3部分:机械因素;第5部分:化学因素;第7部分:工效因素),仅对检测实验室安全管理进行了框架要求,缺少针对专业实验室的具体规定。对于氢燃料电池检测,检测实验室危险度更高,对安全生产管理提出了更加严格的要求,针对此标准领域空白,2023年6月由特嗨氢能检测(保定)有限公司牵头制定了河北省地方标准《涉氢实验室安全管理规范》,此规范针对涉氢实验室安全管理组织和体系、消防安全设计、人员设备设施安全管理、涉氢实验室安全和事故应急救援措施做了明确的规定,旨在规范相关实验室"全过程全方位"的管理行为,提升管理

能力,对涉氢实验室、科研机构和涉氢企业的安全设计、安全运行管理、应急救援处置均具有借鉴和指导意义。

从燃料电池检测行业出发,基于氢的各种内在特性,决定了氢能系统有着不同于常规能源系统的危险特征,比如易燃、易泄漏、扩散性、爆炸性和氢脆等。对于燃料电池汽车整车、车载氢系统以及燃料电池系统均存在泄漏和爆炸等风险(见图3)。我国现有关于氢燃料电池安全的国家标准,分别也从燃料电池系统、车载氢系统、燃料电池整车三个层级进行了研究(见表2)。研究在用燃料电池汽车运行安全性能检验及评价技术,研究快速检验方法与检验工具,确定燃料电池定期检验流程,构建在用燃料电池汽车运行安全性能检验技术体系。

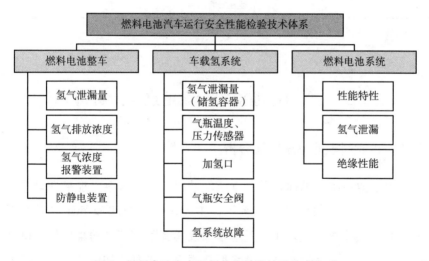

图3 燃料电池汽车运行安全性能检验技术体系

表2 国家标准——氢燃料电池运行安全相关标准

序号	标准名称	标准主要内容	发布时间
1	GB/T 29729-2022《氢系统安全的基本要求》	明确规定了氢系统的类别,氢的基本特性、氢系统的危险因素及其风险控制的基本要求	2022年12月30日
2	GB/T24549-2020《燃料电池电动汽车安全要求》	规定了燃料电池电动汽车整车、关键系统等方面的安全及手册要求	2020年9月29日

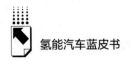
续表

序号	标准名称	标准主要内容	发布时间
3	GB/T 36288-2018《燃料电池电动汽车-燃料电池堆安全要求》	规定了燃料电池电动汽车电堆在氢气安全、电气安全、机械结构等方面的安全要求	2018年6月7日
4	GB/T27748.1-2017《固定式燃料电池发电系统第1部分:安全》	本标准规定了固定式燃料电池发电系统的使用范围,包括设计、制造、运输、安装、使用等各个环节的安全要求以及对固定式燃料电池发电系统进行检验和试验的方法和标准	2017年7月31日
5	GB/T31036-2014《质子交换膜燃料电池备用电源系统安全》	明确质子交换膜燃料电池备用电源系统相关的术语和定义、安全要求和保护性措施、型式试验、例行试验等方面的内容	2014年12月5日

二 燃料电池检验行业重点风险解析

(一)燃料电池系统风险分析

燃料电池系统,也称为燃料电池发动机,作为车辆、船舶驱动动力源和辅助动力源的燃料电池发电系统,主要由电堆模块和BOP(系统零部件)组成,其中电堆模块主要是电堆以及相关附加部件的集成体,BOP主要包括空压机、空气过滤器、氢气循环系泵、水泵、加湿器、自动控制系统、功率调节器等。燃料电池系统在使用过程中大电流大电压、高流量氢气、高功率产热等特性,涉及机械材料、电气、热管理、控制系统等安全要求,使得燃料电池系统的安全性能有很高的要求。燃料电池系统,也称燃料电池发动机,作为车辆、船舶驱动动力源和辅助动力源的燃料电池发电系统,主要由电堆模块和BOP(系统零部件)组成,其中电堆模块主要是电堆以及相关附加部件的集成体,BOP主要包括空压机、空气过滤器、氢气循环系泵、水泵、加湿器、自动控制系统、功率调节器等。燃料电池系统在使用过程中大电流大电压，高流量氢气、高功率产热等特性，涉及机械材料、电气、热管理、控制系统等安全要求，使得燃料电池系统的安全性能有很高的要求。

（1）外壳、管路及连接件安全性。

外壳：应满足足够的强度、耐腐蚀性、防水防尘等级等物理特性以满足对系统模块的支撑防护，同时应具有保护操作人员不受带电、过热（最高表面温度超过 60℃）、尖锐划伤等存在危险性部件的伤害，必要的安全标识及接地点。

管路及连接件：管路及连接件应具有足够的机械强度、耐震性要求，同时要考虑管路系统的布置工艺符合性及材质的化学相容性。还要满足异常情况下，最大工况运行下的耐压耐温的要求。另外，与氢相关的金属部件，抗氢脆性应符合规定。

（2）燃料电池内部的绝缘体应有足够的耐压、耐温能力，并确定电气间隙及爬电距离。导线及元器件连接，应考虑到因异常温度导致的膨胀而应有其性能。电连接需有可靠的防松设计，高压部分还应有互锁功能。燃料电池系统应设置直/间接接触防护装置，易触及部位应不存在触电风险；燃料电池系统内外部电路应满足最大工况下的绝缘要求。为避免在氢气泄漏时，不会因静电引燃氢气，系统内部部件的导体外壳应同电平台连接。所有接地必须符合导电性，同时须有防松设计。

（3）燃料电池电堆、空气压缩机、DC/DC 变换器等部件在工作过程中发热导致温度升高。高温会影响电堆的工作效率，缩短电堆使用寿命，同时高温会对系统内其他部件性能造成影响而引发事故。因此在燃料电池系统内应设置温度传感器，系统内部设置温度传感器，实现温度的实时检测，并接入控制系统能够实现完成异常情况下的自动停车动作。同时根据燃料电池功率，配备适用的散热系统，风冷散热或液冷散热。

（4）燃料电池系统的控制系统应有在故障异常工况下的保护功能，即紧急停机功能和非正常关机功能，同时能通过显示屏或声光等方式发出报警信号，在故障异常消除后，能自动恢复工作。燃料电池系统需设置监测、减

轻、消除事故隐患及破坏力的保护装置，保护装置启动程序应优先于其他操作程序，且一经启动不受任何操作干扰而中止。

（二）氢能燃料电池检测重点风险同步

国家标准《燃料电池电动汽车燃料电池堆安全要求》对燃料电池发动机提出了通用性要求，规定燃料电池堆要有必要防护，防止其部件与外部高温部件或环境接触，燃料电池堆外壳应避免容易对人产生危害的结构；燃料电池堆中应用的材料对工作环境有一定的耐受性，燃料电池堆的工作环境包括振动、冲击、多变的温湿度、电势及腐蚀环境；对燃料电池堆的电压或电流进行监测或计算等。此外，标准还对燃料电池堆的机械结构安全、气密性安全提出了相应要求。

从燃料电池系统构成及相应检测项目看，氢能燃料电池检测的主要风险点集中于电池堆测试环节及检测供氢系统这两部分，即用氢、供氢两个环节的安全风险。

1. 电池堆测试环节

（1）样品的不确定性：样品来自不同的客户，装配工艺、材质各有差异，以及在送检过程中的运输方式各有不同，在一定程度上影响样品的基本状态。

（2）测试环境的不稳定性：测试环境对测试结果的影响很大，部分检验机构对环境设施重视度不高，导致本身的测试环境一直处于不达标的状态；或者由于环境设施维护不到位导致测试某阶段环境指标不达标。

（3）测试设备精度低：设备性能的差异或使用环境恶劣，缺少必要的设备维护，导致设备的精度下降，检验数据的可信度下降。应增加校准的频次、做期间核查、采用设备间比对等方式验证设备的可靠性，以保证检测数据准确可靠。

（4）专业技能人员的不足：测试人员的业务技能不熟练，对异常数据缺乏敏感度，又缺失相应的有效应对措施，将产生极大的潜在风险。

（5）涉氢场所安全管理体系的不完善：针对涉氢场所的安全管理不够

完善，无法有效识别氢安全风险，不能及时排查安全隐患；氢相关安全标准不熟悉，从而导致从基建、设备设施、管理体系不符合涉氢环境管理要求，缺少必要的安全设施。

2. 供氢系统

供氢系统主要由高压储氢罐、减压阀、稳压罐、传感器、压力调节阀以及各种管路组成。主要风险点为设备材料本身性能、管路系统工艺设计和安全监测系统。

（1）设备材料本身性能的缺陷：管材、阀门等部件的抗氢脆性、化学品相容、耐机械强度；仪表仪器的精度等。

（2）管路系统工艺设计不合理：折弯、焊接、表面处理、接头的连接方式选择、废金属管导电性；排空管、工艺吹扫管路布置；管的规格型号选择；阀种类的选择。

（3）安全监测系统的不完善：氢监测设备的选型，数量及布置位置，氢监测报警阈值的合理设定，建立有效的报警联动及监测设备的定期检定校准。

三　燃料电池检验行业典型安全技术介绍

（一）测试现场安全保障技术

基于燃料电池检测现场特殊性，火灾始终是极易发生的事故类型，从检测现场的设计阶段、建设阶段以及验收阶段，均有相关法规支撑，保障整体测试要在安全的环境下进行，那么何为安全的环境呢？保障安全的环境就需要对检测现场进行整体统筹的安全保障。

现场的安全保障技术有如下几个方面。

1. 总平面布置及建构筑物的合规性

厂区、功能区的布置：应根据相关规范要求，合理划分区域，保持合规的间距，设置消防通道，安装设置安全标志。

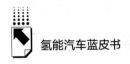

建构筑物：相应功能厂房必须符合耐火等级、层数和每个防火区的最大允许建筑物面积要求。有防火防爆分隔要求时，应设符合规定的防火防爆隔离墙。设置符合数量规范的安全出口。气体间等必要房室设置防爆泄压设施、自动切断阀、事故排风装置、设置防雷设施、设置导静电的接地设施。

2. 设施设备装备工艺

（1）工艺管道符合规范的识别标示符号，物质名称标示和流向标示；

（2）储氢装置设置安全阀、压力表、压力传感器、氢气泄漏报警装置、设置氮气吹扫置换接口；储氢装置安全阀、置换管道设置排风管；

（3）氢气管路设置气体过滤器、安全阀、压力表、压力传感器、阻火器；设置排空管，并设置氮气吹扫置换接口，氮气吹扫口设置切断阀、止回阀；

（4）在设备附近设置明显的事故急停按钮；设置明显的事故排风装置启动按钮；加装隔离防护；

（5）测试区域顶部按规范设置氢气泄漏报警装置，火焰探测器、监控摄像头、智能烟感；氢气探测器与氢气管路切断阀联动，实现情紧急况下自动切断氢气供应。现场常规消防设施与氢安全监控系统相互独立，并入消防主控机房，联动现场声光报警装置，形成双重保障；

（6）现场所有电气设施设备采取符合规范的防爆类型：使用防爆配电柜、防爆配电箱、防爆插头，隔离切断/连接过程中产生的火花；

（7）气瓶全部放置专用气瓶柜内，并设有防倾倒装置，减压阀汇流排连接完好；

（8）特种设备经过相关检测取得特种设备检测报告；

（9）安全阀、压力表定期进行检验检定；

（10）公用工程及辅助设施配套。

供配电（含防爆电气）供配电室建筑耐火等级二级，实验设施设为三级负荷，消防为二级负荷，装设短路保护和过载保护，安装固定式的可燃气体检测器；涉氢区域电气设备级别：ExdIICT4。

防雷、防静电设备储氢罩棚按第二类防雷建筑物设防；设备房按第三类防雷建筑物设防。现场入口安装人体导除静电装置。

消防配备消防给水系统，设置室内室外消火栓，室内配置手提式、推车式干粉/二氧化碳灭火器。

3.现场安全管理

（1）编制应急救援预案并制定应急措施；

（2）定期开展应急演练；

（3）配备专兼职安全员做好现场安全巡查；

（4）测试时保持工艺排风机处于开启状态；

（5）测试室日常氢气浓度检测建立人员巡回检测机制；

（6）测试流程环节执行双人确认制度；

（7）定期对氢浓度探头、火焰探头等探监测设备设施进行校准；

（8）定期对事故风机、紧急切断阀、消防手报、声光报警等联动装置进行性能测试。

（二）燃料电池测试过程安全技术

燃料电池检测过程因涉及各种工况性能的测试环节，必须保证电池堆在正常安全的运行前提下才能进行。整个过程围绕氢泄漏、电气安全、操作流程进行安全保障。

1.样品

收到样品后检查样品状态，样品热压是否完好（如果样品热压存在缺陷，那么在测试过程中就会有漏气的风险）。样品表面有无针孔（样品存在针孔透氢电流就会增大，阴阳极氢空气体混合风险增加）。边框膜打孔是否精准（边框膜打孔不精准会遮挡夹具气孔阻碍气体流通，严重时气体压力会瞬间上涨造成管道破裂）。

必须通过泄漏检测装置来监测氢气泄漏，验证燃料电池堆/模块的密封性能，保证样品氢气泄漏安全。气密性测试包括测试电堆整体的外部和内部窜气、漏液。气体的外漏尤其是氢气的外漏，降低了氢的利用率，并会给整个电堆带来极大的安全隐患。内部的窜气，将降低电堆对外功率的输出。

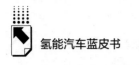

此项测试根据电堆设计的不同，控制指标也不尽相同。

测试环境及方法：

高温气密：70℃ 12h；

低温气密：-30℃/-40℃ 12h；

氢腔、空腔、冷却腔；

外漏（单腔外漏 & 三腔总外漏）、内漏（三腔之间串漏）。

2. 设备/台架管路

设备：

（1）按规定佩戴劳保用品；查看设备标识牌，确认设备整体完好，无变形破损等现象，安全防护齐全急停装置是否完好、可靠（小型环境箱同上）。

（2）通风系统，包括测试区域顶部排风、设备内部排风、调节门及闸板的开度、通风管道等状态良好。

（3）压力表、氢气/CO 传感器、安全阀等安全附件是否定期检测在计量有效期内。

（4）应确保设备门、盖运行时不得开启或拆卸。

台架管路：

（1）试验过程中管路崩开（对策：确认工艺阀门的状态、扭矩控制、扭矩扳手选型、扭矩扳手检定、喉箍选型、喉箍使用次数限制）；

（2）试验结束氢气阀门未关拆卸管路（对策：试验后双人点检）；

（3）管路连接松动氢气泄漏（对策：每2小时氢气巡检）；

（4）加热带风险：加热带重叠造成加热带灼烧（对策：试验前双人点检确认加热带无重叠）。

3. 防爆工具

（1）防爆工具又称为无火花工具，主要材质一般为两种铜合金：铍青铜、铝青铜。铜的良好导热性能及几乎不含碳的特质，使工具和物体摩擦或撞击时，短时间内产生的热量被吸收及传导，另一个原因是铜本身相对较软，摩擦和撞击时有很好的退让性，不产生微小金属颗粒，不会产生火花。

（2）非防爆工具使用碰撞过程中可能会产生火花，涉氢环境使用存在较大安全隐患，燃料电池试验室使用符合 Ex Ⅱ C 防爆等级的铍铜防爆工具。

（3）非防爆线轴带电插拔过程中也会产生火花，燃料电池采用 Ex Ⅱ C 防爆线轴，替换非防爆线轴。

（4）有刷电钻运行中产生持续火花，涉氢环境使用风险极高，燃料电池采用无刷电钻（运行中无火花）替换有刷电钻。

4. 检测前安全检查

（1）关闭底部阴阳极排空阀门，因氢气排空共用一条管路防止氢气倒灌造成氢气泄漏；

（2）确定带电池电压低于 0.1V 转动设备调压阀，等待气缸压力降为 0 时，拔掉气管（禁止带压拔管，气缸内压力通常为 45～80psi 压力较高），转动螺母取下气缸；

（3）为保护样品安全需要佩戴丁腈手套；

（4）涉及连接管路/线路时佩戴防护手套，使用铜质防爆工具；

（5）检查负载线（HIOKI 监测线）是否存在虚接、短路、反接；

（6）加热带是否有堆积，堆积容易造成高温灼烧；

（7）检查自动控制装置系统，包括氢气检测器、各液位、温度控制、报警装置及各种联锁装置、显示控制系统等性能状态是否有效符合要求。

5. 测试中

（1）样品装置完成按照试验前点检表进行双人点检后进行保压测试，维持压力规定的时间，压力降需在合格标准范围内，并观察冷却水进出管路各项连接处及电池无漏水情况。

（2）正常测试时开启设备氢气排空管道阀门、空气排空管道阀门及冷却水手阀（避免忘开阀门导致管道爆裂）。

（3）开启设备进口去离子水阀门、氢气阀门、氮气阀门、空气阀门，确认氢气、氮气、压缩空气的减压阀压力表示数在 0.55～0.65MPa（红色线区间）；设置电堆信息、电压报警限值、公式。

（4）如需进行电化学测试时确认 Gamry 设备状态，绿色和蓝色线接样

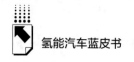

品正极、红色和白色线接样品负极（阳极测试时顺序和上述相反）、黑色和橙色连在一起，伏地放置。

（5）触电对策：包裹电极，张贴标识，试验过程禁止触碰样件。

（6）短路对策：下堆保留绝缘板；下堆后禁止触碰电堆。

（7）反接对策：将线缆采用红黑颜色进行标识；试验前双人点检，过程变差双人点检。

（8）常规劳保：佩戴绝缘手套、绝缘鞋。

6. 测试后检查

（1）取出测试样品前用氮气吹扫气体管路，将管路内气体完全置换为惰性气体。

（2）待夹具完全冷却，电池电压低于 0.1V 时，停止供气关闭排空。

（3）确认试验软件停止状态；关闭测试软件；关闭测试电脑。

（4）将设备电源手柄由 ON 扳至 OFF。

（5）关闭设备去离子水阀门、氢气阀门、氮气阀门、空气阀门；关闭设备氢气排空管道阀门、空气排空管道阀门。

（6）将设备状态标识牌调整至"待机"状态。

（7）涉及夹具拆除需要将氢进出口对接，防止氢气漏气。

（三）基于涉氢场所风险管控的双重预防机制

因氢气特有的理化性质而决定着涉氢场所风险管控的特殊性。依据氢的特性从安全的角度考虑，其具有易燃易爆、易泄漏扩散，并且容易发生氢脆等特点，在涉氢检验检测中，双重预防机制的作用主要包括以下两个方面。

第一，风险管理：结合前面氢气的特点，其存储和输送需要非常高的安全标准。在这种情况下，采用双控预防机制可以减少事故风险的概率，实现气体的安全储存和输送。具体而言，双控预防机制可以通过多重安全保障、设备监测、对操作人员的规范管理等，实现氢气运输和处理的安全可控。

第二，设备可靠性：采用双重预防机制可以从两个方向对设备进行控制，保证其在电气、机械、液力等方面的系统正常运转，从而使设备能够长时间、高效、稳定运行，避免系统性的故障发生。

通过综合地考量各类安全评价方法，结合超高压临氢系统的实际情况，选择了工作危害分析法（JHA）、安全检查表法（SCL）及作业条件危险性评价法（LEC）进行评价。

（1）工作危害分析法（JHA），是一种半定性半定量风险分析法，它适用于作业前的危害分析，能够识别作业中的潜在危险，制定出相应的防范措施，提供作业人员适当的个体防护装置，以防止事故的发生，防止作业人员在作业中受到伤害。此方法简单易行，可操作性强，分解作业步骤清晰，不仅能分析作业人员不规范作业的危害，还能分析作业现场、过程中的潜在危害，对于涉氢场所的作业活动有着很高的适用性。

（2）安全检查表法（SCL），是查找工程系统中各种设备、设施、物料、工件、操作、管理和组织措施中的危险、有害因素，事先把检查对象加以分解，将大系统分割成若干小的子系统，将检查项目列表逐项检查的方法。此方法可根据现有的规章制度、法律、法规和标准规范进行预先编制安全检查表，做到系统、科学、权威，能够准确地做出评价。另外，安全检查表法还可以结合"安全生产责任制"，按照不同对象，使用不同检查表，并结合实际，使用灵活。适用于涉氢场所的设备、设施风险评估。

（3）作业条件危险性评价法（LEC 法），由美国安全专家 K. J. 格雷厄姆和 K. F. 金尼提出，是对具有潜在危险性作业环境中的危险源进行半定量的安全评价方法，用于评价操作人员在具有潜在危险性环境中作业时的危险性、危害性。该方法用与系统风险有关的三种因素指标值的乘积来评价操作人员伤亡风险大小，这三种因素分别是：L（Likelihood，事故发生的可能性）、E（Exposure，人员暴露于危险环境中的频繁程度）、C（Consequence，一旦发生事故可能造成的后果）。给三种因素的不同等级分别确定不同的分值，再以三个分值的乘积 D（Danger，危险性）来评价作业条件危险性的大小，即：$D=L \times E \times C$，D 值越大，说明该系统危险性越大，需要增加安全措施，或改变发生事故的可能性，或减少人体暴露于危险环境中的频繁程度，或减轻事故损失，直至调整到允许范围内。

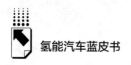

四　燃料电池检验行业发展面临的安全问题及措施建议

（一）燃料电池检测行业发展带来的安全挑战

随着燃料电池技术的不断发展，检测行业的风险也将不断上升，为了更强的产品性能、为了更高的工作效率，在不断研发新产品、新技术的同时也产生了新的风险与不确定，同时，目前燃料电池检测装备国产化势头正猛，国内诸多优秀的氢能企业入局开展氢能检测装备研发。因此在未来燃料电池检测行业将面临新研发的燃料电池产品在新的燃料电池测试台开展测试作业的局面，发生异常的可能性大大提升，因此整个氢能检测行业将面临严峻的安全风险挑战。下面将从燃料电池产品新技术、国产化燃料电池检测设备、新建的燃料电池检测实验室、外部的安全监管压力四个方面进行分析，阐述随着整个氢能行业发展，后续燃料电池检测行业即将面临的安全挑战。

1. 燃料电池产品新技术

目前燃料电池需要提高效率，降低氢消耗，减少热管理的负担，追求更好的电堆比功率，更高的额定点效率以及更低的冷启动温度，未来也需要新产品在更高的电压、更高的温度下进行运转，以实现理想的效率，同时受限于关键材料和核心技术未实现自主生产，燃料电池的关键部件主要依靠进口，本土化仍任重道远。

为了达成燃料电池新产品的各项技术指标要求，测试过程中也增加了新的风险，如高低温交变下，材料更容易出现损坏，原本已验证具备良好氢相容性的不锈钢管材，可能会在特殊工况下出现开裂，导致氢气泄漏，甚至起火。更高的温度、更极端的运行环境，在降低成本提升效率的同时也带来了诸多安全挑战，这也必然会增加测试过程中发生异常的可能性，燃料电池检测过程安全保障能力，始终是行业需要投入足够人力、物力予以解决的头等大事。

2. 国产化燃料电池检测设备

燃料电池检测设备国产化是整个行业发展的必经之路，燃料电池测试设备随着氢能行业的发展，现在已经形成产业化，其中系统和电堆测试台架占据了主要的市场，目前随着测试需求的增多，部分企业也开始自主研发测试装备新路径，努力打破少数企业对整个测试设备市场的高占有现状。

新检测产品的开发需要专业的技术支持，同时需要对产品功能安全进行验证，设备需要可靠的软件操作逻辑，保障能够处置各种异常工况，区别于一般设备，涉氢检测设备对自身的可靠性、安全联锁逻辑均有较高的要求，试错成本远高于一般检测行业。特别是设备调试阶段需要重点关注安全联锁系统的有效性，结合实际情况检查急停按钮的有效性。在这个过程中任何疏忽都可能造成无法挽回的后果。因此设备研发全生命周期，需要功能安全专家进行介入，建议引入专业第三方安全机构对测试设备进行安全评估认证。

3. 新建的燃料电池检测实验室

随着燃料电池检测需求的增加，高校、企业均有自建燃料电池检测实验室的动作，示范项目遍地开花，但是能否让项目合规落地，却存在诸多问题。从项目设计阶段，应优先选取具备综合甲级或化工甲级资质的设计单位，但是部分项目出于成本考虑或是项目规模有限，未选取具备相关经验及能力的设计单位，导致从设计阶段，实验室规划布局、安全设施设备布置不合理，这类问题通常是无法在后续运营阶段进行整改的，也直接导致了不合规实验室的出现。在项目建设阶段，国内目前缺乏具备涉氢场所建设经验的专业机构，存在大量价格低廉的分包工程队伍，借助其他企业的资质开展施工作业，因此建设阶段需要重点关注施工队伍的专业能力及施工质量，确认施工与设计符合性及材料一致性，避免出现质量不合格的实验室。任何施工质量问题，都可能在发生异常情况下，造成不可预知的后果。同时，如果设计阶段和施工阶段存在问题，将导致无法通过最终的验收及相关安全评价。目前相关标准法规并不完善，诸多新建不合规且无法安全验收的涉氢实验室建立并开展运营，如果在未来发生涉氢事故，开展事故倒查发现合规问题，势必对整个燃料电池检测行业进行严加管理。因此，能否建设合规的检测现场是基础要求，也是难点要求。

抛开硬件设施要求以外，随着行业发展，新建燃料电池检测现场需要专

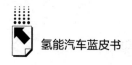

业的技术人员及安全人员对运营予以保障，需要搭建安全管理体系，建立安全标准化体系对日常的风险予以管控，全国各地关于氢能产业的政策要求中均需氢能企业建立双重预防机制，新建涉氢检测实验室需要重点防范较大及以上风险，受限于团队运营经验不足，无法全面识别风险，极易出现各类安全隐患，特别是火灾相关的隐患等问题，如未及时治理，可能导致事故发生。

4.**日益严峻的外部安全监管压力**

国内安全形势严峻，化工领域安全事故频发，又出现大量燃气行业安全事故，燃料电池检测行业，由于在测试过程中使用氢气，必将受到监管部门的重点关注，氢气作为二类一项的危险化学品存在较大的火灾风险，尽管检测行业无须取得危化品生产、经营等相关安全许可，但是仍将作为重点企业被重点检查。

（二）燃料电池检测行业安全提升的措施与建议

燃料电池检测行业因氢气的"高"危险性和产品的"低"可靠性，具有区别于一般检测行业的风险，目前各项法规及标准体系正在搭建完善，现阶段存在安全认知盲区，需要高度重视现场运营安全、测试过程安全及氢气使用安全等高风险事项，整个行业需要重视以下几项问题，并持续改善提升。

1.搭建完备的安全管理体系

在整个行业都处于经验积累模式探索的阶段，基于涉氢测试的高危险性，建议燃料电池检测企业建立并运行 ISO 45001&ISO 14001 双体系，通过双体系认证对企业自身的安全管理现状进行扫描，同时建议结合《过程安全管理导则》（AQ/T 3034-2022）的有关要求完善 PSM 管理体系的各级要素，最终结合企业现有的安全体系进行融合，打造符合企业自身安全管理的融合型体系。

基于燃料电池检测行业的特殊性，重点关注危险作业管理、变更管理及相关方管理，随着新技术的发展、新的测试方法的引入，会导致现场改造、实验过程调整、新作业指导等诸多变更事项，需要借助体系的力量予以管控，确保测试业务安全平稳开展。

2. 保证充足的安全资金投入

基于燃料电池检测行业的危险性，需要确保充足的安全资金投入，配备具备专业技能的安全管理团队直接向公司总经理进行汇报。韩国储氢罐测试过程中爆炸的事故引人深思，氢能检测企业需要通过安全投入，加大对人员安全教育、现场安全评估等工作的提升改善，可以借助三方专业的力量，通过安全技术咨询的方式，对企业现场进行评估，对企业全员进行安全意识提升的赋能，配备充足的安全保障装备，定期对氢气浓度监测设备进行检定，只有借助内部、外部的力量共同努力，通过充足的资金驱动，才能够有效地保障企业安全运营的有效落地。

3. 深挖测试过程中的异常未遂事件

燃料电池检测过程中，会出现因测试设备、测试样件、测试现场等因素出现各类异常事件，例如：氢气泄漏、连接失效、残余电流、电堆烧蚀。这类事件会造成实验停止，但并没有造成人员伤害或财产损失，因此无法定义为事故，应定性为未遂事件。如果测试过程发生异常的未遂事件，应基于"四不放过"原则予以分析处理，最常见的未遂事件为氢气泄漏事件，测试过程中在测试现场巡检时会出现环境中存在微量氢气的情况，甚至只有不足20ppm，考虑到手持式氢气检测仪的灵敏性和可靠性，针对长期的微量氢气出现的场所，一定要进行全面排查，找到泄漏源头，及时消除隐患，才能确保运行安全，对隐患的漠视才是最大的隐患，需要引起重视，对测试过程中的异常未遂事件予以复盘。不断改进提升，吃一堑长一智。

4. 打造"安全有感"的测试工程师

区别于传统测试领域的专家工程师，燃料电池检测岗位的测试专家需要具备极强的安全感知及安全能力。从一线发现并解决安全隐患。需要具备从被动的"要我安全"到"我要安全"的安全意识转变，同时需要从"我要安全"到"我会安全"的能力提升，燃料电池测试工程师需要具备专业的氢能知识、熟悉测试设备、能够处理测试过程的异常、能够结合客户需求制

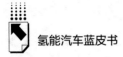

定可靠的测试方案，属于综合型技术人才。企业在打造超级测试工程师的过程中，希望培养全能的六边形战士，可以结合测试过程及结果进行分析，支持研发业务的开展。更重要的是，一线的测试工程师见证了最多产品失效形式及异常情况，燃料电池检测行业需要从一线测试工程师的经验中发掘总结测试过程中安全管理及技术的相关可靠经验。将安全作为首要职责，对测试人员进行明确。因此，营造独立自主的安全氛围，安全有感的影响触达业务一线，才能实现行业平稳发展。

行业的发展进程一定有与其匹配的安全能力发展阶段，可预见的是，未来氢能领域也必将同传统行业一样，会因典型的涉氢事故案例受到冲击和影响，因此唯有提前做好相关的安全准备，《道德经》第六十四章写道："其安易持，其未兆易谋。其脆易泮，其微易散。为之于未有，治之于未乱。"燃料电池检测行业未来面临的安全挑战需要我们企业从现在着手准备，行业初期任何风险都有可能造成巨大的影响，需要我们在尚未出现异常的情况下，提前布局做好准备，才便于对测试过程安全的风险管控。要提前规划，以应对未来的安全风险与挑战。安全工作任重道远，敬天爱人，没有安全一切归零。《道德经》第六十四章同样写道："千里之行始于足下"，与行业各位同人共勉。

应 用 篇

Application Reports

B.11
中国燃料电池汽车市场分析及展望

任海波　孔维峰　张秀丽*

摘　要： 2022 年我国共销售燃料电池汽车 5009 辆，同比增长 164%。
2023 年 1~7 月，我国销售燃料电池汽车 3213 辆，同比增长
98.7%。目前，我国燃料电池汽车车型结构不断丰富，大中型
客车和重型货车占比较高，主销区域以示范城市群为主，市场
竞争格局持续变化，燃料电池汽车系统功率逐年提高，燃料电
池汽车市场正进入快速发展期。随着氢能与燃料电池汽车产业
政策体系逐步完善，燃料电池汽车技术水平和经济性不断提升，
供氢体系加快建设，燃料电池汽车应用场景不断拓展，我国燃
料电池汽车市场将迎来持续快速增长。预计 2023 年我国燃料电
池汽车销量为 8000 辆左右，2024 年我国燃料电池汽车销量将超
过 1.2 万辆。

* 任海波，中汽数据有限公司补能战略室，高级工程师，主要研究方向为氢能与燃料电池汽车
市场；孔维峰，硕士，正高级工程师，北京公共交通控股（集团）有限公司资产管理中心总
经理；张秀丽，中汽数据有限公司补能战略室，工程师，主要研究方向为汽车市场数据分析。

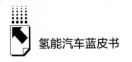
关键词： 燃料电池汽车　氢能　市场预测

一　中国燃料电池汽车市场现状

（一）燃料电池汽车销量走势

1.燃料电池汽车市场仍处于产业发展初期

随着燃料电池汽车示范城市群政策深入实施，各地燃料电池汽车采购需求不断增加，关键技术水平持续提升，核心零部件国产化率不断提高，产业链各环节企业加快发力，我国燃料电池汽车市场正进入快速发展期。2022年我国共销售燃料电池汽车5009辆，同比增长164.0%。2023年1~7月共销售燃料电池汽车3213辆，同比增长98.7%（见图1）。截至2023年7月，我国已累计推广燃料电池汽车超过1.6万辆。不仅北京、上海、嘉兴、唐山、深圳、郑州、天津、广州、佛山等燃料电池汽车示范城市加大推广力度，武汉、重庆、太原等非示范城市也依托产业基础或氢能资源，加快运营燃料电池汽车。

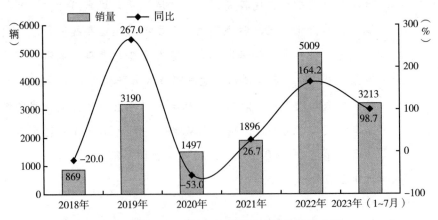

图1　2018~2023年7月燃料电池汽车销量走势

资料来源：中汽数据燃料电池汽车终端销量数据。

2. 近年来燃料电池汽车月度销量同比显著增长

2021 年 9 月，随着燃料电池汽车示范城市群政策开始实施，我国燃料电池汽车销量显著增长。2022 年 6 月以来，燃料电池汽车的销量同比呈现大幅增长的态势。从 2023 年 3 月份开始，燃料电池汽车销量的同比和环比均呈持续增长态势，市场的需求正快速涌现（见图 2）。

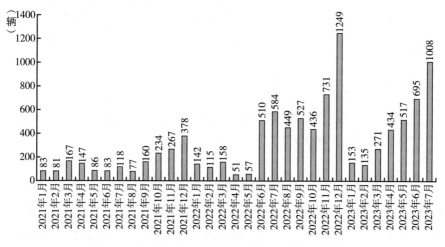

图 2　2021~2023 年 7 月燃料电池汽车销量月度走势

资料来源：中汽数据燃料电池汽车终端销量数据。

（二）燃料电池汽车车型结构不断丰富

1. 燃料电池汽车货车及专用车占比不断增加

由于燃料电池汽车示范政策鼓励中远途、中重型车辆，钢铁、煤炭、建材、渣土运输、冷链运输、环卫作业等企业应用燃料电池汽车的积极性提高，我国燃料电池货车及专用车市场占比持续增加。2022 年燃料电池货车及专用车销量为 3522 辆，同比增长 3.2 倍，占比已达到 70.3%。2023 年 1~7 月，燃料电池货车及专用车销量进一步增至 2286 辆，同比增长 1.1 倍。同时，我国燃料电池乘用车示范应用进程加快推进，2023 年 1~7 月占比已达到 9.3%（见图 3）。

2. 燃料电池汽车车型公告种类更加丰富

近年来燃料电池公告数量显著增加。2022 年，我国新增及变更的燃料

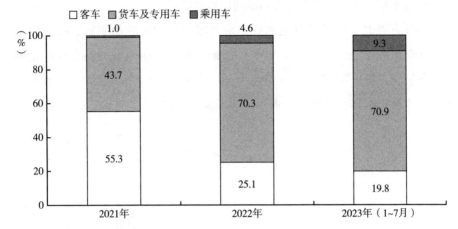

图 3　2021~2023 年 7 月燃料电池汽车车型结构

资料来源：中汽数据燃料电池汽车终端销量数据。

电池车型公告为 390 款，同比有较大幅度增长。2023 年 1~7 月，新增及变更的燃料电池车型公告为 296 款，产品供应丰富。从公告车型种类来看，2022~2023 年燃料电池半挂牵引车和专用车等公告车型显著增加，为燃料电池汽车多元化应用提供了丰富的车型保障（见图 4）。

3. 燃料电池客车以大型车为主，车长分布更加均衡

近两年我国燃料电池客车以大型客车为主，各细分车型不断丰富。2022 年，10 米以上燃料电池客车销量占比超过 88%，比 2021 年有所提高；12 米燃料电池客车占比为 8%，比 2021 年大幅下降了 25 个百分点。2023 年 1~7 月，大量 7 米的燃料电池通勤客车投入运营，占比大幅提升，同时，12 米以上燃料电池客车的占比大幅提升至 25%，燃料电池客车米长段分布更加均衡（见图 5）。

4. 燃料电池货车以重型车为主

近两年，我国燃料电池重型专用车和牵引车、自卸汽车的应用进程明显加快。2022 年，随着渣土运输和短倒运输等车辆得到大力推广，燃料电池半挂牵引车和燃料电池自卸车销量快速增长，销量分别为 1327 辆和 458 辆，同比分别增长 2.5 倍和 34.7%。2023 年 1~7 月，由于轻型燃料电池冷藏车

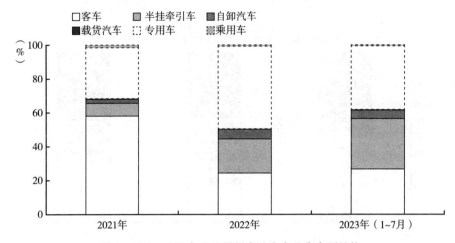

图4　2021~2023年7月燃料电池汽车公告车型结构

资料来源：公告数据。

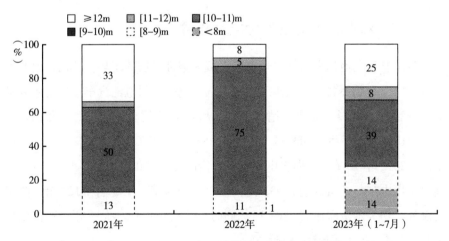

图5　2021~2023年7月燃料电池客车车型结构

资料来源：中汽数据燃料电池汽车终端销量数据。

和保温车加快应用，销量达到696辆，此外还有其他的轻型燃料电池城市物流车销量增长，使7吨以下的车型销量大幅增加，占燃料电池货车销量的41%（见图6）。而燃料电池牵引车和自卸车的销量占比有所下降，尽管同比增长分别达到40%和89%，但相对占比仍然明显下降。

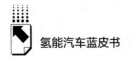

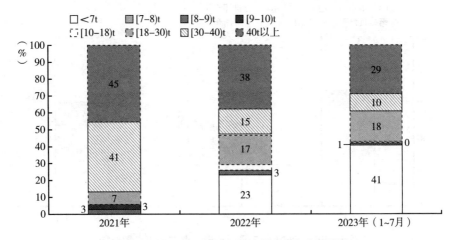

图6　2021~2023年7月燃料电池货车车型结构

资料来源：中汽数据燃料电池汽车终端销量数据。

（三）燃料电池汽车主销区域较为集中

我国燃料电池汽车市场呈现重点区域聚集性发展的态势。目前，财政部等五部门出台的燃料电池汽车示范应用政策仍是燃料电池汽车推广的主要动力，2022年，燃料电池汽车销量前五的城市分别是北京、上海、郑州、嘉兴、唐山，销量分别为889辆、788辆、557辆、238辆和228辆，均为示范城市。2023年1~7月，燃料电池汽车销量前五的城市为上海、北京、武汉、嘉兴、唐山市，销量分别为931辆、620辆、151辆、135辆和124辆，除了武汉外，均为示范城市（见图7）。同时，武汉、长春、太原等非示范城市也开始积极推广应用燃料电池汽车。

（四）燃料电池汽车及系统市场集中度明显提高

1.燃料电池汽车市场集中度明显提高

近两年燃料电池汽车市场格局呈现较大变化。2022年，郑州宇通、北汽福田、佛山飞驰销量位居前三，销量分别为804辆、659辆和538辆。2023年1~7月，销量前三名的企业为苏州金龙、北汽福田和上汽大通，销

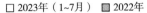

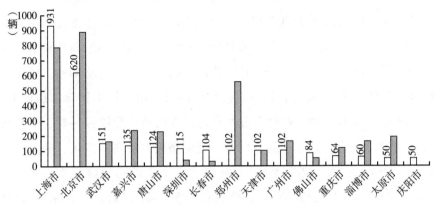

图7 2022~2023年7月燃料电池汽车主销区域

资料来源：中汽数据燃料电池汽车终端销量数据。

量分别为317辆、287辆和270辆（见图8）。

从行业集中度来看，2023年1~7月行业前三名企业市场份额为26.5%，比2022年下降了13.5%；2023年1~7月行业前十名企业市场份额为73%，比2022年增加了4.4%。

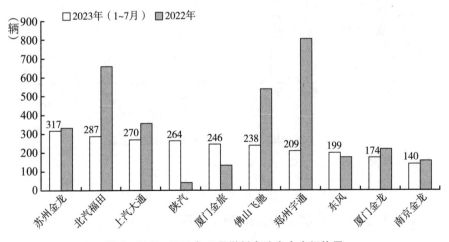

图8 2022~2023年7月燃料电池汽车市场格局

资料来源：中汽数据燃料电池汽车终端销量数据。

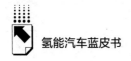

2.燃料电池系统市场格局呈现快速变化

目前燃料电池系统企业在燃料电池汽车的推广中发挥了重要作用,随着燃料电池系统供给企业数量不断增加、系统技术水平不断提高和成本快速下降,燃料电池系统竞争格局持续快速变化。2022年,亿华通、重塑科技、国鸿氢能、捷氢科技、国氢科技配套的燃料电池汽车销量位居前五,而2023年1~7月,燃料电池系统配套量前五的企业为捷氢科技、重塑科技、国鸿氢能、亿华通、未势能源等,企业格局发生明显变化(见图9)。从市场集中度来看,2023年1~7月前三名企业市场份额为45.8%,比2022年下降了3.1%;2023年1~7月前十名企业市场份额为78.9%,比2022年提高了3.8%。未来随着技术水平持续突破,市场份额将进一步向优势头部企业集中。

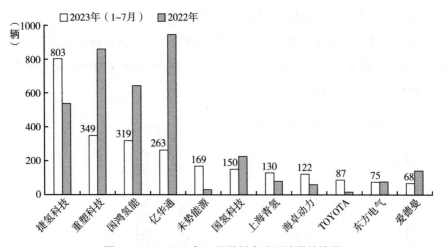

图9 2022~2023年7月燃料电池系统供给格局

资料来源:中汽数据燃料电池汽车终端销量数据。

(五)燃料电池汽车系统功率逐年提高

近年来,随着技术水平不断提升以及车辆重型化趋势加快,我国燃料电池系统大型化趋势明显,系统额定功率逐年大幅提高。2022年,燃料电池系统功率在80kW以上的车型销量已占到近83.8%，而2023年1~7月，这一占比进一步提升到90%，比2020年的18%大幅提升了72个百分点（见图10）。随着更大功率燃料电池电堆和系统不断投放，未来燃料电池系统功率还将进一步提升。

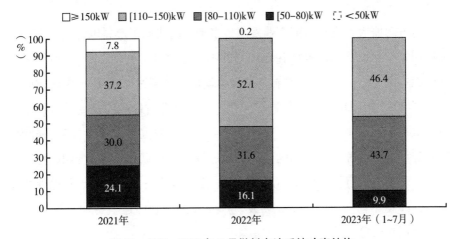

图10 2021~2023年7月燃料电池系统功率结构

资料来源：中汽数据燃料电池汽车终端销量数据。

二 燃料电池汽车市场影响因素

近两年，我国氢能与燃料电池汽车产业政策体系初步构建，燃料电池汽车的经济性、技术水平、产品质量快速提升，关键零部件国产化率不断提高，氢能供给体系加快建设，为燃料电池汽车的规模化应用奠定了坚实基础。

（一）我国氢能与燃料电池汽车产业政策体系初步构建

2022年至2023年7月，我国共发布各类中央层面的氢能与燃料电池相关的政策60余项，各地方政府发布氢能与燃料电池相关的政策370余项，氢能与燃料电池汽车产业的支持政策体系加快完善。

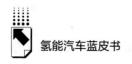

我国中央政府层面的氢能政策体系初步构建。目前，中央层面氢能政策已经覆盖氢能产业发展中长期规划、燃料电池汽车示范应用、科技创新、产业化突破、标准修订及国外先进产品投资，以及氢能在能源、石化、合成氨、钢铁、电力装备等工业领域的应用，为氢能与燃料电池汽车产业发展提供了顶层政策保障。

地方政府大力支持氢能产业发展。多地政府明确了燃料电池汽车推广目标和加氢站建设目标，根据各地规划的不完全统计，到2025年各地将累计推广燃料电池汽车11万辆左右，累计建设加氢站超过1200座。多地政府还提出了2025年制氢目标或氢能多元化目标，部分省级政府规划的可再生能源制氢目标已近100万吨/年，主要在河北、内蒙古、吉林、甘肃、青海、宁夏等可再生能源丰富的地区。部分地区提出热电联供，及燃料电池叉车、船舶、轨道交通目标，仍是小规模示范。多地政府发布氢能与燃料电池产业补贴，涉及车辆购置、运营、研发、产业发展、制储运氢、加氢站建设运营、行业平台等环节。

（二）燃料电池汽车产业链加快完善

在政策和市场驱动下，国内企业积极开展氢能全产业链布局。目前，国内已有48家央企布局氢能，其中布局制氢领域的有18家、布局储氢领域的有16家、布局运氢领域的有12家、布局加氢领域的有17家、布局氢能应用的有39家，有120余家上市公司布局氢能与燃料电池汽车产业，产业链各环节企业超过3000家。尤其是一大批龙头企业布局较为薄弱的可再生能源制氢和加氢领域，有利于加强产业发展的氢能供给保障。

目前，国内自主可控较为完整的产业链基本成型。产业链各环节均已有较强实力的国内企业布局。燃料电池汽车方面，MPV及全系列商用车均有燃料电池汽车投入应用，示范应用场景和规模不断扩大。燃料电池系统和电堆大功率、长寿面趋势明显，以国产产品为主，一级零部件基本全面国产化。燃料电池空压机、氢气循环系统以国产化产品为主，技术水平持续提升，成本大幅下降。膜电极已经基本解决科学及工程挑战，全面国产化，正降低成本、提高耐久性和一致性。双极板实现全面国产化和商业化大规模生产。我国车载储氢系统主要以Ⅲ型瓶为主,技术较为成熟,已全面实现国产化。而我国质子交换膜、催化剂和碳纸基本依赖进口,国产化率较低,但均已有国内企业生产。我国燃料电池汽车中使用的碳纤维、传感器、管阀件等仍主要依赖进口,但目前这些零部件已有国内企业开始布局,并小批量生产和应用。

(三)燃料电池汽车竞争力逐步提高

我国燃料电池汽车成本正处于快速下降期,未来降本潜力仍然较大。2022年,燃料电池系统成本已降至3000元/kW,2023年上半年降至2500元/kW,预计2025年可降至1000元/kW,2030年可降至500元/kW,将带动整车成本持续大幅下降。另外,车载储氢系统成本下降较慢,目前储存一公斤氢的储氢系统成本约为6000元,随着碳纤维、瓶阀等国产化率提高,Ⅳ型瓶应用,未来仍有较大的下降潜力。

燃料电池技术水平快速提升。燃料电池续驶里程、寿命将进一步增加,氢耗将持续下降。目前燃料电池系统寿命约为2万小时,预计2025年可达到2.5万小时,2030年可达到2.5万~3万小时。2023年,燃料电池系统功率超过110kW的车型销量已达到46%,国内已有240kW以上燃料电池系统,平均发电量达18.2kWh/kg(H2),效率区大于50%占比达85%,质量功率比密度达820W/kg。同时,已有企业推出功率达300kW的电堆新产品,大功率趋势明显。车辆续驶里程显著提高,尤其是重卡已普遍达到300公里。

终端氢气价格较为稳定,长期下降压力大。目前终端氢气价格补贴后,很多城市在35元/kg左右,未来需降至25元/kg,才有一定的用车优势。未来需从制氢、储运氢各方面全面降低成本。随着可再生能源电价下降、50MPa长管拖车的应用、管道输氢的应用,未来终端氢气的价格将能支撑燃料电池汽车用车优势。

(四)清洁高效的车用供氢体系加快推进

我国可再生能源制氢规模快速提高。据不完全统计,2023年上半年,

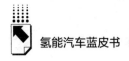

我国已建成的可再生能源制氢项目超 40 个。可再生能源制氢规模不断提高，为氢气供应提供了坚实保障。同时，未来可再生能源电价达到 0.15 元/kWh 时，可再生氢的价格将能支撑燃料电池汽车用氢经济性优势。

储运氢方式逐步突破。2023 年，多地输氢管道开始建设或投入运营，国家管网集团在哈密完成我国首次高压力多管材管道纯氢试验；中国石油完成全尺寸螺旋焊管长周期高压高比例掺氢试验，高压 6.3Mpa 掺氢比例达到 20%；玉门油田首条中长距离输氢管道正式对外输氢。此外，国内 30MPa 氢气管束式集装箱成功下线，未来百公里运氢成本将显著下降。

加氢基础设施逐步完善。根据氢能联盟数据，截至 2023 年 6 月，我国累计建成并运营加氢站数量达到 385 座。多个地方加氢站运营管理规范已经明确，为加氢站建设和运营提供制度支撑。多地探索在化工园区外制取车用氢气，广东推动加氢站内电解水制氢，并给予优惠电价支持政策。制氢加氢一体化站不断涌现，更大加氢能力加氢站不断投放，我国加氢基础设施正逐步完善。

（五）燃料电池汽车终端市场需求将加快释放

随着燃料电池汽车车型公告逐渐丰富，车型种类更加完善，燃料电池汽车多元应用场景加快推进。

燃料电池公路客运和通勤客车批量化投入运营，2022 年非公交占燃料电池客车的比例达到 33%，而 2023 年 1~7 月，非公交占比达到了 53%。燃料电池汽车在冷链运输场景的应用加快，2022 年燃料电池冷藏车保温车快速增长，销量超过 1100 辆，同比增长超过 20 倍；而 2023 年 1~7 月，冷藏保温车销量达到 745 辆，同比增长 172%。燃料电池重卡在建筑材料运输、钢厂内短途倒转、渣土车运输、环卫作业等场景的应用明显加快，2022 年燃料电池重卡销量同比增长 264%，2023 年 1~7 月燃料电池重卡销量又进一步增长 97%。燃料电池乘用车开始规模化示范应用，2022 年至今，已有 500 辆燃料电池乘用车在北京、上海、长春等地投入运营，探索城市内出租及公务用车场景。

随着燃料电池汽车示范城群市政策有序开展，终端市场需求将逐步释放。四年示范期内，五大城市群共推广各类燃料电池汽车3.5万辆，预计2024年各地燃料电池汽车推广力度将进一步增大。此外，多个非示范城市出台资金支持政策，用户购买应用燃料电池汽车的积极性逐步提高，燃料电池汽车市场将迎来快速发展。

三 中国燃料电池汽车市场展望

（一）燃料电池汽车市场将迎来快速增长

随着燃料电池汽车成本不断下降、技术水平持续提升，氢能供应体系逐步完善，燃料电池汽车示范城市群政策深入实施，非示范城市群加大支持力度，补贴背景下燃料电池汽车全生命周期的经济性有望形成一定优势，我国燃料电池汽车将迎来持续快速增长。预计2023年燃料电池汽车销量约在8000辆左右，2024年燃料电池汽车销量将超过1.2万辆（见图11）。

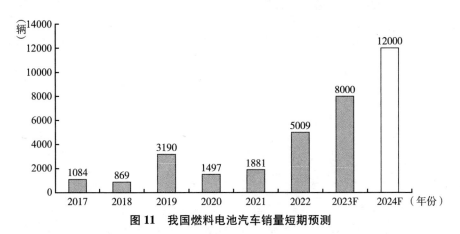

图11 我国燃料电池汽车销量短期预测

资料来源：中汽数据燃料电池汽车终端销量数据。

（二）燃料电池汽车多元化应用加快推进

我国燃料电池汽车应用场景多元化趋势明显，城市公交及团体客车通

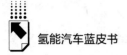

勤、长途客运、冷链运输、短倒运输、渣土运输、环卫作业、市内公务用车及出租等场景用车需求快速增加。

在具体车型方面，燃料电池大型客车、冷藏车和保温车、牵引车和自卸车、环卫车等细分车型将快速发展，燃料电池汽车的系统功率、续驶里程将逐步提升，氢耗将进一步下降，产品竞争力将进一步提高。

（三）全产业链商业模式正加快探索

随着燃料电池汽车技术水平和经济性快速提高，燃料电池汽车产业发展的制约因素逐步聚焦在氢能供给的经济性上。预计2024年全产业链的商业模式将加快创新，着力破解这一制约因素。站内电解水制氢等制氢加氢一体化站、非化工园区可再生能源制氢的车辆规模化应用、"氢-站-车"一体化运营、管道输氢和30MPa及以上长管拖车输氢等将加快推进。同时，行业内还将探索更换车载储氢瓶等用车模式，推动燃料电池汽车的用车优势加快形成。

B.12
氢燃料重型牵引车生命周期碳排放研究

刘焕然　齐亮　刘頔　常维　孔希　卢林峰　孙晓行 *

摘　要： 本文从全生命周期角度分析了氢燃料电池汽车对实现汽车工业、交通运输业碳达峰、碳中和的战略意义。结果显示，柴油、常规混合动力及天然气重型牵引车的减排潜力有限，而随着氢燃料技术的进步和规模化生产，氢气生产和储存过程中的碳排放得到有效控制，氢燃料电池具备成为零排放车辆的潜力。中长期来看，氢燃料电池路径为重型牵引车部门脱碳的有效技术路径，相关管理部门应加强政策和法规对氢燃料重型牵引车发展的引导，促进氢燃料技术的研究和应用。

关键词： 碳达峰碳中和　重型牵引车　氢燃料电池　生命周期评价

一　氢燃料重型牵引车生命周期碳排放核算方法

生命周期评价（Life Cycle Assessment，LCA）是一种系统化、全面的方

---

* 刘焕然，工程师，中汽碳（北京）数字技术中心有限公司，主要研究方向为碳资产开发与效益分析、商用车生命周期碳排放研究；齐亮，工程师，中汽碳（北京）数字技术中心有限公司，主要研究方向为绿色金融、新能源汽车双积分；刘頔，高级工程师，中汽碳（北京）数字技术中心有限公司，主要研究方向为新能源汽车政策研究、绿色低碳政策研究；常维，硕士，工程师，中汽碳（北京）数字技术中心有限公司，主要研究方向为产学研创新生态、数智碳一体化技术、产融新模式；孔希，工程师，中汽碳（北京）数字技术中心有限公司，主要研究方向为绿色低碳政策研究；卢林峰，助理工程师，中汽碳（北京）数字技术中心有限公司，主要研究方向为绿色低碳政策研究、行业环境社会与治理（ESG）研究；孙晓行，中汽碳（北京）数字技术中心有限公司，主要研究方向为绿色金融、可持续发展。

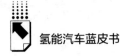

法，用于评估产品或服务从原材料采购、生产、使用到废弃处理的整个过程中对环境和社会的影响。它旨在识别和量化产品或服务在各个阶段的环境影响，以便在决策过程中考虑这些影响，从而优化产品设计和使用方式，减少对环境的负面影响。本章应用生命周期评价（Life Cycle Assessment，LCA）方法核算了氢燃料商用车生命周期碳（温室气体）排放，核算对象为《京都议定书》中规定的七种温室气体，包括 CO_2、CH_4、N_2O、HFCs、PFCs、SF_3 和 NF_3 在内的温室气体排放。

本文依据中汽碳（北京）数字技术中心有限公司开发的中国汽车生命周期数据库（China Automotive Life Cycle Database，CALCD），中国汽车生命周期评价-商用车模型（China Automotive Life Cycle Assessment Model-CV，CALCM-CV），对氢燃料重型牵引车进行生命周期碳排放核算。

（一）目的和范围的确定

本文的功能单位为一辆货车每载重一吨行驶一公里（1t·km）所提供的运输服务。根据商务部、发改委、公安部联合发布的《机动车强制报废标准规定》第七条，国家对达到一定行驶里程的机动车引导报废，其中，中、轻型载货汽车行驶 600000km，重型载货汽车（包括半挂牵引车和全挂牵引车）行驶 700000km，可对其进行引导报废。根据以上规定，本研究设定的重型牵引车生命周期行驶里程为 700000km。

本文所评估的重型商用车的生命周期范围包括从车辆制造到废弃处置的整个阶段，包括车辆生产和燃料使用两个主要周期。在车辆生产周期方面，我们考虑了原材料采购、零部件加工制造和整车组装等各个环节。而在燃料使用周期方面，我们重点关注了从燃料生产即"油井到车轮（Well to Wheels，WTW）"到燃料注入商用车的使用（Pump to Wheels）过程。对于氢燃料电池车来说，这个周期还包括氢气的制取和运输等环节。通过这些阶段的综合评估，我们可以全面了解商用车在整个生命周期内对环境和社会的影响，为优化产品设计和使用方式提供科学依据。

原材料和零部件等的运输过程、商用车生产用设备制造、厂房建设等基础设施、电池包及轮胎等零部件的替换不包括在边界范围内。商用车生命周期碳排放核算的系统边界如图1所示。

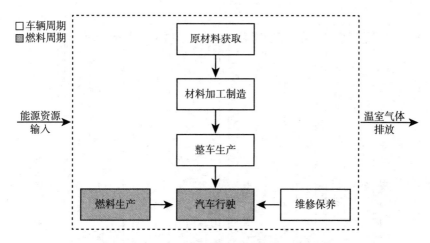

图1　商用车生命周期碳排放核算系统边界

原材料获取及材料加工制造阶段，根据生命周期评价普遍做法，本研究将材料重量比重或碳排放占比大于各部分1%的材料纳入核算范围，如图2所示。

（二）计算方法

氢燃料重型牵引车生命周期单位行驶里程碳排放量按式（1）进行计算：

$$C = (C_{vehicle} + C_{fuel})/(L \times TW) \times 1000 \tag{1}$$

式中：

C——重型牵引车生命周期单位行驶里程的碳排放量，单位为克二氧化碳当量每吨千米（$gCO_2e/t \cdot km$）；

$C_{vehicle}$——车辆周期碳排放量，单位为千克二氧化碳当量（$kgCO_2e$）；

C_{fuel}——燃料周期碳排放量，单位为千克二氧化碳当量（$kgCO_2e$）；

L——氢燃料重型牵引车生命周期行驶里程，单位为千米（km）；

TW——氢燃料重型牵引车最大牵引质量，单位为吨（t）。

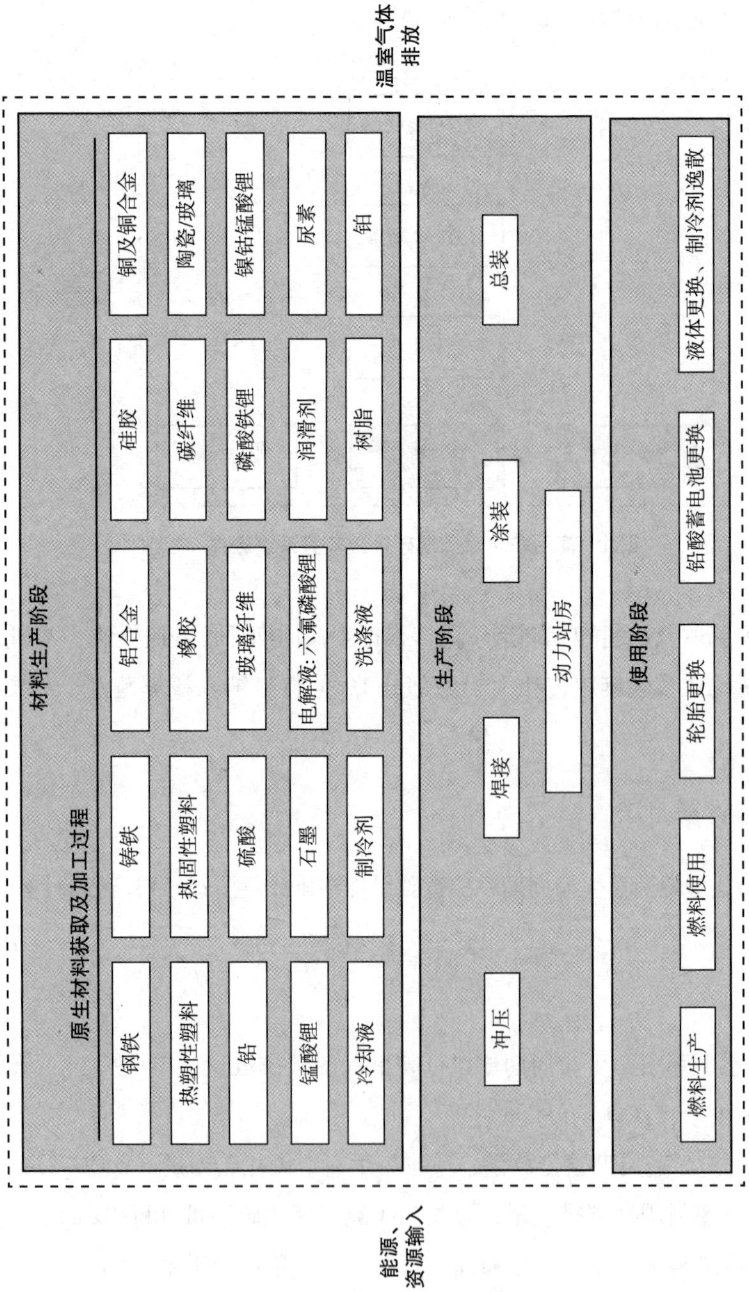

温室气体
排放

材料生产阶段

原生材料获取及加工过程

钢铁	铸铁	铝合金	硅胶	铜及铜合金
热塑性塑料	热固性塑料	橡胶	碳纤维	陶瓷/玻璃
铅	硫酸	玻璃纤维	磷酸铁锂	镍钴锰酸锂
锰酸锂	石墨	电解液:六氟磷酸锂	润滑剂	尿素
冷却液	制冷剂	洗涤液	树脂	铂

生产阶段

| 冲压 | 焊接 | | 涂装 | 总装 |
| | | 动力站房 | | |

使用阶段

| 燃料生产 | 燃料使用 | 轮胎更换 | 铅酸蓄电池更换 | 液体更换、制冷剂逸散 |

能源、
资源输入

图 2　氢燃料重型牵引车生命周期碳排放核算系统边界

1. 车辆周期

车辆周期包括原材料阶段及整车生产阶段 2 个部分。原材料获取阶段碳排放量应按式（2）进行计算：

$$C_{Materials} = \sum M_{material\ i} \times CEF_{material\ i} \tag{2}$$

式中：

$C_{Materials}$——原材料阶段的碳排放量，单位为千克二氧化碳当量（$kgCO_2e$）；

$M_{material\ i}$——第 i 种材料的重量，单位为千克（kg）；

$CEF_{material\ i}$——第 i 种材料的碳排放因子，单位为千克二氧化碳当量（$kgCO_2e$）；

整车阶段碳排放量应按式（3）进行计算：

$$C_{Production} = \sum (E_r \times CEF_r + E_r \times NCV_r \times CEF'_r) + M_{CO_2} \tag{3}$$

式中：

$C_{Production}$——整车生产阶段碳排放量，单位为千克二氧化碳当量（$kgCO_2e$）；

E_r——能源或燃料 r 的外购量，单位为千瓦时（kWh）、立方米（m^3）或千克（kg）等；

CEF_r——能源或燃料 r 生产的碳排放因子，单位为千克二氧化碳当量每千瓦时（$kgCO_2e/kWh$）、千克二氧化碳当量每立方米（$kgCO_2e/m^3$）或千克二氧化碳当量每千克（$kgCO_2e/kg$）；

CEF'_r——能源或燃料 r 使用的碳排放因子，单位为吨二氧化碳当量每吉焦（tCO_2e/GJ）；

NCV_r——能源或燃料 r 的平均低位发热量。单位为吉焦每吨（GJ/t）、吉焦每万立方米（$GJ/10^4m^3$）；

M_{CO_2}——焊接过程中产生的 CO_2 逸散的量，单位为千克二氧化碳当量（$kgCO_2e$）。

2. 燃料周期

燃料周期包括燃料生产阶段、燃料使用阶段及零部件、液体更换等碳排

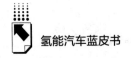

放，燃料周期阶段碳排放量按式（4）进行计算：

$$C_{fuel} = C_{Fuelproduction} + C_{Fueluse} + C_{parts} \tag{4}$$

式中：

C_{fuel}——燃料周期段碳排放量，单位为千克二氧化碳当量（$kgCO_2e$）；

$C_{Fuelproduction}$——氢燃料生产的排放量，单位为千克二氧化碳当量（$kgCO_2e$）；

$C_{Fueluse}$——氢燃料使用过程的碳排放量，单位为千克二氧化碳当量（$kgCO_2e$）；

C_{parts}——使用阶段由于零部件、液体更换产生的碳排放量，单位为千克二氧化碳当量（$kgCO_2e$）；

氢燃料商用车燃料生产的碳排放量按式（5）进行计算：

$$C_{Fuelproduction} = FC \times CEF_{Fuel} \times L/100 \tag{5}$$

式中：

$C_{Fuel\ production}$——氢燃料生产的排放量，单位为千克二氧化碳当量（$kgCO_2e$）；

FC——氢燃料消耗量，单位为千克每百公里（kg/100km）；

CEF_{Fuel}——氢燃料生产的碳排放因子，单位为千克二氧化碳当量每千克（$kgCO_2e/kg$）；

L——氢燃料重型牵引车生命周期行驶里程，单位为千米（km）；

使用阶段由于零部件、液体更换产生的碳排放量按式（6）进行计算：

$$C_{parts} = \sum (M_{parts\ i} \times CEF_{partsl\ i}) \times R_{parts\ i} \tag{6}$$

式中：

$C_{parts\ i}$——使用阶段由于零部件、液体更换产生的碳排放量，单位为千克二氧化碳当量（$kgCO_2e$）；

$M_{parts\ i}$——更换零部件材料、液体 i 的重量，单位为千克（kg）；

$CEF_{partsl\ i}$——零部件材料、液体 i 的碳排放因子，单位为千克二氧化碳当量每千克（kgCO$_2$e/kg）；

R$_{parts\ i}$——零部件、液体 i 的更换次数。

（三）生命周期清单数据

本研究中氢燃料重型牵引车清单数据来自中国汽车生命周期评价-商用车模型汽车生命周期评价模型（China Automotive Life Cycle Assessment Model-CV，CALCM-CV），是来自对最大牵引重量在 49t 左右的国内销量较高的多款氢燃料重型牵引车数据的平均值。本研究中将氢燃料重型牵引车的生命周期碳排放分为车辆周期与燃料周期两个阶段，车辆周期包括原材料获取、材料加工制造、整车生产三个阶段，燃料周期包括燃料的生产、燃料的使用和零部件、液体更换三个阶段。

1. 车辆周期清单数据

在本研究中，纳入原材料获取阶段核算范围的材料类别见表1。

表1 核算范围内的材料汇总

编号	材料类别	编号	材料类别
1	钢铁	14	硫酸
2	铸铁	15	玻璃纤维
3	铝合金	16	磷酸铁锂
4	铜及铜合金	17	镍钴锰酸锂
5	铂	18	锰酸锂
6	热塑性塑料	19	石墨
7	热固性塑料	20	电解液:六氟磷酸锂
8	橡胶	21	润滑剂
9	树脂	22	刹车液
10	碳纤维	23	冷却液
11	硅胶	24	制冷剂
12	陶瓷/玻璃	25	洗涤液
13	铅		

其原材料获取阶段的清单数据构成如图3所示。

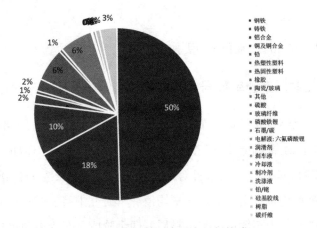

图3 氢燃料重型牵引车材料构成

资料来源：中汽数据有限公司。

整车生产阶段的清单数据来自中国汽车生命周期评价–商用车模型汽车生命周期评价模型（China Automotive Life Cycle Assessment Model-CV，CALCM-CV），生产一辆重型牵引车碳排放为995.1 $kgCO_2e$。

维修保养阶段包括轮胎、铅蓄电池及液体更换，其更换次数按照表2的参数进行设置。

表2 维修保养阶段更换次数

单位：次

更换项目	更换次数	更换项目	更换次数
轮胎更换次数	7	刹车液更换次数	0
铅酸蓄电池更换次数	2	冷却液更换次数	5
锂离子动力蓄电池更换次数	0	制冷剂更换次数	3
氢燃料电池更换次数	0	洗涤液更换次数	0
润滑剂更换次数	31		

资料来源：中汽数据有限公司。

2. 燃料周期清单数据

本研究中氢燃料重型牵引车的氢燃料消耗量来源于具体场地数据，在测试工况下，氢燃料重型牵引车的百公里氢耗为14kgH_2。

二 氢燃料重型牵引车生命周期碳排放分析

本章依据第一章所描述的氢燃料重型牵引车生命周期碳排放核算方法，计算了氢燃料重型牵引车的生命周期碳排放，计算结果分为车辆周期与燃料周期两个阶段。

（一）氢燃料重型牵引车车辆周期碳排放量

如下图 4 所示，氢燃料重型牵引车车辆周期共排放 72688.4kgCO$_2$e。从碳排放构成来看，部件材料的碳排放占整个车辆周期碳排放的 52%。这一明显特征与重型牵引车为了保证结构稳定和承载能力而使用的大量钢铁和铝合金有关。氢燃料系统重量约占整备质量的 2%，但其碳排放占车辆周期碳排放的 3.7%，这与其使用了大量的铝合金有关，其碳排放因子较高。同时，氢燃料重型牵引车搭载的锂离子动力蓄电池碳排放占比 4.6%，是不可忽略的碳排放来源。

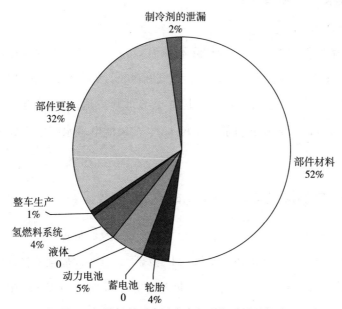

图 4 氢燃料重型牵引车车辆周期碳排放构成

资料来源：中汽数据有限公司。

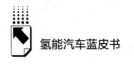

（二）氢燃料重型牵引车燃料周期碳排放量

氢燃料重型牵引车燃料周期碳排放量与氢能供给来源关系密切。本节分别计算在煤制氢、蒸汽甲烷重组制氢、氯碱工业副产氢、焦炉气副产氢、生物制氢、风能电解水制氢六种制氢技术路线下氢燃料重型牵引车的燃料周期的碳排放量。不同类型制氢路线下，氢能的碳排放强度如表3所示。

表3　不同制氢方式碳排放因子

制氢方式	碳排放强度	单位
煤制氢	34.4	$kgCO_2e/kgH_2$
蒸汽甲烷重组制氢	15.8	$kgCO_2e/kgH_2$
氯碱工业副产氢	5.5	$kgCO_2e/kgH_2$
焦炉气制氢	18.1	$kgCO_2e/kgH_2$
生物制氢	9.6	$kgCO_2e/kgH_2$
风能电解水制氢	4.9	$kgCO_2e/kgH_2$

资料来源：中汽数据有限公司。

计算结果如图5所示，采用煤制氢方式，燃料周期碳排放量最高，为3311 tCO_2e；在目前主要制氢方式焦炉气制氢下，燃料周期碳排放其次，排放1742 tCO_2e；氯碱工业副产氢及风能电解水制氢是较为清洁的制氢方式，在氯碱工业副产氢方式下排放529 tCO_2e，在风能电解水制氢方式下，排放472 tCO_2e。

（三）氢燃料重型牵引车全生命周期碳排放量

如图6所示，在化石燃料制氢技术路线下，氢燃料重型牵引车全生命周期碳排放量较高。尤其是在煤制氢技术路线下，全生命周期单位周转量碳排放为124.9$gCO_2e/t \cdot km$，其燃料周期占全生命周期的97.9%；在焦炉气制氢技术路线下，全生命周期单位周转量碳排放为66.9$gCO_2e/t \cdot km$，其燃料周期占全生命周期的96.1%；在氯碱工业副产氢技术路线下，全生命周期

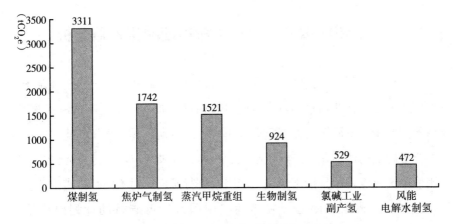

图5 氢燃料重型牵引车燃料周期碳排放

资料来源：中汽数据有限公司。

单位周转量碳排放为 22.1$gCO_2e/t \cdot km$，其燃料周期占全生命周期的 88.2%；在风能电解水制氢技术路线下，全生命周期单位周转量碳排放为 20.0$gCO_2e/t \cdot km$，其燃料周期占全生命周期的 87.0%。由此可见，随着制氢技术的清洁化发展，燃料周期占生命周期碳排放的比例将随之下降。

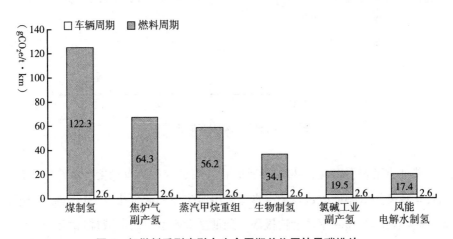

图6 氢燃料重型牵引车生命周期单位周转量碳排放

资料来源：中汽数据有限公司。

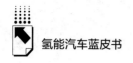

三　氢燃料重型牵引车生命周期减排效益分析

为了评估不同减排路径下氢燃料重型牵引车的减排效果，本研究基于一系列权威报告、行业信息、学术研究以及内部分析，设定了不同减排参数，评估不同情景下不同燃料类型重型牵引车生命周期碳排放强度变化。本研究中主要考虑电网清洁化、燃料脱碳化、材料效率提升、车辆生产能效提升、车辆使用能效五种减排措施作为影响因素进行研究，对不同减排措施的参数设定选取中汽数据有限公司发布的《中国汽车低碳行动计划研究报告（2022）》基准、中度和强化三种减排情景下的数值，各燃料类型重型牵引车减排路径如图7~图11所示。

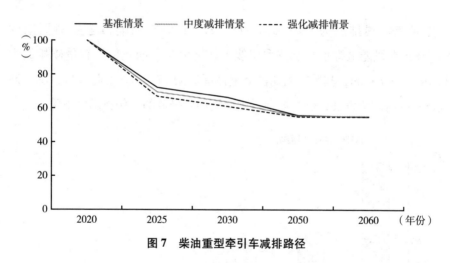

图7　柴油重型牵引车减排路径

柴油重型牵引车：在2030年前，由于材料效率、车辆生产能效的提升，以及车辆使用效率的改进，柴油重型牵引车生命周期碳排放快速下降，但受制于内燃机车的热效率的理论极限，柴油重型牵引车后期减排乏力。

常规混重型牵引车：与柴油重型牵引车相似，在2030年前，由于材料效率、车辆生产能效的提升，以及车辆使用效率的改进，生命周期碳排放快速下降，但后期同样受制于内燃机车的热效率的理论极限。

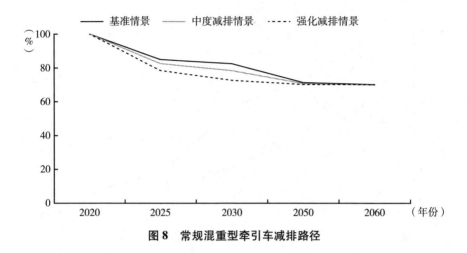

图 8　常规混重型牵引车减排路径

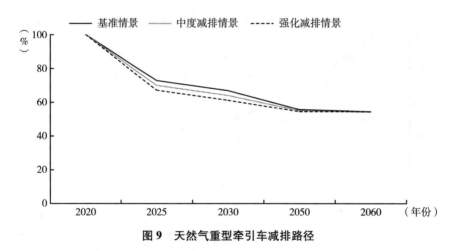

图 9　天然气重型牵引车减排路径

天然气重型牵引车：与柴油、常规混重型牵引车相似，在 2030 年前，由于材料效率、车辆生产能效的提升，以及车辆使用效率的改进，生命周期碳排放快速下降，但后期同样受制于内燃机车的热效率的理论极限。

纯电动重型牵引车：不同于内燃机重型牵引车，随着电网清洁化程度不断加深，纯电动重型牵引车是具备成为零排放车辆潜力的，三种情境下，生命周期碳排放相较于 2020 年下降超 90%。

氢燃料重型牵引车：生命周期减排路径与纯电动重型牵引车相似，前期

189

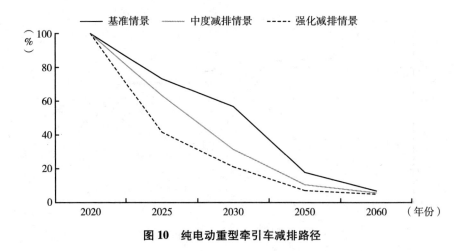

图 10　纯电动重型牵引车减排路径

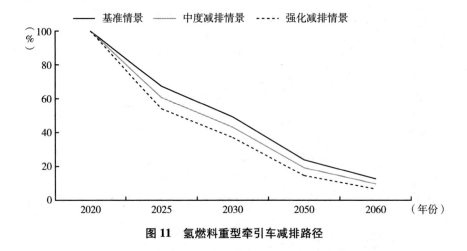

图 11　氢燃料重型牵引车减排路径

在材料效率、车辆生产能效的提升，以及车辆使用效率的改进下排放大幅下降。2030 年之后随着制氢工艺清洁化水平的不断提升，在 2060 年生命周期碳排放水平达到 2020 年的 10%左右。

综合以上五种燃料类型车辆生命周期碳减排路径及三种情景参数设定，对柴油重型牵引车、常规混重型牵引车、天然气重型牵引车、纯电动重型牵引车、氢燃料重型牵引车（可再生能源电解水）在 2025、2030、2050、2060 年的碳排放强度做出预测。预测结果如图 12 所示。

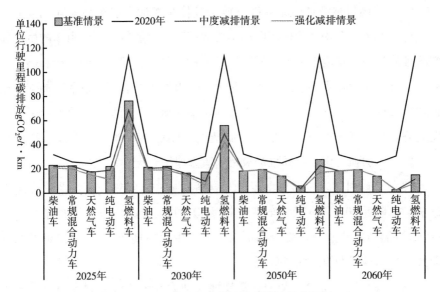

图12　重型牵引车生命周期碳排放强度预测

资料来源：中汽数据有限公司。

从全生命周期看，每种燃料类型车辆都呈现出稳步下降的趋势，但柴油、常规混合动力及天然气三种内燃机车受限于热效率理论极限，2030年后减排幅度不明显。随着电力清洁化及制氢工艺清洁化工作的推进，氢燃料重型牵引车及纯电动重型牵引车的减排优势逐步凸显，至2060年两种燃料类型重型牵引车生命周期碳排放下降幅度均超90%。对于氢燃料重型牵引车，当氢能来源为混合方式时，其碳减排效果相较于其他类型重型牵引车优势不大，这主要由于氢能来源大多仍为化石能源制氢，随着制氢方式的优化，例如在使用可再生能源电解水制氢方式下，氢燃料重型牵引车具备更好的碳减排效益。

四　结论

氢燃料电池汽车对实现汽车工业、交通运输业碳达峰、碳中和具有战略意义。从全生命周期角度看，本研究得到以下几点结论。

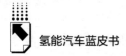

（1）氢燃料重型牵引车的碳排放量较传统燃油牵引车显著降低，其与纯电动重型牵引车均属于使用阶段零排放车型。氢燃料重型牵引车的生命周期碳排放量很大程度上来源于燃料周期的制取阶段，即氢气的生产和储存过程。随着氢燃料技术的进步和规模化生产，氢气生产和储存过程中的碳排放得到有效控制，氢燃料具备成为零排放车辆的潜力。而氢燃料重型牵引车的发展需要多方共同努力，包括汽车制造商、能源供应商、基础设施提供商等。各方应加强合作，共同推动氢燃料重型牵引车产业的发展。

（2）车辆周期阶段，重型牵引车材料构成中，钢铁、铸铁及铝合金占据整车重量近80%，贡献了车辆周期超40%的碳排放。49吨重型牵引车有12条轮胎，每10万公里需全部更换一次，生命周期70万公里需更换共计七次，为车辆周期第二大排放源；

（3）燃料周期阶段，柴油、常规混合动力及天然气重型牵引车受限于内燃机热效率理论极限，减排潜力有限，而随着电力清洁化及氢气制取方式清洁化的进程不断推进，纯电动车和氢燃料电池车具有成为零排放车辆的潜力；

（4）从中长期来看，纯电动及氢燃料电池路径为重型牵引车部门脱碳的有效技术路径，管理部门应加强相关政策和法规对纯电动及氢燃料重型牵引车的扶持，可通过提供税收优惠、补贴等措施，以促进纯电动、氢燃料技术的研究和应用。

区 域 篇
Regional Reports

B.13

京津冀燃料电池汽车示范城市群
发展报告（2023）

王圣鼎　白露　陈梓依　李逸伦　薛晴　王聘玺*

摘　要： 氢能作为一种清洁、高效的可再生能源，是我国未来能源体系的
重要组成部分。为助力实现"碳达峰、碳中和"战略目标，构
建清洁低碳、安全高效的能源体系，我国高度重视氢能产业的发
展。2021年8月，京津冀燃料电池汽车示范城市群（以下简称
京津冀城市群）正式获批，历经两个年度的示范建设，京津冀
城市群已初步实现关键技术自主创新突破、优质产业集群初步构
建集聚、车辆规模化推广应用等多方面示范成效。本文从关键技
术、车辆推广、氢能供应、政策赋能、氢能智慧平台五个方面，
重点阐述京津冀城市群第二年度示范成效，并结合示范推广过程

---

* 王圣鼎，北京交通发展研究院节能减排中心；白露，北京交研都市交通科技有限公司；陈梓
依，中和新兴能源科技研究院；李逸伦，北京交通发展研究院节能减排中心；薛晴，中级工
程师，北京交研都市交通科技有限公司高级项目经理；王聘玺，高级工程师，北京交通发展
研究院节能减排中心主任工程师。

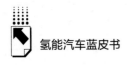

中识别的关键问题，研提京津冀城市群下一步发展建议。

关键词： 京津冀　氢能产业　燃料电池汽车　加氢站

氢能作为一种清洁、高效的可再生能源，近年来得到全球范围内的广泛关注和大力推动，并将在未来能源体系中发挥重要作用。在气候变化和能源转型的发展背景下，自第 21 届联合国气候变化大会起，全球 190 余个国家就"碳中和"战略目标达成共识，作为发展清洁能源以降低温室气体排放的可落地推进路径之一，氢能逐步进入全球关注视野。以美国、欧洲、日本、韩国等为主的工业化国家和地区，将氢能纳入国家能源战略规划，氢能产业进入快速增长的黄金发展时期。

我国碳排放总量大、强度高，实现双碳战略目标任重道远，为加快推进能源转型进程，需要全面提升清洁能源消费比重。因此，我国对氢能发展给予高度关注，发布一系列政策推动和促进氢能产业高质量发展。2020 年 12 月，工业和信息化部印发的《"十四五"工业绿色发展规划》，明确提出"要加快氢能技术创新和基础设施建设，推动氢能多元利用"。我国将交通应用场景作为氢能产业化的关键切入点。2021 年 8 月，财政部、工业和信息化部、科技部、国家发展改革委、国家能源局联合印发《关于启动燃料电池汽车示范应用工作的通知》，京津冀、上海、广东 3 大城市群正式启动示范工作。2022 年 3 月，国家发展改革委、国家能源局联合印发《氢能产业发展中长期规划（2021—2035 年）》并提出，氢能是未来国家能源体系的重要组成部分，是用能终端实现绿色低碳转型的重要载体，氢能产业是战略性新兴产业和未来产业的重点发展方向。

自启动示范建设以来，京津冀城市群已完成第一、二年度的示范工作。第一年度初步形成"有技术突破、有场景规模、有能源补给、有政策体系、有组织机制、有数字平台"的"六有"局面，各项示范任务进展顺利，氢能产业发展初见成效。第二年度，京津冀城市群稳步推进相关工作，在车辆推广、氢能应用等方面取得不错进展。在加速引领我国燃料电池汽车示范应用的同时，积极推动燃料电池汽车产业技术自主突破，不断探索和优化商业模式，持续打造优良的示范环境，为燃料电池汽车示范推广提供经验借鉴。未来，京津冀城市群将继续发挥示范作用，为我国氢能产业的发展做出更大贡献。

一　第二年度示范进展

京津冀城市群通过提高核心技术自主创新能力、优化产业链和产业集群、加强区域协同发展，已初步实现关键零部件技术国产化、优质产业集群构建、车辆推广应用等多项示范目标。同时，经 12 个参与城市在政策协同、资源整合、技术创新等多方面的通力协作，进一步实现了城市间的优势互补和协同发展。

（一）关键技术发展突破提升

京津冀城市群在一批优质企业的带领下，逐步形成以高精尖科研院所和企业为主体的燃料电池产业链，不断实现整车开发技术、关键零部件技术层层突破，产品关键指标处于国内领先水平，产业结构日趋完整。截至目前，多家企业在燃料电池发动机系统，膜电极、催化剂、车载氢系统等关键零部件方面如期完成第二年度性能指标任务，并在部分技术层面较第一年度实现性能更优、技术更佳的质量跃升。同时，氢气运输环节相关技术也取得突破性进展，带动全产业链创新发展。

燃料电池发动机系统研发方面，多家企业已可实现高额定功率、高质量比功率、高系统峰值能效、低启动温度、低冷启动时间等"三高两低"关键技术突破。国电投氢能已聚焦催化剂、双极板、膜电极、质子交换膜、碳纸 5 大关键零部件，实现自主化与国产化。爱德曼、国电投氢能、势加透博、亿华通等企业在自主知识产权的国产化开发中取得突破性进展，通过技术创新提高了电堆的功率密度、可靠性和耐久性，提高了膜电极的反应活

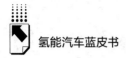
性，在双极板方面进行了轻量化、高强度和低成本化技术研发。京津冀城市群提前实现电堆性能提升目标，国电投氢能电堆单堆额定功率超 150kW，额定体积功率密度超 4.0kW/L。多家零部件企业的努力为燃料电池汽车零部件的技术成熟化、商业化应用提供了更可靠的支撑。

燃料电池汽车整体性能方面，北汽福田、长城汽车等整车开发企业等投入了大量研发力量，致力于提高燃料电池汽车的能效和续航里程等关键性能，通过深入研究和不断优化，燃料电池汽车在能量利用率、续航里程等方面的表现更加出色，北汽福田研发的 49 吨燃料电池液氢重卡续航可实现超1000 公里。整车技术的蓬勃发展不断提高了燃料电池汽车性能的可靠性和市场竞争力。

氢能供应体系建设方面，齐鲁石化开展"微管网"试点项目，采用管道输氢形式为加氢站供氢。实现运输环节对高压气氢长管拖车的替代，提升了氢能运输安全保障，并有效降低运输环节成本。同时，管道输氢项目的局部应用是未来氢气运输模式的良好开端，对稳定氢能供需产业链具有积极影响。

（二）车辆应用场景日趋丰富

经第二年度有效示范，京津冀城市群共实现燃料电池汽车上牌近 1300辆。其中，北京市推广超 750 辆，天津市滨海新区推广超 200 辆，河北省唐山市推广 50 余辆、保定市推广 60 余辆，山东省淄博市推广近 200 辆。考虑燃料电池汽车在货运尤其是长距离重型货物运输场景具有更高的经济性和适配性，第二年度货车推广规模较第一年度提升 51%。此外，车辆应用场景持续完善丰富，在第一年度打造形成的冬奥赛事客运服务、大宗物资运输、渣土运输、城市物流配送和通勤客运 5 大应用场景的基础上，优化扩展形成涵盖城市公交、包车客运、普货物资、冷链物资、生产原料、建筑垃圾、工业制品、混凝土搅拌、市政环卫 9 大应用场景，同时持续开拓包括厢式货车、栏板车、自卸车、冷藏车、牵引车、混凝土搅拌车、公交车、大型客车、洗扫车、清洗车 10 种车型的有序应用。

城市公交场景主要在山东省淄博市应用，主要运行于淄博市张店区、临淄区、周村区、经济开发区、桓台县等区域的 15 条线路。

包车客运场景共推广燃料电池汽车约 200 辆。车辆主要服务于各大科技产业园区、国央企、临港经济区、高校的职工、学生，在市域范围内提供通勤摆渡服务。

普货物资场景共推广约 260 辆燃料电池汽车。车辆用于京津冀城市群各地区市域内的电商产品、日用生活品、快递包裹等物资运输，以及部分地区的省际物资运输业务。

冷链物资场景共计推广燃料电池汽车约 180 辆，均用于北京市内的冷链物资配送，主要围绕大兴京南、顺义南法信等物流园区，丰台新发地、海淀锦绣大地等批发市场，房山阎村冷库库区，开展市域内商超、餐饮门店之间的水果蔬菜、生鲜冷冻食品等运输服务。

生产原料场景共推广燃料电池汽车约 430 辆。其中，北京市约 90 辆、天津市滨海新区约 210 辆、河北省约 120 辆、山东省淄博市约 10 辆。车辆主要用于京津冀城市群及周边区域的跨区域工业领域生产原料运输工作，运输货物种类包括砂石骨料、矿石钢材、树脂、橡胶等工业制品。

建筑垃圾场景第二年度推广数量相对较少，主要在北京大兴、通州等区内的建筑工地与垃圾消纳场之间，运输建筑施工活动中产生的固体废弃物。

工业制品场景共计推广约 50 辆燃料电池汽车，主要应用于北京市域内库区之间的商品车、车辆零部件运输。

混凝土搅拌场景共计推广燃料电池汽车约 20 辆，车辆主要在北京市内部分混凝土搅拌站与建筑工地之间，运输建筑用水泥、预拌混凝土等。

市政环卫场景第二年度推广燃料电池汽车数量较少，车辆主要运行于天津市滨海新区，负责天津港保税区的道路机械洗扫、洗地、冲刷等工作。

（三）氢能供应体系稳步建设

通过第二年度示范任务的有序开展，京津冀城市群在车用氢气供给、加

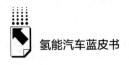

氢站建设等方面逐步探索并建立了有效的氢能产业商业模式。

氢能供应方面,京津冀城市群实际氢气产能突破 6.6 万吨/年,制氢方式主要以工业副产氢提纯制氢、天然气重整制氢、电解水制氢为主。各制氢厂所制取的氢气质量均满足《质子交换膜燃料电池汽车用燃料氢气》(GB/T 37244-2018)相关要求。目前,氢气产能可充分满足各参与城市(区)累计推广的 2800 余辆车的用能需求。同时,各制氢厂均优先保障本地加氢站,富裕产能部分可运输至外埠区域加氢站,平均运输距离小于 200 公里。氢气运输方式多采用高压气氢长管拖车运输方式。已有少部分制氢厂采用管道输氢方式,探索新运输模式应用。截至第二年度示范结束,京津冀城市群车用氢气产能情况如表 1 所示。

表 1　京津冀城市群车用氢气产能情况

参与城市(区)		制氢厂信息	总产能(吨/年)		
			工业副产氢	可再生能源制氢	天然气重整制氢
北京市		燕山石化	≥1400	≥390	≥620
		环宇京辉			
		首钢气体	≥300	—	—
天津市滨海新区		新氢能源	≥1600	—	≥2200
		天津中石化			
河北	保定市	旭阳集团	≥4600	—	—
	唐山市	中溶科技	≥7000	—	—
山东	淄博市	齐塑环保	≥3400	—	≥600
		齐鲁氢能			
		齐鲁石化			
		空气化工			
	滨州市	滨华集团	≥44000	—	—

加氢站建设方面,第二年度京津冀城市群共新建并投运加氢站 10 座。其中北京市 2 座,天津市滨海新区 4 座,河北省唐山市 1 座、山东省淄博市 1 座。截至第二年度示范结束,京津冀城市群累计建成并投运加氢站 29 座。包含固定式加氢站、撬装式加氢站 2 种建站类型,能源加注类型涵盖

35MPa、70MPa、35MPa 与 70MPa 兼容 3 大类。

氢能供应经济性方面，京津冀城市群车用氢气主要来源于北京市房山区、河北省保定市和唐山市，山东省淄博市。车用氢气平均出厂价格低于25 元/kg。其中，利用工业副产氢提纯方式制取的氢气平均出厂价格约 24元/kg，利用天然气重整制氢方式制取的氢气平均出厂价格约 32 元/kg，综合考虑各制氢厂与加氢站之间因运输距离而产生的氢气运输成本，最终氢气平均到站价格约 31 元/kg。考虑加氢站运营成本，京津冀城市群目前的氢气终端平均售价约 33 元/kg，氢气出厂价格、到站价格、终端售价相比第一年度均有不同幅度降低，示范效果初见成效。

（四）政策赋能强化顶层保障

第二年度，京津冀城市群持续优化完善支持氢能产业发展的政策环境，聚焦顶层设计、技术创新、产业落地、推广应用、氢能保障五大方面，出台相关支持政策 14 项。经前两年度示范，京津冀城市群已形成"全环节、多层次、全方位"的政策保障措施体系，为开展第三年度示范工作及推进京津冀城市群氢能产业发展保驾护航。

顶层设计方面，京津冀城市群中北京市、河北省唐山市发布支持政策 3项，多为中长期规划，重点聚焦氢能产业发展阶段目标、发展路径、重点任务等方面，推动氢能产业高质量发展。

技术创新方面，京津冀城市群中北京市发布支持政策 2 项，重点围绕氢能技术创新、燃料电池汽车产业关键核心技术等方面，推动氢能及燃料电池汽车相关技术创新突破。

产业落地方面，京津冀城市群中北京市发布支持政策 2 项，重点加速燃料电池汽车的示范应用与推广落地。

推广应用方面，京津冀城市群中北京市、天津市、河北省保定市共计发布支持政策 4 项。重点围绕资金奖补、路权激励、降低运营成本等维度，加速燃料电池汽车推广应用。

氢能保障方面，京津冀城市群中北京市、河北省保定市、山东省淄博市

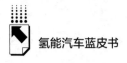

发布支持政策 3 项。重点围绕加氢站选点布局、建设运营管理等方面，推动车用氢能保障体系提速发展。

表 2　京津冀城市群氢能保障政策发布情况

序号	省(市)	已发布政策	发布单位	发布时间
1	北京市	北京市燃料电池汽车标准体系	北京市经济和信息化局、北京市市场监督管理局联合印发	2022 年 10 月 13 日
2		关于开展 2022～2023 年度北京市燃料电池汽车示范应用项目申报的通知	北京市经济和信息化局	2023 年 4 月 11 日
3		关于支持本市新能源物流配送车辆优先通行的通知	北京市交通委员会、北京市公安局公安交通管理局等 4 部门联合印发	2022 年 9 月 29 日
4		北京市氢燃料电池汽车车用加氢站发展规划(2021—2025 年)	北京市城市管理委员会	2022 年 11 月 22 日
5		大兴区氢能产业发展行动计划(2022—2025 年)	北京市大兴区人民政府	2022 年 10 月 15 日
6		昌平区促进氢能产业创新发展支持措施实施细则	北京市昌平区经济和信息化局	2023 年 5 月 4 日
7		海淀区氢能关键核心技术"揭榜挂帅"专项申报指南	中关村科学城管理委员会	2023 年 4 月 17 日
8		海淀区氢燃料电池汽车第一示范年度车辆推广和高效运营项目奖励申报指南	中关村科学城管理委员会	2023 年 4 月 17 日
9		北京经济技术开发区关于促进氢能产业高质量发展的若干措施	北京经济技术开发区管理委员会	2022 年 10 月 13 日
10	天津市	燃料电池汽车示范城市地方财政支持政策指导意见	天津市财政局、天津市发展和改革委员会、天津市工业和信息化局联合印发	2022 年 11 月 30 日

序号	省（市）		已发布政策	发布单位	发布时间
11	河北省	保定市	保定市氢能产业发展专项资金管理办法（试行）	保定市财政局、保定市发展和改革委员会等 4 部门联合印发	2022 年 10 月 27 日
12			保定市氢燃料电池汽车车用加氢站管理办法	保定市住房和城乡建设局、保定市发展和改革委员、等 13 部门联合印发	2022 年 10 月 31 日
13		唐山市	唐山市氢能产业发展三年行动方案（2023—2025 年）	唐山市人民政府办公室	2023 年 6 月 30 日
14	山东省	淄博市	淄博市加氢站建设管理暂行办法	淄博市住房和城乡建设局、淄博市发展和改革委员会等 11 部门联合印发	2022 年 10 月 10 日

（五）氢能平台实现可视化监管

2022 年 4 月，京津冀城市群上线京津冀智慧氢能大数据平台（以下简称平台），通过全面、系统和实时的数据采集和分析，为燃料电池汽车示范和氢能产业发展提供重要数据支撑。平台通过需求主体识别、应用场景分析、多维数据采集等流程，面向氢气制、储、运、加、用和燃料电池汽车示范全产业链关键环节，实现 14 类超 450 项数据字段接入，实时对燃料电池汽车及关键零部件运行、加氢站设备状态实现动态监测，同时通过对数据的深入挖掘和分析，为未来氢能产业布局谋划提供科学依据和决策支持。

截至第二年度示范结束，平台实现近 3000 辆燃料电池汽车、超 15 座加氢站的数据接入，实现了对车辆运行轨迹、安全预警信息、车辆行驶里程，以及对加氢站加氢设备运行、实时订单情况、站点安全状态等动态信息的实时监测。同时，在第二示范年度内，京津冀城市群对平台的监测能力与展示

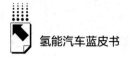

功能进行优化升级。一是夯实平台数据底座，全面升级大数据中心、交换采集平台；二是完善硬件设备，对处理器、存储能力扩容等进行功能更新；并对相关算法研发也进行了优化。

此外，在第二年度上线关键指标综合分析系统、碳减排监测与分析平台。关键指标综合分析系统可更好地支持京津冀城市群各项示范任务的推进落实，支撑考核评价及氢能产业升级发展。同时，平台的实时数据推送功能，可为政府、企业和研究机构提供燃料电池汽车、加氢站等方面数据的共享交流，及时为相关政府部门更新氢能产业发展动态，加速产业协同和创新发展。

二　面临挑战

结合第二年度示范建设工作的推进开展，京津冀城市群在燃料电池汽车推广、氢能供应体系建设、政策保障环境构建等方面取得了稳步进展。但面向后续第三年度、第四年度实现更高质量的产业示范引领效果，还面临以下三方面挑战。

（一）氢气供给稳定性有待提升

氢能作为燃料电池汽车的能源补给，其发展速度将直接影响车辆的推广普及速度。当前示范阶段车用氢气运输方式的阶段发展局限，是京津冀城市群面临的挑战之一。

京津冀城市群车用氢气主要采用高压气氢长管拖车运输方式运送，该方式易受各地通行政策、天气等多种因素影响，降低运输时效性。尤其是对于北京地区，车辆进京通行证办理、重大活动的举办，都将约束影响长管拖车准时将氢气运送入京，导致加氢站时而出现氢气断供现象，从而对车辆加注时效性产生影响。同时，该运输方式受车辆储氢密度影响，单车单次运氢量较低，对于氢能供给服务需求较大的站点，需短时间内调配多车次运输才能满足站点氢气加注供给需求，也会影响站端的运营成本经济性。

（二）加氢站建设布局有待优化

现阶段，伴随燃料电池汽车推广提速上量，京津冀城市群加氢站建设投运面临建设审批难度偏大、站点规划布局有待优化两方面挑战。

一是建设审批困难重重。现阶段，京津冀城市群各参与城市已发布的加氢站建设相关文件指导性偏弱，上位政策法规也一直未明确氢气的能源属性。因此，加氢站建设常受制于审批程序约束，规划建设周期偏长、建设难度较大，影响了产业的管理和监管，一定程度上也制约了氢能产业提速发展。

二是加氢站布局待优化。根据我国《危险化学品管理条例》，氢气仍被列为危险化学品，制氢和加氢设施只能建在远离市区的偏远区域，而燃料电池汽车的示范基本是全市域范围运行。因此，存在既有加氢站点位布局与燃料电池汽车运行热力区域匹配度较低，车辆常常需绕远路加氢。以北京市为例，通州马驹桥物流园区、顺义空港物流园区附近区域暂无加氢站，而月均约有200辆燃料电池货车进出物流园区运输物资，并在全市范围内开展配送。这些车辆只能去距离出车点或拉货点超30公里外的大兴时顺苑分公司、国际氢能示范区加氢站等站点进行补能。该现象已在一定程度上降低了燃料电池汽车运营企业的用车积极性。

（三）奖补政策实施有待完善

奖补资金发放是国家、地市对产业链上下游各企业完成燃料电池汽车推广、氢能技术创新、车用氢气供给保障等方面任务目标的认可，也是各企业在示范期内的一笔重要资金保障，其下发时效性将对企业投资、生产计划产生一定影响。现阶段，奖补资金呈现出发放周期长、应用灵活性弱等特征，较大影响了企业的产业共建积极性。

一是发放周期长。京津冀燃料电池汽车的推广应用仍处于培育阶段，关键零部件核心技术的突破、燃料电池汽车的购置、氢气制取保障供给等环节都需要较大的资金投入。由于奖补资金下发周期较长，企业需先行垫付对应

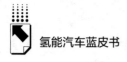

资金来维持正常的技术研发和生产运营。同时，由于发放周期耽误太久引起的不确定性，企业无法更好地进行企业投资和生产计划布局，较大降低了企业参与示范建设的积极性。此外，燃料电池汽车与氢能产业作为新兴产业，更需要得到政策的有效支持和积极鼓励，较长的补贴发放周期，可能会为产业的稳定发展带来一定影响。

二是应用灵活性较弱。虽然燃料电池汽车推广的奖励资金，结合了燃料电池系统额定功率、车辆吨位、车辆车长等因素进行综合测算。但设置了燃料电池系统额定功率测算上限。结合京津冀城市群燃料电池和关键零部件技术发展趋势，目前研发生产技术完全支持 150~240kW 的系统装车配套，但由于在当前政策下大于 110kW 系统拿到的奖补标准无差别，但生产成本差异较大，车辆实际装车系统功率大都以 110kW 为主，与市场需求之间的适配性不足，大部分企业有能力研发生产更大功率系统，但不太愿意配套装车。该现象可能导致燃料电池汽车在实际使用中性能受限、高功率燃料电池发动机研发企业技术创新积极性降低、产业链整体技术迭代速度慢等现象。

三　展望与建议

历经两个年度示范，京津冀城市群各参与城市结合各自资源禀赋，在明确各自示范路径的基础上，积极开展协同合作，积极推动京津冀地区氢能产业高质量发展。下一步，为积极开展产业发展前瞻性研究与布局，提前统筹谋划京津冀城市群未来发展路径，本文对京津冀城市群后续示范提出四点发展建议。

（一）加强技术创新应用，提高示范建设成效

一是推动管道输氢应用。通过优化管道设计和运输方式，既能实现氢气运输成本的有效降低，又能突破既有运输方式的短板限制，为后续大规模、长距离的氢气输送，提供可行性探索路径。

二是推进制加一体化建设。通过制氢、加氢一体化站点建设，能够有效

降低部分高投资设备的投入成本。并且由于运输流程的简化，也减少了加氢站在运氢、输氢方面投入的运营成本。此外，制氢、加氢一体化站点的建设也使得站点内部基本实现氢气自给自足，能够部分解决应急情况下氢能供应短缺问题。

三是加快液氢技术示范落地。液氢运输密度较高、单车运氢量大、运输效率高，更适宜长距离的氢气运输。当运输半径扩大至 250 公里以上时，液氢罐车运输成本与高压气氢运输环节成本基本持平，但单车运氢量是高压气氢长管拖车的 15 倍左右。其在常温常压下处于液态，存储和运输更为便捷。同时，由于液氢燃点更低，相比高压气氢的安全性也更高。

（二）强化科学合理布局，实现车能协同示范

一是推动相关政策完善。建议聚焦优化加氢站建设审批流程，持续完善相关法规标准、推动相关政策制定出台，以促进氢能产业发展环境体系建设健全，并吸引更多的社会资本投入氢能产业，共谋产业高质、快速发展。

二是优化加氢站规划布局。建议面向后续加氢站的规划建设与选址布局时，应充分考虑车辆运行场景与站点建设位置的耦合性与适配性。可充分利用大数据手段，增加对车辆运行轨迹、热点运行区域的进一步了解。在此基础上，面向车辆运行热度高、加氢站布局暂时空白的区域，予以优先规划考虑，以更好地满足车辆用能需求。

（三）适当完善升级政策，推动产业稳定发展

一是密切结合各地区氢能产业的发展趋势和产业诉求，明确奖补政策实施周期与整体排布。一定程度上缓解产业链上下游企业的资金摊付压力，确实保障企业在技术创新与示范应用方面的资金陆续投入，增强企业产业发展信心与参与示范建设的积极性。

二是建议适当调整燃料电池标准车折算的系统额定功率上限（当前仅为 110kW），对更大功率系统给予倾斜支持。考虑到产业技术升级速度较快，同时大功率电堆能更好适配长距离、重载运输场景，为更好地发挥场景

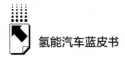

优势，确保燃料电池汽车示范应用效果得到完全发挥，进一步提升产业研发积极性和迭代速度，建议可适当调整奖补资金的测算参数范围，考虑对更高功率的系统给予倾斜支持。

（四）前瞻谋划发展路径，加速能源革命进程

氢能产业发展环境建设是京津冀城市群、京津冀地区任重道远的使命任务，充分立足前瞻性视角，积极、前置统筹谋划其发展方向，对更好地促进制、储、运、加、用产业链上下游企业友好协同，实现产业有序、健康、高质发展举足轻重。因此，我们应保持"着眼现在、纵观未来"的发展眼光，面向"十四五"末、2035年、2050年、2060年等里程碑节点，开展区域级、地市级中长期氢能产业发展规划研究，有效推进氢能产业、新能源汽车产业提速发展，加快交通领域全面新能源化进程，尽快开启以清洁化、低碳化、高效化、智能化为主要特征的新型能源时代。

B.14
上海燃料电池汽车示范城市群
发展报告（2023）

张焰峰　乔丽　李沁玲　赵凤超　贡俊*

摘　要： 作为国内首批燃料电池汽车示范应用城市群，上海城市群以上海市为牵头城市，协同苏州市、南通市、嘉兴市、淄博市、鄂尔多斯市以及宁东化工基地组成。上海示范城市群启动以来，各地加快发布相关支持政策，积极开展燃料电池汽车示范应用，同时加强应用场景协同、加快科技创新。本文梳理出相关省市区级政策支持，剖析示范城市群内各地区产业发展现状，包括车辆运行、加氢站建设、核心技术攻关等情况，最后提出相应发展建议：加强氢能安全管理，健全产业链各环节安全标准规范和监管机制，保障资金和政策支持；探索氢能高速建设、推动产融结合发展等。

关键词： 氢能　燃料电池汽车　示范城市群

氢燃料电池汽车是新能源重要路线之一，对于保障国家能源安全、交通运输行业实现绿色低碳转型、实现"双碳"目标至关重要。发展氢能与燃料电池汽车产业，既是落实国家战略，也对上海示范城市群各城市产业结构

---

* 张焰峰，博士，上海燃料电池汽车商业化促进中心主任/上海长三角氢能科技研究院院长；乔丽，上海市新能源汽车公共数据采集与监测研究中心主任；李沁玲，上海燃料电池汽车商业化促进中心产研经理；赵凤超，上海国际汽车城（集团）有限公司新能源事业部项目经理；贡俊，上海燃料电池汽车商业化促进中心理事长。

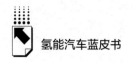

転升级具有重要的战略意义，同时有利于打造新的经济增长点。

上海燃料电池汽车示范城市群以上海市为牵头城市，协同江苏省苏州市和南通市、浙江省嘉兴市、山东省淄博市、内蒙古自治区鄂尔多斯市和宁夏回族自治区宁东化工基地组成了"1+2+4"燃料电池汽车示范城市群。其中，"1"为上海市，主要负责关键零部件技术全面突破、多场景商用示范和商业模式探索；"2"为产业链协同城市——淄博市和南通市，重点负责质子交换膜、空气压缩机两大关键部件的核心技术突破与产业化应用；"4"为苏州市、嘉兴市、鄂尔多斯市和宁东化工基地，重点负责示范应用场景的挖掘和清洁低碳氢的规模化应用。在四年示范窗口期内，上海燃料电池汽车示范城市群计划推广5000辆氢燃料电池汽车和73座加氢站，氢气价格实现35元/kg，并完成核心零部件的国产化、自主化技术攻关。

一 上海燃料电池汽车示范城市群政策支持

（一）上海市

1. 市级政策

上海市是氢能产业发展的先行城市。在国家层面关于氢能产业发展的顶层设计文件出台后，2022年6月，《上海市氢能产业发展中长期规划（2022—2035年）》（以下简称《规划》）发布，指导地方氢能产业健康可持续发展，同时释放积极信号，加速燃料电池汽车示范应用。《规划》明确到2025年，建设各类加氢站70座左右，培育5~10家具有国际影响力的独角兽企业，建成3~5家国际一流的创新研发平台，燃料电池汽车保有量突破1万辆，氢能产业链产业规模突破1000亿元。

2023年4月，上海市经济和信息化委员会印发《上海市燃料电池汽车示范应用专项资金实施细则》，进一步鼓励燃料电池汽车产业链企业开展技术创新和示范应用，资金补贴涵盖整车示范应用、车辆运营、关键零部件产业化、加氢站布局建设、加氢站运营、示范应用支撑服务等。同时进一步强化执行力，指出对未按照要求完成项目目标，最终验收不通过的，不予拨付支持资金，2年内项目单位不得申报燃料电池汽车示范应用项目。

2023年7月，上海市交通委员会等部门发布《上海交通领域氢能推广应用方案（2023—2025年）》（以下简称《方案》），再次加码支持氢能发展和燃料电池汽车示范应用。《方案》指出重点发展重卡、公交、冷链、非道路移动机械等应用场景，适时推进燃料电池乘用车的示范应用。《方案》从应用场景出发，为氢燃料电池汽车等产业发展明确了方向，对上海氢能产业发展具有重要指导意义。

2. 区级政策

根据《规划》，上海提出打造金山氢源供应与新材料产业、示范运营基地，打造宝山氢源供应与综合应用基地，建设临港氢能高质量发展实践区，建设嘉定氢能汽车产业创新引领区，建设青浦氢能商业运营示范区。

各区立足自身实际和特色，纷纷推进氢能和燃料电池汽车产业发展（见表1）。

表1　上海各区近期氢能和燃料电池汽车产业相关重点政策

区	时间	政策名称	相关内容
嘉定区	2021年12月	《嘉定区加快推动氢能与燃料电池汽车产业发展的行动方案（2021—2025）》	到2025年，力争建成18座公共加氢站，燃料电池示范应用车辆总数不少于3500辆，引导氢气零售价格不超过35元/公斤
	2022年10月	《嘉定区碳达峰实施方案》	到2025年，累计完成6座加氢站投入运营，示范应用车辆总数不少于3500辆，氢能及燃料电池汽车全产业链总产出力争突破1000亿元
青浦区	2020年11月	《上海市青浦区氢能及燃料电池产业发展规划》	到2025年，建成加氢站8~10座，示范运营车辆规模在1000辆以上
	2020年11月	《青浦区支持氢能产业发展激发"青氢"绿色动能实施办法》	加快重点企业引进和推广公交运输物流配送示范应用

续表

区	时间	政策名称	相关内容
临港新片区	2021年10月	《中国(上海)自由贸易试验区临港新片区氢燃料电池汽车产业发展"十四五"规划(2021—2025)》	到2025年,推广氢燃料电池汽车达到1500辆以上,建成加氢站在14座以上
	2022年9月	《关于支持中国(上海)自由贸易试验区临港新片区氢能产业高质量发展的若干政策》	加快推进大容量加氢站建设,探索建设全市首个制氢、储氢和加氢一体化站,探索在非化工园区布局建设制氢、加氢母站。加大对燃料电池重卡、通勤客车的支持力度
	2022年12月	《中国(上海)自由贸易试验区临港新片区交通领域低碳发展行动方案》	到2025年,建成各类型加氢站14座,氢气自给率达到30%以上,推动公交、出租车、集卡、物流等车辆氢能化
	2023年2月	中国(上海)自由贸易试验区临港新片区管理委员会2023年工作要点	建成投运广祥路油氢合建站,启动正茂路油氢合建站和万水路加氢站建设及制加氢一体站前期研究工作。制定氢燃料电池汽车购车补贴操作细则
金山区	2023年5月	《金山区碳达峰实施方案》	依托上海石化、上海化工区工业副产氢优势,加快推动氢能产业链集聚,打造氢源供应及新材料产业、示范运营基地。鼓励氢燃料电池公交车、重型车辆、物流车、园区机械车辆等试点和推广,到2025年,力争建成油氢、纯氢等加氢站8座
崇明区	2023年6月	《崇明区加快氢能产业发展与应用三年行动计划(2023—2025年)》	到2025年,建设加氢站(含撬装站)2~3座,实现10辆以上公务用车燃料电池示范应用,更新氢能环卫车4辆,实现氢能全产业链年产值"零突破"

资料来源:上海燃料电池汽车商业化促进中心收集整理。

(二)苏州市、南通市

1.省级政策

江苏省早于2019年8月发布了《江苏省氢燃料电池汽车产业发展行动

规划》，提出到 2025 年，基本建立完整的氢燃料电池汽车产业体系，力争全省整车产量突破 1 万辆，建设加氢站 50 座以上。支持苏州、南通（如皋）等地区完善产业发展规划，加快氢燃料电池汽车产业集聚集约发展。2021年 11 月，江苏省发布的《江苏省"十四五"新能源汽车产业发展规划》中，提升加氢站规划数量至 100 座。2022 年 6 月发布的《江苏省促进绿色消费实施方案》中，再次提出支持加氢等配套基础设施建设。

2. 市级政策

2021 年 11 月，苏州市发布《苏州市氢能及燃料电池产业发展规划》，提出到 2025 年，建成加氢站 20 座，积极推广燃料电池汽车在叉车、公交车、物流车、长途货运、港口重卡等领域的示范应用，累计运行规模力争达到 3000 辆，氢能及燃料电池产业链年产值突破 300 亿元。2023 年 9 月，苏州市人民政府发布《关于加快培育未来产业的工作意见》，强调重点发展氢能产业；在空间布局上，张家港市于 2019 年发布《张家港市氢能产业发展规划》，重点聚焦制储加氢、氢燃料电池和氢能装备，常熟市于 2019 年发布《常熟市氢燃料电池汽车产业发展规划》，重点聚焦氢燃料电池、氢燃料电池汽车和氢能装备研发检测。

2022 年 11 月，南通市工信局印发《南通市氢能与燃料电池汽车产业发展指导意见（2022—2025 年）》（以下简称《意见》）。《意见》指出，到2025 年，氢能相关产业链总产值规模突破 200 亿元，打造成为长三角地区重要的燃料电池及关键零部件产业集聚区以及绿氢制备及氢能装备产业发展高地；氢燃料电池动力在公交、物流、环卫等领域推广应用形成一定规模，累计推广 200 辆以上氢燃料电池汽车，力争建成运营加氢站 5 座以上。

（三）嘉兴市

1. 省级政策

2021 年 11 月，浙江省发布《浙江省加快培育氢燃料电池汽车产业发展实施方案》，提出到 2025 年，在公交、港口、城际物流等领域推广应用氢燃料电池汽车接近 5000 辆，规划建设加氢站接近 50 座。2023 年 1 月，浙江省

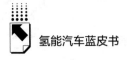
发改委公布《浙江省加快新能源汽车产业发展行动方案》，其中再次明确氢燃料电池汽车推广和加氢站建设目标。

2023 年 6 月，浙江省住房和城乡建设局等 5 部门发布《关于加强汽车加氢站建设运营的实施意见》，规范了加氢站建设审批流程、加强了加氢站运营管理以及明确各部门工作分工，有效促进氢能产业健康快速发展。文件中再次提出打造环杭州湾和义甬舟两条具有浙江特色的"氢走廊"，有序建设布局合理、安全高效的全省加氢网络体系。到 2025 年，全省累计建成加氢站不少于 50 座。

2. 市级政策

2021 年 6 月，嘉兴市发展和改革委员会、嘉兴市经济和信息化局印发《嘉兴市氢能产业发展规划（2021—2035 年）》，提出到 2025 年，全市运用氢燃料电池汽车数量突破 2500 辆，其中氢燃料公交车、物流车占比在 85%以上，力争建成加氢站 30 座，其中固定式加氢站在 20 座以上。

为加快推进加氢站建设，推动氢能源汽车推广应用，2022 年 8 月，嘉兴市发布《燃料电池汽车加氢站规划建设运营管理实施意见（征求意见稿）》，文件中明确各部门职责，规范建设管理和经营服务，提出加强安全管理、保障加氢站安全运行。

2022 年 8 月和 9 月，嘉善县和海盐县先后发布《加快推进氢能产业发展的若干政策意见》，抢抓氢能产业发展重要机遇，推广氢能示范应用场景。

（四）淄博市

1. 省级政策

2020 年 6 月，山东省发布《山东省氢能产业中长期发展规划（2020—2030 年）》，提出到 2025 年累计推广燃料电池汽车 10000 辆，累计建成加氢站 100 座。

2022 年 12 月，山东省人民政府印发《山东省碳达峰实施方案》，其中强调培育壮大氢能产业，鼓励各市开展燃料电池汽车推广应用。加快氢能技术发展，推进氢能在工业、交通、城镇建筑等领域规模化应用。

2023年2月，山东省能源局印发《2023年全省能源工作指导意见的通知》，细化加氢站建设目标，提出到2023年底，全省加氢站数量达到35座。

2.市级政策

2022年8月，淄博市人民政府办公室发布《淄博市氢能产业发展中长期规划（2022—2030年）》，提出到2025年，燃料电池发动机产能达到4000台，燃料电池整车产能达到500辆，氢气产能（外供）达6万吨/年。累计建成加氢站12座，累计推广氢燃料电池汽车1000辆，实现柴（汽）油替代约3万吨/年，减少碳排放约10万吨/年。

2022年10月，淄博市住房和城乡建设局印发《淄博市加氢站建设管理暂行办法》，规范加氢站建设与运营管理，保障加氢站安全稳定运行，助推氢燃料电池汽车示范城市建设。

2023年6月，《淄博市碳达峰工作方案》（以下简称《方案》）发布，《方案》中指出深挖我市氢能资源禀赋，加快关键技术装备研发，完善基础设施，拓展应用场景，打造氢能利用样板城市。

（五）鄂尔多斯市

1.省级政策

2022年2月，内蒙古自治区发布《"十四五"氢能发展规划》，提出到2025年，氢能供给能力达160万吨/年，绿氢占比超30%，制氢成本具有一定竞争力；有序布局加氢站等基础设施建设，加氢站（包括合建站）达到60座；加速推广中重型矿卡替代，在公交、环卫等领域开展燃料电池车示范，累计推广燃料电池汽车5000辆。在空间布局上，重点打造"一区、六基地、一走廊"的氢能产业布局，其中"一区"指以鄂尔多斯市为中心，连同呼和浩特、包头和乌海等城市群，构建鄂呼包乌氢能产业先行示范区。

2.市级政策

2022年6月，鄂尔多斯市人民政府印发《鄂尔多斯市氢能产业发展规划》，提出到2025年，形成40万吨以上稳定可再生氢供应；继续引进整车

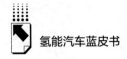

及关键零部件制造企业，整车制造能力达到1万辆；拓展应用场景，全市各类氢燃料电池车辆在5000台以上，布局90座以上各类加氢站。

2023年8月，鄂尔多斯市发布《关于印发支持氢能产业发展若干措施的通知》，出台包括加快氢能基础设施建设、支持氢化工产业发展、支持氢交通产业发展、支持氢能产业全面发展等14条政策措施加快创建氢能示范基地。其中在交通领域，创新性提出强化绿通保障，对氢燃料电池汽车发放新能源号牌，在鄂尔多斯市境内S24线大路至巴拉贡段等10段政府还贷收费公路执行2折的差异化收费政策；在收费站、煤矿、集运站、煤场、电厂及煤化工企业等运输环节的道路开设氢能等新能源汽车绿色专用通道；如遇燃油、燃气汽车环保限行情况，氢能等新能源汽车准予通行。

（六）宁东化工基地

2022年9月，宁夏回族自治区发布《能源发展"十四五"规划》，提出推进氢燃料电池汽车在物流运输、公共交通、市政环卫等领域试点示范应用，加快交通领域氢能产业化、规模化、商业化进程。积极支持宁东能源化工基地开展氢燃料电池重卡替代，支持银川市率先开通运营氢燃料电池公交线路。

2022年11月，宁夏回族自治区正式印发《氢能产业发展规划》，提出到2025年，可再生能源制氢能力达到8万吨以上，推广氢燃料电池商用车500辆以上，打造宁东基地、吴忠太阳山开发区等氢能物流枢纽；在宁东基地建设10个以上加氢站（含企业自用站和"油、电、气、氢"一体化综合能源中心），加氢能力达到15吨/天以上。

二 上海燃料电池汽车示范城市群发展现状

2021年11月，上海市加氢站与氢燃料电池汽车公共数据平台（以下简称"车站一体化平台"）正式发布上线，作为全国首个加氢站与氢燃料电池汽车一体化地方性监管平台，它涵盖了车辆监管、加氢站统计、政策支撑、数据服务和安全监管五大功能，旨在为上海城市群燃料电池汽车示范应用工作提供强有力的数据支撑。

截至 2023 年 6 月，车站一体化平台共接入氢燃料电池汽车 3103 辆。从地区分布来看，包括上海市 2785 辆（90%）、嘉兴市 181 辆（6%）、鄂尔多斯市 137 辆（4%）。从车辆类型来看，包括乘用车 288 辆（9%）、客车 495 辆（16%）、货车 2320 辆（75%）。其中，上海市共有 1326 辆氢燃料电池汽车在示范城市群启动后投入运营，嘉兴市和鄂尔多斯市氢燃料电池汽车均在示范城市群启动后投入运营。

（一）上海市

为做好国家燃料电池汽车示范应用工作，上海市采取"示范应用联合体"申报方式，以燃料电池系统企业作为牵头单位，联合整车制造企业、车辆营运企业、加氢站运营企业、车辆使用单位等组成。目前，上海市经济和信息化委员会分别于 2022 年 1 月和 2023 年 1 月公布两批拟支持单位名单（见表 2、表 3）。

表 2　2021 年度上海市燃料电池汽车示范应用拟支持单位

序号	"示范应用联合体"牵头单位	序号	"示范应用联合体"牵头单位
1	上海捷氢科技股份有限公司	4	航天氢能(上海)科技有限公司
2	上海重塑能源科技有限公司	5	上海青氢科技有限公司
3	上海神力科技有限公司	6	上海清志新能源技术有限公司

表 3　2022 年度上海市燃料电池汽车示范应用拟支持单位

序号	"示范应用联合体"牵头单位	序号	"示范应用联合体"牵头单位
1	上海捷氢科技股份有限公司	5	上海青氢科技有限公司
2	上海重塑能源科技有限公司	6	上海清志新能源技术有限公司
3	航天氢能(上海)科技有限公司	7	康明斯能源动力(上海)有限公司
4	上海神力科技有限公司		

在 2023 年公示的第二批拟支持单位名单中，与第一批相比，仅新增位于临港新片区的康明斯能源动力（上海）有限公司，可见在燃料电池汽车

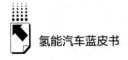

氢能汽车蓝皮书

示范应用工作中上海市本着开放的态度，大力扶优扶强，龙头效应或将进一步加强。

在车辆推广方面，截至 2023 年 6 月，上海市共推广 2785 辆氢燃料电池汽车。上海市以"商乘并举，双轮驱动"为整车推广路径，应用端不乏亮点。2022 年 8 月，80 辆上汽大通 MAXUS MIFA 氢燃料电池网约车以虹桥机场为中心正式运行，成为全国首批常态化运营的燃料电池网约车，加速了燃料电池乘用车商业化发展；10 月，上海临港中运量 2 号线（水华路站-滴水湖站）全线试运营，是国内首条应用氢能源动力的中运量公共交通线路。2023 年 5 月，DHL 中国区氢能卡车车队正式投运，用于浦东国际机场往返青浦区和金桥开发区的物流货物运输；此外上海市燃料电池汽车还服务于包括宜家家居、京东、顺丰等多个终端客户不同的运输场景。

在氢能供应方面，加氢基础设施建设持续推进。截至 2023 年 6 月，上海已建成 16 座加氢站，14 座在运营，主要分布于嘉定、奉贤和青浦区；从氢源来看，主要以工业副产氢和天然气制氢为主，主要来源于上海骅蓝、浦江气体、法液空、上海石化、宝钢股份等企业；从建设方式来看，以固定站为主，且多为纯氢站，但 2019 年以来，油氢合建趋势明显（见表 4）。

表 4　上海市加氢站

序号	加氢站名称	所在区域	建设方式	加注压力（MPa）	日加注能力（kg/d）	建成时间
1	上海安亭加氢站	嘉定区	固定	35	1000	2007 年
2	江桥加氢站	嘉定区	撬装	35	1000	2018 年
3	上海神力科技有限公司加氢站	奉贤区	固定	35	500	2018 年
4	上海电驱动加氢站	嘉定区	撬装	35	500	2018 年
5	浦江气体加氢站	奉贤区	撬装	35	1000	2019 年
6	安智站	嘉定区	固定	35	1000	2019 年
7	西上海站	嘉定区	固定	35	1000	2019 年
8	上海骅蓝化工区加氢站	化工区	固定	35/预留 70	1900	2019 年

序号	加氢站名称	所在区域	建设方式	加注压力（MPa）	日加注能力（kg/d）	建成时间
9	宝武清能上海宝氢加氢站	宝山区	固定	35	500	2020 年
10	青卫站油氢合建站	青浦区	固定	70	1000	2021 年
11	平霄路油氢合建站	奉贤区	固定	35/预留 70	1000	2021 年
12	上海石化供氢中心	金山区	固定	35	500	2021 年
13	鸿音广场加氢站	临港新区	撬装	35	500	2021 年
14	兴路油氢合建站	青浦区	固定	35	1000	2022 年
15	奉贤公交停保场站	奉贤区	固定	35	500	2022 年
16	同汇路综合服务站	浦东新区	固定	35	1000	2022 年

资料来源：上海燃料电池汽车商业化促进中心收集整理。

在核心技术攻关方面，捷氢科技自主研发应用于上汽大通 MAXUS Mifa 氢燃料电池乘用车的电堆 PROME M3X 额定功率 140kW、体积功率密度达 3.7kW/L、铂载量<0.3gPt/kW、耐久性>10000hrs，性能接近国际领先水平；重塑集团自主开发并制造的电堆 ELECTRA 获全球首个德国 TÜV 莱茵颁发的电堆性能指标评估证书，适配于重型燃料电池系统，满足更大负载、更高扭矩和更苛刻的操作条件；上海治臻开发的不锈钢薄板精密冲压成形工艺，达到国际领先水平，其金属双极板国内市占率高；唐锋科技自主创新的高性能低铂膜电极主要参数与国际先进水平接近；济平新能源拥有完全自主知识产权的全国首条"全自动化燃料电池催化剂生产线"，在产量和技术水准上不断缩小与国外产品差距。

（二）苏州市、南通市

在车辆推广方面，截至 2023 年 6 月，苏州市共投运 325 辆氢燃料电池汽车，其中常熟市投运 174 辆氢燃料电池汽车（包括 54 辆客车和 120 辆货车），张家港市投运 151 辆氢燃料电池汽车（包括 70 辆客车和 81 辆货车）；南通市投运 70 辆氢燃料电池汽车（包括 13 辆客车和 57 辆货车）。

在氢能供应方面，截至 2023 年 6 月，苏州市和南通市合计建成加氢站14 座，主要分布于常熟、张家港和如皋市（见表 5）。苏州氢源主要来源于金宏气体、梅塞尔气体、理文化工、华昌化工等企业。南通着眼于可再生能源制氢，支持如东发挥风光电富集的资源禀赋。

表 5　苏州市和南通市加氢站

序号	加氢站名称	所在区域	建设方式	加注压力（MPa）	日加注能力（kg/d）	建成时间
1	丰田加氢站	常熟	固定	70	200	2017 年
2	百应能源加氢站	如皋	撬装	35	80	2018 年
3	神华加氢站	如皋	固定	35/70	1000	2019 年
4	东华港城加氢站	张家港	固定	35	1000	2020 年
5	嘉化氢能港城加氢站	张家港	固定	35	1000	2020 年
6	常嘉氢加氢站	常熟	固定	35	1000	2020 年
7	重塑内部加氢站	常熟	固定	35	500	2020 年
8	平海路加氢站	姑苏区	固定	35	650	2020 年
9	华昌加氢站	张家港	撬装	35	500	2021 年
10	海安新生大道加油加氢站	如皋	固定	35	500	2021 年
11	宋庄油氢合建站	如皋	固定	35	500	2022 年
12	朝阳加油加氢站	张家港	固定	35	500	2022 年
13	诚志 AP 加氢站	常熟	固定	35	1000	2022 年
14	金坛南洲加氢站	常熟	固定	35	500	2022 年

资料来源：上海燃料电池汽车商业化促进中心收集整理。

在核心技术攻关方面，国富氢能是国内最早大规模批产车载高压氢瓶的企业，并可以适配 60~410L 多规格产品，储氢密度可达 5.3%、使用寿命超18000 次，行业占有率多年保持第一；苏州科润专业从事全氟质子交换膜研发、生产，是国内为数不多可批量化生产和供应氢燃料电池用质子交换膜的企业之一；苏州擎动科技开发的铂合金催化剂能够将燃料电池的铂消耗量降低 7%。势加透博研发生产的燃料电池无油离心空压机产品突破了多项核心关键技术壁垒，性能指标和可靠性考核验证数据在全球同行业领先，市场占有率超过 60%。

（三）嘉兴市

在车辆推广方面，截至 2023 年 6 月，嘉兴市累计推广氢燃料电池汽车369 辆，其中客车 217 辆、货车 152 辆。对标上海城市群第一年度考核目标，嘉兴市氢能客车和货车分别投运 37 辆和 26 辆，分别完成考核目标的148% 和 260%，较好完成了第一年度燃料电池汽车示范上海城市群的考核任务。

在氢能供应方面，截至 2023 年 6 月，嘉兴市已建成加氢站 9 座（见表6），以油氢合建站为主。氢源以工业副产氢为主，依托嘉兴港区化工新材料产业基地，年产可外供工业副产氢达 4.8 万吨。

表 6　嘉兴市加氢站

序号	加氢站名称	所在区域	建设方式	加注压力（MPa）	日加注能力（kg/d）	建成时间
1	爱德曼加氢站	嘉善	撬装	35	80	2017 年
2	善通油氢合建站	嘉善	固定	35	500	2019 年
3	客运中心综合供能站	嘉善	固定	35	500	2019 年
4	港区滨海大道综合能源站	嘉兴	固定	35	1000	2020 年
5	站前路加气站	嘉善	固定	35	500	2021 年
6	港区亭桥北综合供能服务站	嘉兴	固定	35	1000	2021 年
7	樱花综合供能服务站	嘉兴	固定	35/70	1000	2021 年
8	海盐开发区加氢站	海盐	固定	35	1000	2022 年
9	岗山路综合能源站	嘉兴	固定	35	1000	2023 年

资料来源：上海燃料电池汽车商业化促进中心收集整理。

在核心技术攻关方面，嘉兴市集聚了爱德曼、德燃动力、浙江汉丞、浙江锋源等一批创新型企业；同时积极推进招商和产业培育，目前已引入国鸿氢能总部，引进飞驰汽车科技公司和全球领先的玻璃纤维复合材料供应商挪威优沐公司等，不断增强嘉兴市氢能产业影响力。

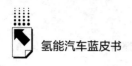

（四）淄博市

在车辆推广方面，截至 2023 年 6 月，淄博市推广氢燃料电池汽车 310 辆，其中客车 200 辆、货车 110 辆（包括 50 辆 4.5 吨氢燃料电池冷藏车、50 辆 4.5 吨氢燃料电池低栏板货车和 10 辆氢燃料电池重卡）。

在氢能供应方面，截至 2023 年 6 月，淄博市已建成加氢站 6 座（见表 7）。氢源方面依托齐鲁石化、山东铝业、东岳集团等企业在氯碱、丙烷脱氢、乙烷裂解等行业产生的副产氢，全市约有 8.8 万吨/年低成本工业副产富余氢气。

表 7　淄博市加氢站

序号	加氢站名称	建设方式	加注压力（MPa）	日加注能力（kg/d）	建成时间
1	淄博能源集团加氢站	撬装	35	500	2020 年
2	淄博新区公交枢纽加氢站	固定	35	1000	2020 年
3	青银高速淄博服务区加氢站	固定	35	500	2021 年
4	闫家气氢电混合站	固定	35	1000	2021 年
5	桓台氢气综合利用项目加氢站	撬装	35	500	2021 年
6	中石化淄博齐鲁加氢站	固定	35	500	2023 年

资料来源：上海燃料电池汽车商业化促进中心收集整理。

在核心技术攻关方面，东岳集团一期年产 50 万平方米质子交换膜已实现批量生产，打破了国际垄断，可满足约 5 万辆燃料电池汽车生产需求，处于行业领先地位；仁丰特材在电堆核心材料碳纸领域取得关键突破。亿华通、爱德曼等企业纷纷落户淄博，其中爱德曼一期年产 2000 台燃料电池系统已投产。

（五）鄂尔多斯市

在车辆推广方面，截至 2023 年 6 月，鄂尔多斯市推广氢燃料电池汽车 152 辆，包括 7 辆客车和 145 辆半挂牵引车。

在氢能供应方面，截至 2023 年 6 月，鄂尔多斯市已建成加氢站 6 座，以撬装站为主（见表8）。目前氢源主要来源于周边地区现有副产氢、化石能源制氢，未来将利用丰富的可再生能源，加快推进风光制氢示范项目建设，形成稳定的清洁氢源（见表9）。

表8 鄂尔多斯市加氢站

序号	加氢站名称	建设方式	加注压力（Mpa）	日加注能力（kg/d）	建成时间
1	正能撬装加氢站	撬装	35	500	2021年
2	圣圆能源制氢加氢服务站	固定	35	2000	2022年
3	圣圆能源综合供能站	固定	35/70	2000	2022年
4	天隆撬装加氢站	撬装	35	500	2022年
5	鄂尔多斯蒙西正和国有资产运营集团有限公司撬装加氢站	撬装	35	1000	2022年
6	国家能源集团重载铁路加氢站示范项目	撬装	35	500	2022年

资料来源：上海燃料电池汽车商业化促进中心收集整理。

表9 鄂尔多斯市可再生能源制氢项目

序号	项目名称	区域	氢气产能	项目状态
1	纳日松40万千瓦光伏制氢示范项目	准格尔旗	1万吨/年	投产
2	圣圆能源制氢加氢一体化项目	伊金霍洛旗	一期~三期500吨/年	一期建成，二期获批
3	圣圆正能光伏制氢一体化项目	伊金霍洛旗	一期~三期500吨/年	在建
4	250兆瓦光伏电站及氢能综合利用示范项目	鄂托克前旗	6750吨/年	在建
5	风光融合绿氢示范项目	乌审旗	3万吨/年	在建
6	煤矿沉陷区生态治理300MW光伏发电及制氢储氢示范项目	乌审旗	2万吨/年	在建
7	上海庙经济开发区光伏制氢项目	鄂托克前旗	6000吨/年	在建
8	风光融合绿氢化工示范项目二期	乌审旗	2万吨/年	备案公示
9	光储氢车零碳生态链示范项目	达拉特旗	9300吨/年	备案公示

续表

序号	项目名称	区域	氢气产能	项目状态
10	库布齐沙漠风光氢储化一体化项目	杭锦旗	9亿Nm³/年	签约
11	年产0.93万吨绿氢和5万吨绿氨项目	达拉特旗	9300吨/年	签约
12	风光氢储一体化项目	乌审旗	1万吨/年	签约
13	中煤离网型风光制氢项目	乌审旗	9万吨/年	规划
14	宝丰风光氢储一体化项目	乌审旗	一期&二期2.4万吨/年,三期3万吨/年,四期5万吨/年	规划
15	中煤鄂能化"液态阳光"示范项目	乌审旗	2万吨/年	规划
16	中煤西北能源图克光伏发电及下游产业链项目	乌审旗	2万吨/年	规划
17	中石化新星风光融合绿氢化工示范项目	乌审旗	一期~三期1万吨/年,四期2万吨/年	规划
18	中煤西北能源纳林河光伏发电及下游产业链项目	乌审旗	7000吨/年	规划
19	中煤西北能源乌审召光伏发电及下游产业链项目	乌审旗	1.5万吨/年	规划
20	光伏制氢产业一体化项目	伊金霍洛旗	3万吨/年	规划
21	零碳清洁能源(氢能)综合利用示范项目	杭锦旗	一期1800吨/年,二期3600吨/年,三期3.6万吨/年	规划
22	亿利库布其绿氢示范基地项目	杭锦旗	一期&二期3000吨/年,三期9000吨/年	规划
23	新能源制氢一体化项目	准格尔旗	6万吨/年	规划

资料来源：上海燃料电池汽车商业化促进中心收集整理。

鄂尔多斯市在燃料电池汽车产业具备一定基础，已先后引进上汽红岩、捷氢科技、国鸿氢能、鄂尔多斯悦驰、一派氢能、瑞驱科技等燃料电池整车和关键零部件企业落户，打造以氢能源为主的新能源重卡应用示范基地。

（六）宁东化工基地

在车辆推广方面，截至 2023 年 6 月，宁东化工基地推广氢燃料电池汽车 84 辆，包括 70 辆客车、4 辆清洗车和 10 辆半挂牵引车。

在氢能供应方面，截至 2023 年 6 月，宁东化工基地已建成加氢站 3 座（见表 10）。宁东化工基地氢源丰富，据宁东管委会介绍，目前宁东基地共形成氢气产能 267.8 万吨，占我国总产氢量的 8%。其中煤制氢 260 万吨、甲醇制氢 2.17 万吨、化工副产氢 3.4 万吨，电解水制绿氢 2.21 万吨，绿氢产能暂居全国第一。未来将持续依托丰富的太阳能和风电资源，走出一条以绿能开发、绿氢生产、绿色发展为主的能源转型发展之路（见表 11）。

表 10　宁东化工基地加氢站

序号	加氢站名称	建设方式	加注压力（Mpa）	日加注能力（kg/d）	建成时间
1	宝廷加氢站	固定	35	1000	2021 年
2	飞驰加氢站	撬装	35	500	2022 年
3	京能加氢站	固定	35	500	2023 年

表 11　宁东化工基地可再生能源制氢项目

序号	项目名称	氢气产能	项目状态
1	太阳能电解水制氢储能及综合应用示范项目	20000Nm^3/h	运行
2	国电投宁东可再生能源制氢项目	1000Nm^3/h	运行
3	宁夏京能宁东发电有限责任公司氢能制储加一体化项目	200Nm^3/h	完工
4	国家能源集团宁东可再生氢碳减排示范区 62 万千瓦光伏项目	4500 吨/年	在建
5	国能(宁夏宁东)绿氢公司宁东可再生氢碳减排示范项目	20000Nm^3/h	规划
6	中石化新星新源公司可再生能源制氢一体化示范项目	72000Nm^3/h	规划
7	鲲鹏清洁能源公司光伏制氢节能降碳示范项目	20000Nm^3/h	规划

序号	项目名称	氢气产能	项目状态
8	宝丰能源太阳能电解制氢储能及应用示范项目	15000Nm³/h	规划
9	国能宁煤绿氢耦合煤制油化工示范一期项目	20000Nm³/h	规划
10	宁东新能源发展公司可再生能源制氢示范项目	50000Nm³/h	规划
11	百中绿电可再生能源制氢示范项目	20000Nm³/h	规划
12	中广核宁东清洁能源制氢项目	2400Nm³/h	规划
13	国电投铝电宁东可再生能源制氢示范项目	2000Nm³/h	规划
14	京能宁东氢能制储加一体化示范项目	200Nm³/h	规划
15	宁夏电投太阳山能源公司可再生能源制氢合成氨项目	2.5Nm³/h	规划
16	国能宁煤绿氢耦合煤制油化工示范二期项目	20000Nm³/h	规划
17	宁化学可再生能源制氢耦合煤化工示范项目	5万吨/年	规划

资料来源：上海燃料电池汽车商业化促进中心收集整理。

宁东化工基地当前针对电堆及关键零部件生产、氢能重卡制造及氢能汽车检测等领域积极开展对外交流与合作，不断增强产业创新能力与技术装备水平，完善氢能和燃料电池汽车产业链布局。

三　上海燃料电池汽车示范城市群发展建议

（一）加强氢能安全管理

建议上海示范城市群在推广氢燃料电池汽车的同时，建立健全产业链各环节安全标准规范和监管机制，一方面可以确保氢能利用安全可控，降低安全风险，另一方面也为产业链企业提供合规产品规划参考，引导企业在技术创新、产品质量、售后服务等方面不断提高，节省因不确定性带来的时间和经济成本，推动氢燃料电池汽车行业健康、稳定、可持续发展。

（二）保障资金和政策支持

当前综合制储运加费用，供氢成本较高，大部分地区终端氢价高于35

元/千克，氢燃料电池汽车运营难度大。建议落实氢气补贴政策，保障氢气终端销售价格不高于 35 元/千克。加快探索并逐步放开制氢在化工园区的限制，鼓励制氢加氢一体站建设，支持运营商根据实际应用场景建设撬装加氢站，降低氢气成本同时有助于解决车站数量匹配不均问题。

（三）探索氢能高速建设

上海示范城市群内城市具备氢能供给基础和氢燃料电池汽车运营经验，在长三角地区探索开展氢能高速规划建设，一方面有利于增进城市间联动，形成跨城市氢能供给网络，提高产业链上中下游企业之间协同水平，另一方面有助于带动燃料电池系统关键技术突破，并形成规模化效应，进一步降低氢燃料电池汽车成本。

（四）推动产融结合发展

氢能和燃料电池汽车产业仍处于发展早期，研发投入较高，发展离不开金融支持，建议上海示范城市群内各地政府或产业基金积极参与氢能示范项目建设，明确财政、税收等支持标准和时限，借助政策性支持加快技术进步与基础设施建设，从而引导后续社会资本投入；并支持金融机构设计差异化产品，鼓励依据产业链不同环节、不同发展阶段、不同类型企业对口设计绿色金融产品，注重扶持平衡全产业链发展；加快探索建立氢交易所和发展基于氢的自愿减排项目，利用市场机制为绿色技术发展提供支持，增强企业竞争力，逐步降低氢能产业对财政补贴的依赖。

B.15
广东燃料电池汽车示范应用城市群
实践分享与思考建议（2023）

王子缘　蔡仕荆　戴先知　金子儿　张仲军　王进　曾玥　赵吉诗*

摘　要： 国家燃料电池汽车示范应用城市群工作已推进超过两年，各大城市群在政策体系创新、技术与产业链进步、氢源供应保障、基础设施建设以及车辆示范推广等方面取得了一定成效。本文分享了广东城市群示范至今的示范实践进展，并结合行业实际，梳理提炼了当前国家燃料电池汽车示范过程中所存在的低成本、高效氢能供应保障问题逐步凸显、车辆规模化、可持续推广的"车站气协同"等共性问题，提出"重点打通氢能供应保障网络，优化完善国家城市群日常监管、考核及补贴落实工作，聚焦关键核心技术创新，联合开展市场化商业模式探索"等相关建议，推动燃料电池汽车加快示范应用。

关键词： 燃料电池汽车　技术创新　产业化　示范推广

---

* 王子缘，博士，佛山环境与能源研究院副院长，主要研究方向为氢能政策、产业及技术；蔡仕荆，佛山环境与能源研究院能源经济研究中心研究专员，主要研究方向为氢能政策、产业及技术；戴先知，佛山环境与能源研究院北京事业部副部长，主要研究方向为氢能政策、产业及技术；金子儿，佛山环境与能源研究院能源经济研究中心主任，主要研究方向为氢能政策、产业及技术；张仲军，佛山环境与能源研究院院长助理，主要研究方向为氢能政策、产业及技术；王进，佛山环境与能源研究院能源经济研究中心研究专员，主要研究方向为氢能产业链分析及数据化平台；曾玥，佛山环境与能源研究院能源经济研究中心研究专员，主要研究方向为氢能政策、产业及技术；赵吉诗，博士，研究员，佛山环境与能源研究院院长，主要研究方向为氢能政策、产业及技术。

一　广东城市群示范实践进展

在财政部、工业和信息化部、科技部、国家发展改革委、国家能源局的指导和大力支持下，广东城市群经过两年的示范建设，在政策措施制定、技术创新和产业化、氢源保障和加氢基础设施建设以及整车推广应用等方面取得一定成效。

（一）持续完善政策体系，优化产业发展环境

为持续推动燃料电池汽车产业健康有序发展，在示范第二年度内，广东省及广东城市群各参与城市聚焦产业发展规划、氢能供应保障、技术创新、产业落地、标准规范、车辆推广应用、加氢站建设与运营等方面，制定出台超 20 余项支持政策、营造有效推动示范城市群建设的政策环境。

顶层规划方面，《广东省加快建设燃料电池汽车示范城市群行动计划（2022—2025 年）》提出：到示范期末，实现电堆、膜电极、双极板、质子交换膜、催化剂、碳纸、空气压缩机、氢气循环系统等八大关键零部件技术水平进入全国前五，形成一批技术领先并具备较强国际竞争力的龙头企业，实现推广 1 万辆以上燃料电池汽车目标，年供氢能力超过 10 万吨，建成加氢站超 200 座，车用氢气终端售价降到 30 元/公斤以下；到 2025 年末，关键零部件研发产业化水平进一步提升，建成具有全球竞争力的燃料电池汽车产业技术创新高地。省内广州、中山、东莞、云浮等市，以及省外福建省、淄博市等地也相继出台氢能产业发展规划、城市群示范点行动计划或示范应用工作方案等文件，支持燃料电池汽车示范推广，推动各地氢能产业健康高质量发展。

氢能供应保障方面，《广东省燃料电池汽车加氢站建设管理暂行办法》《广州市氢能基础设施发展规划（2021—2030 年）》《内蒙古自治区加氢站管理暂行办法》《淄博市加氢站建设管理暂行办法》《佛山市南海区促进加氢站建设运营及氢能源车辆运行扶持办法（2022 修订）》等陆续出台。其

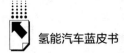

中，广东城市群行动计划提出：加氢站参照城镇燃气加气站管理，不核发加氢站的危化品经营许可证；《广东省燃料电池汽车加氢站建设管理暂行办法》规定省住房城乡建设部门为加氢站行业主管部门，明确自然资源、气象、市场监管等部门在加氢站建设运营中的职责分工，规范加氢站建设手续办理程序，为加氢基础设施的发展扫清障碍；提出要重点支持加氢合建站和制氢加氢一体站建设，允许在非化工园区建设制氢加氢一体站，探索解决制氢项目准入难题，最大限度地避免氢气储运带来的成本和风险。该政策的出台为省内制氢加氢一体站建设与燃料电池汽车氢源保障提供了政策支持。

支持产业落地和扶持发展方面，深圳市盐田区发展和改革局发布了《盐田区国际氢能产业园企业入驻及园区管理办法（暂行）》，明确了产业园入驻条件、租赁价格标准及优惠政策、申请受理及审批流程、租赁管理、物业管理、退出机制、监督与检查等内容，对于符合要求的企业，产业园将给予租金比公布评估价格优惠30%~70%的政策。此外，广州《南沙区氢能产业扶持办法（征求意见稿）》于2023年8月发布，从鼓励完善基础设施建设、鼓励科技成果转化与应用、鼓励车辆推广应用、车辆运营奖励、车辆加氢补贴等8个方面，支持氢能产业发展和燃料电池汽车示范应用。

标准规范方面，广东省出台了《制氢加氢一体站安全技术规范》（DB44/T 2440-2023）地方标准，将于2023年11月30日开始实施，这也是全国首份正式发布的关于制氢加氢一体站安全技术管理的标准。该标准创新性地给出了一体站的等级划分，规定了一体站厂房内、室外制氢设备、室外或罩棚内的储氢容器或瓶式储氢压力容器、加氢机、氢气压缩机间、撬装式氢气压缩机组、氢气设备放空管等设备设施的爆炸危险区域分级范围划分等。该标准的落地实施，一方面可为制氢加氢一体站安全管理提供指导，另一方面也为监管部门提供监管依据，同时也将加速推动制氢加氢一体站的建设及氢能的推广应用。2023年4月14日，广州市市场监督管理局发布了《广州市市场监督管理局纯氢、高纯氢和超纯氢产品质量监督抽查实施细则》（2023年4月修订版），详细规定了抽样方法等内容，为燃料电池汽车用氢质量提供可靠保障。此外，《广东省燃料电池汽车加氢站安全管理规范

（试行）》、广东省地标《加氢站站控系统技术要求（送审稿）》等文件已完成意见征集工作，发布在即。

（二）推动关键技术进步，提升产业化水平

目前，广东城市群集聚超过 500 家氢能业务企业，基本涵盖燃料电池整车、燃料电池系统、关键核心零部件制造以及氢能制取、储运和加注等产业环节，产业集聚发展态势基本形成，燃料电池汽车产业链领域龙头企业技术研发能力持续增强，关键技术不断进步，产业化水平稳步提升。

技术创新方面，在燃料电池八大关键零部件中，除质子交换膜和碳纸两项受测试周期长等因素制约仍处于验证阶段外，其余电堆、膜电极、双极板、催化剂、空气压缩机、氢气循环系统等 6 项均实现国产化并进入规模化应用，且产品技术水平全国领先，其中电堆功率密度达到大于 3.0kW/L，使用寿命达 20000 小时，成本低于 2000 元/kW；膜电极产品铂金载量低至 $0.3mg/cm^2$，功率密度大于 $1.5W/cm^2$，寿命在 2 万小时以上。广东城市群内关键零部件自主化和技术水平大幅提升的同时，制造成本不断下降，例如系统成本从超过 1 万元/千瓦降至 3000 元/千瓦，燃料电池商用车制造成本大幅下降。下一步，随着规模化推广应用效应显现，关键零部件国产化和技术水平进一步提升，系统成本可以降到 2000 元/千瓦以下，结合氢气价格下降，初步预计，到示范期末，燃料电池汽车在重载、冷链物流等典型应用场景有望实现全生命周期低于同类型燃油车。

在产业化方面，持续推动燃料电池汽车产业发展，并取得良好成效，产业链覆盖氢能"制、储、输、用"各个环节，在电堆、膜电极、催化剂、燃料电池系统等方面技术水平全国领先，集聚了鸿基创能、国鸿氢能、三环集团、飞驰汽车等一批业内标杆企业，产业集聚发展态势基本形成。目前，全国产能最大、技术水平最高的膜电极、催化剂、碳纸、质子交换膜的生产线均在广东城市群内，包括广州鸿基创能国内首条年产 1000 万片高性能膜电极自动化生产线、广东济平国内首条年产 2 吨催化剂自动化生产线、深圳通用氢能国内首条年产 10 万平方米碳纸生产线、淄博东岳未来国内首条 150

万平方米质子交换膜生产线等。此外，佛山市已启动国家电投集团华南氢能产业基地建设，涵盖全国首条年产 30 万平方米的碳纸自主化中试线、年产 20 万平方米的 ePTFE 中试线、燃料电池、动力系统等生产线以及燃料电池关键技术、产品研发创新平台，加速促进相关产品技术进步和降本。佛燃天高研制的 90MPa 级隔膜压缩机，成功通过了合肥通用机电产品检测院 500 小时连续无故障型式试验；同时，佛燃科技和中南机械联合制造基地生产的首批设备下线，目前基地氢气压缩机最大年产能可达 500 台/年。

（三）拓宽来源降低成本，加大氢源保障力度

充足稳定的氢气来源和经济的氢气价格是燃料电池汽车大规模推广应用的前提，自广东城市群启动建设以来，通过政策引导、财政支持、多种制氢方式互补等方面工作，氢源保障不断强化。

拓宽氢气来源。广东城市群第一年度氢气产能超 2.7 万吨/年，主要来源为工业副产氢和天然气、甲醇等化石能源制氢。为进一步扩大氢气来源，城市群内城市根据各自资源禀赋，支持制氢项目建设。广州市依托广州石化、广钢气体、林德气体等氢源供应企业，供氢能力超 5000 吨/年。根据《广州市电网发展规划（2022—2025 年）》，将构建多元清洁能源供给体系，支持电解水制氢产业发展，推动广州供电局电氢一体化低碳示范项目、广州华润热电厂制氢及加氢站项目、珠江电厂制氢站等一批氢能制备项目建设。目前广州石化、广钢气体的扩能项目及粤华发电、华润电力的电解水制氢项目正加紧建设，预计 2025 年，广州市车用氢气年产能可达 28000 吨/年，可满足约 3500 台燃料电池汽车的用氢需求。深圳市出台支持措施推动加氢站建设，对"十四五"期间建成并投入使用且日加氢能力 500 公斤及以上加氢站，按广东省奖补标准予以 1∶1 建设配套；对符合条件的制氢加氢一体站，电解水制氢用电价格执行蓄冷电价政策。齐鲁氢能（山东）发展有限公司在淄博市投资建设的氢能一体化项目，实现了突破性进展，其核心装置——国内首台套 10 吨级氢气液化装置到场安装；截至 2023 年 5 月，该项目已完成 70%，项目投产后，年产液氢 13200 吨，年产高压氢 7920 万

标方。佛山南海启动煤炭超临界水气化热电联产技改项目及配套副产氢项目，采用中国科学院院士郭烈锦院士团队研发的"煤炭超临界水气化热电联产"技术，对传统燃煤发电系统进行改造，不仅能降低发电、供电和供热煤耗，同时能实现热电氢三联产，提升佛山供氢能力。

探索降低用氢成本。为降低氢气终端价格，提高氢能应用经济性和终端用户积极性，广东城市群创新机制体制，推动站内制氢加氢一体化站发展。目前，广东城市群制氢加氢一体化站已建成 5 座、在建 1 座，全部达产后可实现日供氢 10 吨以上，其中，佛燃能源南庄和明城站采用天然气撬装制氢技术，依托城市燃气和天然气网络实现低成本制氢，终端氢气价格比站外供氢低约 15%~20%；深圳妈湾和凯豪达站采用电解水制氢技术，利用广东省现有蓄冷电价政策，制氢成本可降低至 26 元/kg。

（四）探索多种模式，推动氢能基础设施建设

广东城市群持续推动油氢气电合建站建设以及站内制氢-加氢母站、集中制氢-子母站等新型建站模式，同时积极探索建设氨裂解、沼气等制氢加氢一体站。截至 2023 年 8 月，广东城市群累计建成投运加氢站 59 座，包括独立加氢站、油（气）氢合建站、制氢加氢一体化站。其中，广州 8 座、深圳 3 座、佛山 36 座、东莞 2 座、中山 1 座、云浮 4 座、六安 3 座、福州 2 座。

佛山市南庄制氢加氢一体化站为全国首座证件齐全的天然气制氢加氢一体化站，制氢规模约 350 吨/年；明城制氢加氢一体化站天然气制氢设计规模为 1500 公斤/日，并设计有光伏耦合电解水制氢、加氢、加气、充电等功能，可满足公交车 125 车次或物流车 250 车次的加氢需求，该站分两期建设，目前投运的制氢规模约 180 吨/年，且率先应用了我国首台具有自主知识产权的 250 标方/小时撬装天然气制氢设备。同时，佛山瀚蓝可再生能源（沼气）制氢加氢母站项目已于 2022 年 8 月投产，设计制氢能力可达 6 吨/天，该站是瀚蓝公司利用现有能源与固废产业协同进行创新，成功将餐厨处理、制沼气、沼气及富氢气体制氢、加氢服务、环卫及收运车氢能化运营等

产业和环节打通，形成可复制的"固废+能源"协同制氢、加氢、用氢一体化示范模式。全国首座氨现场制氢加氢一体站在福州市投入商业应用，该项目以氨作为氢气的储能载体，集氨在线制氢、分离纯化、升压加注等功能于一体的自主创新制氢加氢装备技术，解决了高密度储运氢气的安全性问题，降低了氢气储运成本，可灵活调整产能，实现氢气的现产现用。此外，佛山市里水 1000kg/d 氨裂解制氢加氢一体站项目已经完成环境影响评价第二次信息公示，正加紧推进项目建设进程。

（五）多措并举，扩大车辆示范应用规模

自 2021 年 8 月广东城市群示范工作启动以来，广东城市群通过不断拓展车辆应用场景、探索创新市场化商业模式、加强安全监管平台建设等方面工作，推动扩大燃料电池汽车示范规模。截至 2023 年 8 月，广东城市群新增燃料电池汽车超 500 辆，累计推广燃料电池汽车超 3300 辆，累计安全运行里程超过 1 亿公里。推广车型涵盖渣土车辆、物流车、环卫车、公交客车、牵引车、乘用车，主要应用于市政环卫、城市公交、市政工程、城配物流、出租车及网约车等领域。

不断拓展车辆示范场景，积极探索可行的市场化商业模式。示范开展以来，广东城市群加大力度推广燃料电池汽车在城市环卫、冷链运输、城际物流运输和配送、网约车、园区通勤等领域的应用。2022 年 10 月，佛山市南海区投运 54 辆氢能环卫车，涵盖后装压缩车、高压清洗车、洒水车、洗扫车、扫路车等；晟辉在佛山交付 100 辆氢燃料轻卡，主要用于医药和生鲜等高端冷链行业。广州启动"南沙轻跑"项目示范燃料电池乘用车，初期将投入 65 台丰田 MIRAI 用于短租车、固定巡游车和网约车三大体验项目，其中首批 20 辆已于 2023 年 8 月在广州如祺出行网约车平台正式上线。深圳投放了 60 辆氢燃料电池大巴，用于腾讯公司及科技园辖区相关企业员工通勤服务，据悉该项目总计将投放 200 辆车。六安金寨县首条氢燃料电池公交线路（207 路）开通试运营，已投入 20 辆 10.5 米氢能源公交车，助力城市绿色出行。与此同时，企业依托自身优势，加强内外部资源整合，创新商业模

式，共同推动燃料电池汽车市场化运营和经济性提升。例如，晟辉新能源依托自身氢能供应、车辆运营上下游打造"闭环生态圈"；雄创氢能构建"系统组装-车辆开发-车队运营-氢能加注"的全链条发展模式；瀚蓝环境以燃油环卫服务总成本发包招标，通过市场各主体组建联合体的形式开展示范；广州南沙区和广汽丰田合作开展燃料电池乘用车示范，以与燃油车同租金价格提供租车服务；韶关、茂名等非示范城市依托自身副产氢资源优势，推动氢能产业发展；韩国现代通过国产化部件认证、在广州组建合资公司开展属地运营推广，积极融入广东城市群建设。

加强安全监管平台建设，在保障车站气运营安全的同时，为氢能全产业链技术创新提供数据支撑。目前，"广东省燃料电池汽车示范城市群综合监管平台"已完成升级与优化工作，启动监管全过程全产业链安全风险，支撑示范工作信息归集与数据核查等工作。2022年分别召开省平台关于加氢站、车辆和关键零部件信息接入等专题培训会，累计200多家企业参会。目前该监管平台已接入广东城市群内企业超百家，燃料电池汽车1613辆，加氢站23座，储运氢企业13家，制氢企业10家，可实现对各示范城市的氢能产业有关数据实时自动采集、监测和预警功能，为加氢站及车辆的安全运行提供保障。2023年3月，广东燃料电池汽车示范应用城市群综合监管平台获得国家公安部核准颁发的"信息系统安全等级保护二级备案证明"，充分体现了该平台在用户数据信息安全管理方面拥有领先的信息技术水平和安全防护能力，在技术安全、系统管理、应急保障等方面达到了国家标准，建立了完备的网络信息安全保护体系，得到官方及专业机构认可。

打造高水平检测服务平台，在南海区建设广东省氢能检测及研发基地，开展高压氢能储运装备的质量检验检测和在役氢能设备的定期检验等工作，目前已具备每年2.4万支高压储氢气瓶的定期检验能力和检验资质，以及全种类全场景氢能储运设备的测试能力，是国内授权许可项目最多的特种设备检验检测机构。

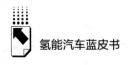

氢能汽车蓝皮书

二　存在问题与思考

总体上看，广东城市群建设取得了一定成效，但也存在一些产业共性问题，放眼全国，亦是行业最为关心、当前最迫切关注的热点问题。

（一）低成本、高效氢能供应保障问题逐步凸显

广东城市群燃料电池汽车上牌数超3000辆，但实际运营数量不足2/3；累计建成加氢站约56座，但实际运营数量低于60%、单站日均加氢负荷率低于40%；当前氢气终端售价在50~60元/kg，相比燃油、纯电动车辆燃料使用成本较高，低成本、高效氢能供应保障问题逐步凸显，放眼全国，多个城市群及相关地区由于氢气资源地与产业示范地存在"供需错配"现象，高经济性的氢气保供网络亟待构建。主要原因在于：一是氢气储运成本高居不下。目前氢气运输主要采用20MPa长管拖车高压气态存储运输，当运输距离在200公里范围内时运输成本在7~15元/kg。以广东为例，由于目前气源所在地（东莞、云浮、韶关、广西梧州等）与车辆运营集中地区（广州、佛山等）存在"错配"问题，储运成本高居不下。二是供应持续稳定、价格持续低廉的工业副产氢气资源难以达到预期。以广东为例，一方面当前无论是广石化、巨正源还是珠海长炼等制氢企业，尽管氢气生产潜力较大，但充装和提纯能力不足，氢气外供能力无法完全释放，出厂规模难以稳定，价格难以维持低廉；另一方面，就算充装和提纯能力建成，仍存在长管拖车集中排队充装导致的安全隐患，同时仍须面临长管拖车运输所产生的成本问题。此外，虽然随着近年来车用制氢项目土地性质放宽的相关政策出台，如广东省可允许制氢能力不超过3吨/天的制氢加氢站项目不用进化工园区，市场主体纷纷开展站内制氢的项目研究，但是目前项目建设仍有待加速，本地化的分布式氢能供应网络仍未建成。

234

（二）车站气协同或是车辆规模化、可持续推广的重要突破口

随着国家示范城市群工作持续推进，地方车辆推广进程不断加大。然而，当前除了通过政府财政买单的公交、市政环卫、城市建设等应用场景，其他通过商业模式盘活的应用场景如市场主体由于自身业务发展所带来的运力需求，仍需进一步探索，各方投资主体信息不对称，投资意愿不足。经过前期广泛调研可发现，有建站意愿的企业不知道区域车辆推广计划，无法按需建站，经济账算不过来；有车辆推广意愿的企业不知道区域建站计划，车辆投放积极性受挫。各方主体孤立推进相关工作，"以车定站""以站推车"联动效应不足。此外，在当前全国整体车辆推广规模效应依然不足的大环境下，由于氢气终端销售价格高，车辆运营压力巨大，企业投入市场意愿不足，同时运营车辆较少亦导致加氢站经营效益不佳（据团队全国多个地方调研统计，目前平均单站每月亏损 10 万～20 万元），车、站、气各方主体经营压力居高不下，大多处于亏损状态，各方的议价和让利空间有待挖掘和协商。

（三）奖补资金落实仍是企业发展的救命稻草

当前多个城市群车辆推广不如预期，或存在车辆已投放但是企业难以经营或面临"绝地"等局面，主要原因为企业垫资压力大，应收账款（基本都是补贴款）"归期未定"。2021 年 8 月至 2023 年 8 月，示范期已达两年，离第一年示范考核时间已过半年，第一年度国家奖补资金仍未落实，由于无法确定考核明细，省级财政无法按要求安排奖补资金用于车辆推广和氢能供应，市级财政奖补资金亦无据可依，仍未落实资金安排，导致补贴资金无法兑现，企业垫资压力大，市场投资信心不足、融资难度大，甚至出现有部分燃料电池企业为了"生存"已在考虑往招商力度大的地方布局，产业外流现象初现。此外，截至目前，国家层面对于质子交换膜，膜电极，双极板等八大核心零部件奖补评价规则尚未出台，尽管各大城市群对零部件创新补贴皆有配套支持，但是到目前为止仍无具体资金兑现细则，企业处于观望状态。

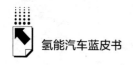

三　几点建议

（一）重点打通氢能供应保障网络

一是建议因地制宜、科学合理布局集中式和分布式氢能供应项目，相互补充。当前发展阶段建议不要过多强调氢的颜色问题，不要为了绿氢而发展绿氢，建议鼓励支持企业探索不同的氢能供应技术路径，燃料电池汽车和加氢站推广应优先解决吃得"饱"，再解决吃得"好"的问题，交通用氢须优先考虑储运距离便利因素，切勿孤注一掷。二是建议发挥地区差异化政策优势，比如广东省车用氢气制取项目适用蓄冷电价的政策红利，加大对该政策的宣贯，强化指引地方区县供电、发改等部门做好企业服务，支持和吸引企业加快布局制氢加氢一体化项目，通过分布式氢能供应的方式缓解氢气价格贵的难题。三是建议组织人力物力，尽快立项、科学系统研究"氢走廊"建设方案，遴选区域货运潜力较大的路线，开展氢能高速试点示范，通过示范不断完善高速服务区加氢站建设，优化创新相关路权政策体系，强化城市间氢能交通网络建设。

（二）优化完善国家城市群日常监管、考核及补贴落实工作

一是建议在年度评审结果出来后尽快组织各大城市群工作会议，通报示范考核成绩和奖补情况，更好地指导地方优化和改进示范工作；结合上年度示范实际情况，科学梳理并优化本区域具体应用场景和车辆、加氢站推广计划（建议实事求是，当前接地气比硬要完成指标更实在，目的是通过示范发现问题，然后不断创新解决问题），允许地方结合当地实际，在可行性论证及专家评审通过的前提上进行示范任务目标的合理滚动优化。二是建议地方尽快出台可落实执行的补贴细则文件，一方面指引地方做好产业扶持和资金匡算，另一方面指引行业和企业做好产业化和市场化，提振行业信心，加快推进示范任务。三是建议强化应用场景挖掘，面向各示范城市征集氢能应

用场景机会清单，在推动相关典型示范场景时探索资金或行政审批支持、局部区域通行路权试点等方式，给予倾斜性政策支持，以典型场景示范促产业环境不断完善。四是建议加强国家信息监管平台与地方性平台的数据一致性接入。当前多个地方为更好地对地方产业发展进行数字化监管，皆开发相关信息监管平台，对车辆推广、基础设施等日常运营、风险管控、补贴发放以及碳排放监测等进行精准监管，但目前存在地方平台和国家平台数据不一致的现象，或将导致补贴发放依据难以统一的现象。

（三）聚焦关键核心技术创新，联合开展市场化商业模式探索

一是建议加强关键核心技术国产化示范验证的支持。目前电堆、膜电极、双极板、催化剂、空气压缩机、氢气循环系统等6大部件均有核心技术突破并实现装车配套，但是质子交换膜和碳纸由于测试周期长等原因仍处于验证阶段，国内绝大多数车辆业主方考虑产品可靠性等实际问题，近阶段仍以采用进口产品为主，自主化产品获得市场接受和认可仍需要一段时间。二是建议国家示范城市群有关技术创新和产业化的考核与当前行业发展态势联动，由于近年来产业发展较快，产品技术性能指标和更新迭代能力逐步加强，但是产业的可靠性仍需逐步验证，因此需要动态进行论证和评价。三是建议企业聚焦自身"硬实力"的打磨与攻关，随时可应对市场大环境的变化，在行业风口时刻保持核心竞争力；同时建议企业不要"盯着"示范城市奖补政策而进行业务布局，要以市场需求为导向，携手上下游共建市场联合体，在合适的地方和场景开展商业模式探索，同步探索国际市场，实现"抱团出海"。

B.16
河北省燃料电池汽车示范城市群
发展报告（2023）

厉一平　张成斌　梁正　高国强　孟晓敏　佟甜甜*

摘　要： 2023年，河北省燃料电池汽车示范城市群进入第二考核年度，在省政府高度重视和有力推动下，城市群建设工作稳步有序推进，政策环境和产业发展都取得了一些新进展，但也出现了新情况新问题，全面总结河北省城市群工作成果和存在问题，有利于为下一步工作开展提出有针对性的措施建议。本文简要介绍了河北省城市群政策体系建设情况，重点归纳梳理了城市群在科技创新、产业链建设、氢能供给、示范应用方面的最新进展，提出下一步河北省城市群工作计划和建议措施。在车辆推广方面提出探索更多燃料电池汽车示范应用优质场景、建设城市群氢能示范线路、扩大燃料电池汽车路权等建议；在氢能供应方面提出给予绿氢优惠政策支持、合理规划加氢站布局、推动高压气态储运装备量产应用等措施建议。

关键词： 河北省城市群　燃料电池汽车　绿氢　电价

---

* 厉一平，张家口市氢能与可再生能源研究院数据分析员，主要研究方向为产业数据分析与应用；张成斌，张家口市氢能与可再生能源研究院副院长，主要研究方向为新能源产业规划、技术路径分析等；梁正，北京清佰华通科技有限公司项目主管，主要研究方向为氢能交通发展及区域政策；高国强，张家口市氢能与可再生能源研究院高级研究员，主要研究方向为氢能产业政策和产业链分析；孟晓敏，高级经济师，张家口市氢能与可再生能源研究院项目总监，主要研究方向为氢能和燃料电池产业链项目；佟甜甜，张家口市氢能与可再生能源研究院研究助理，主要研究方向为燃料电池应用场景。

河北省燃料电池汽车示范城市群（以下简称"河北省城市群"）第一考核年度内受牵头城市张家口召开冬奥会、新冠疫情、省级补贴政策不明确、城市群组织协调机制不完善、城市群工作会议未能及时召开等因素影响，累计推广燃料电池汽车262辆，接入国家氢能及燃料电池汽车示范评价平台（以下简称"国家数据平台"）252辆，任务完成率17.9%；建成加氢站18座，接入国家数据平台11座，任务完成率78.3%。总体来看，河北省城市群第一考核年度示范任务完成情况不及预期。2023年，河北省城市群正式进入第二考核年度，省政府高度重视河北省城市群建设工作，省相关领导先后多次到张家口调研。建立了由分管副省长牵头，省有关部门、省内示范城市组成的协调推进机制，并制定出台《关于支持我省燃料电池（氢能）汽车示范应用省级奖补政策的通知》（冀财建〔2023〕50号），明确对燃料电池汽车、氢能供应和关键零部件给予省级资金奖励。在省政府高度重视以及相关政策强有力推动下，河北省城市群在政策环境、产业链建设、氢能供给、科技创新和示范应用等方面呈现出新动态。截至2023年6月底，河北省城市群累计出台相关政策62项，推广燃料电池汽车897辆，建成加氢站18座，建成制氢项目11个。但城市群工作还面临新问题新挑战，亟须通过阶段性工作总结，提出下一步城市群工作建议，并为其他城市群建设以及我国氢能产业高质量发展提供借鉴和参考。

一　河北省燃料电池汽车示范城市群政策环境

（一）政策体系进一步完善

截至2023年6月底，河北省城市群累计出台氢能及燃料电池汽车专项政策62项（见表1），为城市群氢能产业发展和燃料电池汽车示范应用创造了良好的政策环境。分层级看，省级政策10项，市级政策51项，区级政策1项。分城市看，张家口市15项，保定市13项，唐山市11项，定州市4

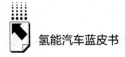

项、邯郸市 3 项、雄安新区 1 项，乌海市 5 项（见图 1）。分政策类型看，产业规划类政策 9 项，技术创新类政策 1 项，产业扶持类政策 8 项，行动计划类政策 23 项，基础设施类政策 7 项，行业管理类政策 2 项，安全监管类政策 3 项，其他类政策 9 项。分时间看，河北省城市群批复前发布 34 项，示范期第一年发布 23 项，示范期第二年发布 5 项。

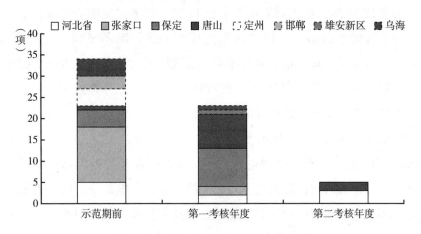

图 1　河北省城市群各城市政策出台情况

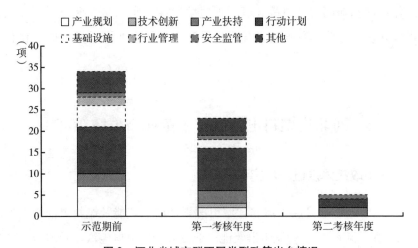

图 2　河北省城市群不同类型政策出台情况

表 1　河北省城市群氢能及燃料电池汽车产业相关政策汇总

序号	城市	氢燃料电池示范城市群相关政策名称	政策文号	发布时间	时间段	支持领域
1	河北省	《河北省推进氢能产业发展实施意见》	冀发改能源〔2019〕1075 号	2019/8/12	示范期前	行动计划
2	河北省	《河北省 2020 年氢能产业重点项目清单（第一批）》	冀发改能源〔2020〕387 号	2020/3/31	示范期前	其他
3	河北省	《河北省氢能产业链集群化发展三年行动计划（2020—2022 年）》	冀发改能源〔2020〕1026 号	2020/7/14	示范期前	行动计划
4	河北省	《河北省 2021 年氢能产业重点项目清单（第二批）》	冀发改能源〔2021〕248 号	2021/3/11	示范期前	其他
5	河北省	《河北省氢能产业发展"十四五"规划》	冀发改能源〔2021〕972 号	2021/7/17	示范期前	产业规划
6	河北省	《推进我省燃料电池汽车示范应用城市群建设的请示》	冀工信呈〔2023〕57 号	2022/4/17	第一年度	行动计划
7	河北省	《河北省氢能产业发展三年行动方案（2023—2025 年）》	冀政办字〔2023〕54 号	2022/4/17	第一年度	行动计划
8	河北省	《关于支持我省燃料电池（氢能）汽车示范应用省级奖补政策的通知》	冀财建〔2023〕50 号	2023/4/25	第二年度	产业扶持
9	河北省	《河北省加快建设燃料电池汽车示范应用城市群行动方案（2023—2025 年）》	冀工信装〔2023〕83 号	2023/5/10	第二年度	行动计划
10	河北省	《河北省氢能产业安全管理办法（试行）》	冀政办字〔2023〕85 号	2023/6/26	第二年度	安全监管
11	张家口	《氢能张家口建设规划（2019—2035 年）》	张政字〔2019〕24 号	2019/6/18	示范期前	产业规划
12	张家口	《氢能张家口建设三年行动计划（2019—2021 年）》	张政字〔2019〕25 号	2019/6/18	示范期前	行动计划

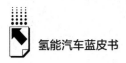

续表

序号	城市	氢燃料电池示范城市群相关政策名称	政策文号	发布时间	时间段	支持领域
13	张家口	《张家口市支持氢能产业发展的十条措施》	张政函〔2019〕148号	2019/6/18	示范期前	产业扶持
14	张家口	《张家口市加氢制氢企业投资项目核准和备案实施意见》	张政字〔2019〕26号	2019/6/20	示范期前	行业管理
15	张家口	《张家口市人民政府关于成立张家口市氢能产业发展领导小组的通知》	张政函〔2019〕168号	2019/7/9	示范期前	其他
16	张家口	《张家口市人民政府办公室关于切实做好氢能产业发展工作台账的通知》	—	2019/11/16	示范期前	其他
17	张家口	《张家口氢能保障供应体系一期工程建设实施方案》	张政办字〔2020〕9号	2020/2/27	示范期前	行动计划
18	张家口	《张家口市氢能产业安全监督和管理办法》	张政字〔2020〕12号	2020/3/16	示范期前	安全监管
19	张家口	《张家口市加氢制氢企业投资项目核准和备案实施意见的补充通知》	张政字〔2020〕19号	2020/4/29	示范期前	行业管理
20	张家口	《张家口市主城区加氢站布局规划（2019—2035）》	张政函〔2020〕158号	2020/5/20	示范期前	基础设施
21	张家口	《张家口市加氢站管理办法（试行）》	张政字〔2020〕35号	2020/7/6	示范期前	基础设施
22	张家口	《张家口市桥东区支持氢能经济发展的十五条措施》	东区办文〔2021〕5号	2021/2/18	示范期前	产业扶持
23	张家口	《加快推进张家口市"十四五"氢能产业发展实施方案》	张政字〔2021〕47号	2021/11/24	示范期前	行动计划

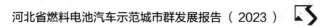

续表

序号	城市	氢燃料电池示范城市群相关政策名称	政策文号	发布时间	时间段	支持领域
24	张家口	《张家口市关于支持建设燃料电池汽车示范城市的若干措施》	张政办函〔2022〕87号	2022/7/6	第一年度	产业扶持
25	张家口	《关于做好对接国家平台工作的通知》	—	2022/8/22	第一年度	其他
26	唐山	《唐山市氢能产业发展规划(2021—2025)》	—	2021/11/2	示范期前	产业规划
27	唐山	《关于加快氢燃料汽车产业关键技术创新突破的实施意见》	—	2022/2/16	第一年度	技术创新
28	唐山	《唐山市氢能产业发展实施方案》	唐政办字〔2022〕86号	2022/6/7	第一年度	行动计划
29	唐山	《唐山市氢燃料电池汽车加氢站建设管理暂行办法》	唐政办字〔2022〕100号	2022/7/8	第一年度	基础设施
30	唐山	《唐山市装备制造产业高质量发展专项行动计划(2022—2025年)》	唐环新办〔2022〕8号	2022/8/3	第一年度	行动计划
31	唐山	《关于对氢燃料电池汽车在重污染天气应急响应期间实施差异化管控的通知》	—	2022/8/5	第一年度	其他
32	唐山	《关于支持燃料电池汽车示范城市建设的若干措施》	唐发改能源〔2022〕289号	2022/8/11	第一年度	产业扶持
33	唐山	《唐山市绿色能源体系发展规划》	唐政字〔2022〕83号	2022/8/24	第一年度	产业规划
34	唐山	《关于支持燃料电池汽车示范城市建设的若干意见》	唐发改能源〔2023〕34号	2023/1/18	第二年度	产业扶持

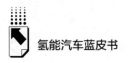
续表

序号	城市	氢燃料电池示范城市群相关政策名称	政策文号	发布时间	时间段	支持领域
35	唐山	《唐山市氢能产业发展三年行动方案（2023—2025年）》	唐政办字〔2023〕76号	2023/6/30	第二年度	行动计划
36	保定	《保定市人民政府关于保定市氢能产业发展的实施意见（试行）》	保政函〔2019〕39号	2019/6/17	示范期前	行动计划
37	保定	《2019—2020年保定市氢能产业发展工作要点》	—	2019/8/30	示范期前	行动计划
38	保定	《保定市氢燃料电池汽车产业发展三年行动方案（2020—2022年）》	保政办函〔2020〕52号	2020/10/15	示范期前	行动计划
39	保定	《关于做好加氢站项目审批管理工作的意见》	保政办函〔2020〕51号	2020/10/15	示范期前	基础设施
40	保定	《保定市氢能产业发展"十四五规划"》	保发改氢能〔2021〕1430号	2021/12/23	第一年度	产业规划
41	保定	《保定市打造碳中和企业之都行动方案》	保碳办【2022】3号	2022/4/6	第一年度	行动计划
42	保定	《保定市氢能产业发展年度实施方案（2022年）》	保发改氢能〔2022〕393号	2022/4/18	第一年度	行动计划
43	保定	《保定市综合能源站建设支持意见》		2022/6/12	第一年度	行动计划
44	保定	《保定市氢燃料电池汽车产业安全监督和管理办法（试行）》	—	2022/7/12	第一年度	安全监管
45	保定	《中心城区推广新能源渣土车运输车的实施方案（试行）》	保环发【2022】4号	2022/7/14	第一年度	行动计划
46	保定	《保定市氢燃料电池汽车产业发展招商引资建议》		2022/8/1	第一年度	其他
47	保定	《保定市氢能产业发展专项资金管理办法（试行）》	保财建〔2022〕74号	2022/10/27	第一年度	产业扶持

续表

序号	城市	氢燃料电池示范城市群相关政策名称	政策文号	发布时间	时间段	支持领域
48	保定	《保定市氢燃料电池汽车车用加氢站管理办法》	保住建发〔2022〕475号	2022/10/31	第一年度	基础设施
49	定州	《定州市加氢（合建）站管理实施意见（试行）》	定政发〔2020〕19号	2020/11/13	示范期前	基础设施
50	定州	《定州市燃料电池汽车示范应用实施方案》	定发改能源〔2020〕559号		示范期前	行动计划
51	定州	《定州市氢能产业发展规划(2021—2023年)》	定政发〔2021〕5号	2021/4/28	示范期前	产业规划
52	定州	《关于加快氢能产业创新发展的实施意见（试行）(2021—2025年)》	定政发〔2021〕16号	2021/10/26	示范期前	行动计划
53	乌海	《乌海市加氢站管理办法（试行）(2019—2022)》	乌海发改发〔2019〕273号	2019/12/31	示范期前	基础设施
54	乌海	《乌海市关于加快氢能产业创新发展的实施意见（试行）(2019—2022)》	乌海发改发〔2019〕273号	2019/12/31	示范期前	行动计划
55	乌海	《乌海市氢能源汽车推广应用和配套基础设施建设财政补贴资金管理实施细则（试行）(2019—2022)》	乌海发改发〔2019〕273号	2019/12/31	示范期前	产业扶持
56	乌海	《乌海市氢能产业发展规划》	乌海政办发〔2020〕18号	2020/7/27	示范期前	产业规划
57	乌海	《乌海市氢能产业发展推进工作领导小组关于进一步明确成员单位职责分工的通知》	—	2022/7/1	第一年度	其他
58	雄安新区	《河北雄安新区新能源重卡推广应用实施方案（2021—2025年）（试行）》	雄安改发〔2022〕514号	2022/12/7	第一年度	行动计划

序号	城市	氢燃料电池示范城市群相关政策名称	政策文号	发布时间	时间段	支持领域
59	邯郸	《关于印发邯郸市新材料产业发展规划等4个发展规划的通知》	邯政字〔2020〕16号	2020/6/12	示范期前	产业规划
60	邯郸	《关于印发"邯郸·中国气谷发展规划"的通知》	邯政字〔2020〕17号	2020/6/12	示范期前	产业规划
61	邯郸	《关于成立邯郸市燃料电池汽车示范应用工作领导小组的通知》	——	2020/11/6	示范期前	其他

注：表中仅统计了在河北省城市群中承担车辆示范推广任务的城市政策出台情况。

（二）明确城市群协调机制

进入第二考核年度后，河北省城市群加快建立了统筹协调机制。建立由分管副省长牵头，省有关部门、省内示范城市组成的协调推进机制，统筹推进燃料电池汽车示范应用城市群工作，日常工作由省工业和信息化厅承担。张家口市发挥牵头抓总作用，会同城市群其余城市成立工作专班，负责建立城市群工作推进和考评机制，督促各示范城市目标任务落实，提出实施方案年度计划，明确责任和保障措施，组织实施示范项目等。

（三）给予省级财政补贴支持

2023年4月25日，河北省出台《关于支持我省燃料电池（氢能）汽车示范应用省级奖补政策的通知》（冀财建〔2023〕50号），对通过年度国家考核，获得车辆推广应用、氢能供应中央积分奖励的市，省级按其获得中央奖补资金30%的比例给予奖补，对完成年度车辆推广应用、氢能供应等任务的，省级奖补再提高10%；对获得关键零部件研发产业化中央积分奖励的省内企业，省级按其获得中央奖补资金40%的比例给予奖补，每个企业同类产品奖补总额不超过 3000 万元。省级财政补贴政策的出台，给城市群各参与城市和企业带来一定的信心，有利于推动城市群示范工作和任务落实。

（四）探索放宽绿氢生产许可

2023 年 6 月 26 日，河北省出台《河北省氢能产业安全管理办法（试行）》（冀政办字〔2023〕85 号）。办法明确提出"允许在化工园区外建设电解水制氢（太阳能、风能等可再生能源）等绿氢生产项目和制氢加氢一体站。氢能企业按行业类别归口监督管理。化工企业的氢能生产，应取得危险化学品安全生产许可。绿氢生产不需取得危险化学品安全生产许可"。这是国内首个对可再生能源制氢在危化品许可方面进行放松的政策，其在绿氢管理上的先行先试，有利于推动城市群绿氢供应体系的建设，并将为我国绿氢产业管理提供经验借鉴。

二 河北省燃料电池汽车示范城市群产业进展

（一）科技创新

1. 技术创新取得显著进步

河北省城市群内企业在示范任务的引导下，面向未来商业化应用，不断加大研发投入，已经在燃料电池核心零部件方面取得了较大的突破，部分产品技术达到国内领先水平。

燃料电池系统方面，亿华通动力 120kW 燃料电池发动机系统功率密度达 701W/kg，系统效率达到 60.1%，实现-40℃低温冷启动，在河北省城市群装车 61 台；亿华通动力 240kW 燃料电池发动机系统功率密度达 757W/kg，实现-35℃低温冷启动；未势能源 110kW 燃料电池发动机系统功率密度已达到 620W/kg，能实现-30℃低温冷启动，在河北省城市群装车 144 台；乌海杰宁 150kW 燃料电池发动机系统功率密度达 612W/kg，实现-30℃低温

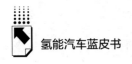

冷启动。

电堆方面，未势能源电堆额定功率已达 150.5kW，体积功率密度超过 4.27kW/L，实现-40℃低温冷启动，成本达到 3000 元/kW 以内，年产能达到 1000 套，各指标完成第一年任务目标；上海神力石墨板电堆额定功率已达 145kW，体积功率密度达到 3.68kW/L，实现-35℃低温冷启动，寿命超 15000 小时。

膜电极方面，未势能源的第二代高性能膜电极实现铂载量 ≤0.4± 0.03mg/cm²，额定功率密度达到 1.2W/cm²，峰值功率密度达到 1.4W/cm²，其中铂载量指标未能达到第一年任务目标，其余指标达到第二年任务指标；上海亿氢膜电极功率密度达 1.38W/cm²，铂载量 0.4mg/cm²。

双极板方面，未势能源金属双极板腐蚀电流密度 ≤0.5μA·cm⁻²，接触电阻<8mΩ（@0.6MPa），流道周期达到 1.6mm，厚度 ≤0.9mm，耐久性 ≥7000h，其中腐蚀电流密度指标未能达到第一年任务目标，其余指标达到第二年任务指标；上海神力双极板厚度达到 1.55mm，腐蚀电流密度 ≤0.1μA·cm⁻²，耐久性 ≥30000h。

质子交换膜方面，东岳未来氢能的产品质子传导率已达到 50mS/cm，拉伸强度达到 40MPa，厚度及均匀性达到 15μm±1μm，产能达到 20 万 m²，单卷长度达到 100m，指标全部达到第一年任务指标。

催化剂方面，雄安新动力科技股份有限公司首条公斤级氢燃料电池催化剂生产线已完成试生产。产品为 60%质量分数的 Pt/C 催化剂，其电化学活性面积和质量比活性分别高达 84.7m²/g 和 199A/g[①]。

碳纸方面，中氢科技碳纸研发进度不及预期。

空压机方面，金士顿轴承空压机产品已实现批量生产及广泛应用。其中 TCC120 无油空压机额定流量 180g/s，额定压缩比 3，最大功率 30kW，整机效率达到 70%，耐久性（启停次）达到 20 万次，产能达到 5000 台，达到

---

① 新动力：《首条公斤级燃料电池催化剂生产线已完成试生产》，https://www.jiemian.com/article/9040825.html。

第一年指标要求；TCC150 无油空压机额定流量 240g/s，额定压缩比为 3，最大功率 40kW，整机效率达到 70%，耐久性（启停次）达到 20 万次，产能达到 5000 台，达到第一年指标要求。乌海杰宁的空压机额定流量 200g/s，额定压缩比 3.7，额定流量 185g/s，整机效率达到 75%，使用寿命达到 25000h。

氢气循环系统方面，未势能源提出被动式一体化全功率单引射器解决方案，采用氢泵和引射器串联方案，功耗<800W，流量达到 1400slpm@ 27kPa。

2. 京津冀协同创新有突破

依托燃料电池汽车城市群建设机遇，河北省加强了与北京、天津的协同与合作。2023 年 6 月 30 日，在河北省科技厅和北京市科委、中关村管委会及天津市科技局共同指导下，由亿华通动力科技有限公司、张家口氢能与可再生能源有限公司牵头筹建，由京津冀等区域 54 家氢能领域科技型骨干企业、高校、科研机构和投资机构等共同发起成立河北省氢能产业创新联合体，在 3~5 年内，将围绕氢制备、储运、供能、动力、原料五大方向，聚焦 10 项集成系统，研发 33 类核心装备，突破百项关键技术，持续推动氢能产学研用一体化发展。成立河北省氢能产业创新联合体，是加快推动京津冀协同创新、促进科技与经济深度融合的重要举措，也是支撑河北省城市群建设的关键一环。

（二）产业链建设

河北省城市群产业基础进一步夯实，氢能和燃料电池汽车产业链加快完善。在产业链上，已聚集了中船集团第七一八研究所、派瑞华氢、新兴能源装备、中集安瑞科、长城汽车、河北长安汽车、金士顿、亿华通动力、未势能源、特嗨检测等一批国内领先企业，初步形成了涵盖制储输用全产业链的氢能产业体系。截至 2023 年 6 月底，河北省城市群拥有氢能和燃料电池产业链企业超过 59 家，主要集中在制氢、加注、燃料电池和整车等环节，如表 2 所示。

制氢环节，在张家口可再生能源基地布局河北建投风电制氢、海珀尔电

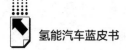

解水制氢、交投壳牌电解水制氢等多个绿氢项目；在邯郸、定州、唐山、乌海等地依托华丰能源、河北旭阳、中溶科技、乌海化工等重点布局工业副产氢项目；中国船舶集团第七一八研究所下属中船（邯郸）派瑞氢能科技有限公司已研发生产出单体产氢量 2000Nm³/h 的电解水制氢装备。

储运加环节，依托新兴能源装备、派瑞氢能、长城汽车等企业加大储氢、运氢、加氢设备研发力度，提高了技术水平。未势能源已研发出 70MPa Ⅳ型氢瓶，质量储氢密度为 6.1wt%，达到世界领先水平。

燃料电池环节，保定未势能源、张家口亿华通动力、张家口氢能科技、唐山东方电气、唐山锐唯、秦皇岛中氢科技、乌海杰宁等企业具备燃料电池电堆及系统生产能力，其中亿华通动力、未势能源和唐山锐唯生产的系统均已在城市群推广车辆上进行装车验证。未势能源在膜电极、双极板、引射器等关键零部件技术已取得突破，上海亿氢和上海神力分别在膜电极和双极板上取得进展。东岳未来氢能的质子交换膜、金士顿科技生产的空气压缩机也处于国内领先水平。

整车环节，保定长城汽车具备燃料电池乘用车生产能力，福田欧辉燃料电池整车生产线已落户张家口，河北长安具备燃料电池商用车研制能力，海易通新能源在乌海建有燃料电池汽车组装生产基地，三一集团、福田汽车、开沃汽车均在唐山市设立组装生产基地，此外城市群内聊城、郑州和厦门拥有中通客车、宇通客车、厦门金龙和厦门金旅等优秀氢燃料电池汽车整车企业。

创新平台方面，拥有国创河北氢能产业创新中心有限公司（国创河北氢能）、氢能技术创新中心（中船七一八所）、风电/光伏耦合制氢及综合利用研究中心（河北科技大学）、氢能源储运装备工程研究中心（邯郸新兴能源）、空气轴承及应用工程技术研究中心（金士顿）等一批创新平台。

检测服务方面，特嗨氢能检测（保定）有限公司建有世界级大型氢能、燃料电池汽车关键组件综合检测中心，能够完成燃料电池整车、发动机、电堆、膜电极、储氢瓶和阀门等产品的 160 余项测试检测。

标准制定方面，为加快推进河北省燃料电池产业标准化建设，以标准化引领和推动河北省城市群建设，支撑河北省燃料电池产业高质量发展，2022

年 7 月 20 日，河北省燃料电池标准化技术委员会正式成立。标委会的成立有助于整合河北省燃料电池领域技术资源、加快推进燃料电池标准化工作、健全燃料电池标准体系、促进形成燃料电池技术研发和产业链发展的优势，推动燃料电池产业发展。2023 年 2 月 3 日张家口市市场监督管理局发布地方标准《水电解制氢装置工业、商业和住宅应用技术标准》（DB1307/ T405-2023），标准规定了水电解制氢装置的应用范围、技术要求、试验方法和安全要求等内容。

表 2　河北省城市群氢能及燃料电池汽车产业链企业汇总

产业链环节	细分领域	重点企业名称
制氢	氢气生产	海珀尔、交投壳牌、河北建投、崇礼新天风能、邯钢特种气体、华丰清洁能源、乌海化工、定州旭阳、国电投、京能科技、华能科技、九江焦化、中溶科技、大河世纪氢源
	制氢装备	派瑞氢能
储运	储运装备	新兴能源装备、定州旭阳
	车载储氢系统	未势能源、派瑞氢能
加注	加氢站建设与运营	海珀尔、交投氢能、中油新能源、中石化、国家能源、华丰清洁能源、邯钢特种气体、定州旭阳、中智天工、未势能源、立本能源、京能科技、河钢工业、九江焦化、燕山钢铁、国电投、大河世纪氢源等
燃料电池	系统	亿华通动力、张家口氢能科技、未势能源、中氢科技、东方电气、唐山锐唯
	电堆	聚通科技、未势能源、中氢科技、上海神力
	膜电极	未势能源、唐山锐唯、上海亿氢
	催化剂	雄安新动力
	双极板	未势能源、中氢科技、上海神力
	质子交换膜	东岳未来氢能、未势能源
	空压机	金士顿科技、未势能源
	氢气循环系统	未势能源
整车	整车生产	北汽福田、张家口易龙氢能、长安客车、中通客车、海易通银隆、宇通客车、厦门金龙、厦门金旅、三一重工、长城长征集团
	车辆运营	张家口氢能美锦、张家口水木通达、保定智通新能源、唐山众沃、武安市氢能物流、邯郸市凯利物流、蚂蚁物流、大河世纪氢源

续表

产业链环节	细分领域	重点企业名称
应用	创新平台	国创河北氢能产业创新中心有限公司、空气轴承及应用工程技术研究中心、氢能技术创新中心、风电/光伏耦合制氢及综合利用研究中心、氢能源储运装备工程研究中心
	监测平台	张家口市氢能全产业链一体化数据监测和采集平台
	检测服务	特嗨氢能检测(保定)有限公司

（三）氢能供给

1. 氢能供应能力增强

河北省城市群依托丰富的可再生能源和工业副产氢资源，积极布局制氢项目，以保障城市群燃料电池汽车示范运营用氢需求。截至2023年6月底，河北省城市群共计建成制氢项目11个，合计制氢产能达到89吨/天，具备为河北省城市群燃料电池汽车示范应用提供氢气保障的能力（见表3）。其中，张家口市共计建成制氢项目5个，主要采取碱性电解水制氢技术路线，制氢产能17.2吨/天，已成为全国最大绿氢生产基地之一。定州市和乌海市依托焦炉煤气和氯碱副产氢资源，分别建成1个制氢项目。唐山市和邯郸市依托焦炉煤气资源，分别建成2个制氢项目。另外，10个制氢项目在建或筹建中（见表4）。同时，城市群制氢企业加快了低碳氢和清洁氢认证工作，截至2023年6月底，海珀尔、交投壳牌、新天风能等企业已取得可再生氢认证，旭阳能源和乌海化工已取得清洁氢认证。

表3　河北省城市群建成制氢项目

序号	城市	项目名称	产能（吨/天）	技术路线	项目状态
1	张家口市	海珀尔制氢项目	4	电解水制氢	建成投产
2	张家口市	交投壳牌绿色氢能一体化示范基地项目	8	电解水制氢	建成投产

序号	城市	项目名称	产能（吨/天）	技术路线	项目状态
3	张家口市	河北建投风电制氢综合利用示范项目一期	1.7	电解水制氢	建成投产
4	张家口市	河北建投风电制氢综合利用示范项目二期	2.6	电解水制氢	建成
5	张家口市	崇礼新天风能大规模风光储互补制氢关键技术与应用示范项目	0.85	电解水制氢	建成投产
6	定州市	河北旭阳能源有限公司	13	焦炉煤气制氢	建成投产
7	乌海市	乌海化工氯碱副产氢项目	21.2	氯碱副产氢	建成投产
8	唐山市	迁安九江焦化	5.5	焦炉煤气制氢	建成
9	唐山市	中溶科技一体式加氢站项目	21.2	焦炉煤气制氢	建成
10	邯郸市	华丰能源焦炉煤气 PSA 提纯制氢项目	10	焦炉煤气制氢	建成已使用
11	邯郸市	河北邯钢特种气体有限公司	1	焦炉煤气	建成已使用

表4　河北省城市群在建制氢项目

序号	城市	项目名称	产能（吨/天）	技术路线	项目状态
1	张家口市	国华河北赤城风氢储多能互补示范项目制氢站一期项目	4	电解水制氢	验收阶段
2	张家口市	张家口风光耦合科技示范项目	0.8	电解水制氢	办理运营证件
3	邯郸市	华丰能源焦炉煤气 PSA 提纯制氢项目	14	焦炉煤气制氢	建成未使用
4	保定市	京能科技（易县）有限公司	1	光伏电解水制氢	土地审批
5	保定市	涞源氢阳新能源开发有限公司	1.3	电解水制氢	土地审批
6	保定市	唐县轻源新能源开发有限公司	0.9	电解水制氢	规划中

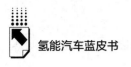
续表

序号	城市	项目名称	产能 （吨/天）	技术路线	项目状态
7	唐山市	佳华制氢厂	19.7	焦炉煤气制氢	建设中
8	秦皇岛市	华能昌黎光伏发电制氢加氢项目	0.022	电解水制氢	已备案
9	乌海市	乌海中太氢能科技有限公司	8.6	焦炉煤气制氢	审批完成
10	乌海市	宝武清能（乌海）有限公司	8	电解水制氢	土地审批

2.加氢站建设推进缓慢

截至 2023 年 6 月底，河北省城市群已累计建成加氢站 18 座，其中 12 座接入国家氢能及燃料电池汽车示范评价平台（见表 5）。分类看，固定站 11 座、撬装站 7 座。分城市看，张家口市累计建成 9 座加氢站，主要原因为保障冬奥会规模化燃料电池汽车示范运营需要，超前进行了加氢站建设布局，2022 年冬奥会结束后，1 座撬装式加氢站停用拆除，1 座撬装式加氢站与固定站合并；其余 9 座加氢站分别位于保定市（2 座）、乌海市（2 座）、唐山市（3 座）、定州市（1 座）和邯郸市（1 座）。此外，7 座加氢站处于筹建或在建状态（见表 6）。与第一考核年度相比，河北省城市群第二考核年度至 2023 年 6 月底没有新的加氢站投入运营。

表 5　河北省城市群建成加氢站情况

序号	城市	加氢站名称	建设运营主体	类型	加注能力 （kg/12h）	状态
1	张家口市	创坝站	交投氢能	撬装	1000	建成投运
2	张家口市	纬三路站	交投氢能	固定	1000	建成投运
3	张家口市	太子城服务区站	中油新能源	固定	1000	建成投运
4	张家口市	崇礼北站	中油新能源	固定	1000	建成投运
5	张家口市	东望山站	海珀尔	固定	1000	建成投运
6	张家口市	崇礼西湾子站	中石化张家口分公司	固定	1000	建成投运

续表

序号	城市	加氢站名称	建设运营主体	类型	加注能力（kg/12h）	状态
7	张家口市	太子城服务区撬装站	交投氢能	撬装	200	已拆除
8	张家口市	崇礼西湾子撬装站	中石化张家口分公司	撬装	500	已合并
9	张家口市	万全油氢电综合能源站	国家能源集团	固定	1200	建成
10	保定市	旭阳加氢能源站（大王店站）	旭阳氢能	撬装	500	建成投运
11	保定市	保定"容易线"驿站加氢站	鸿蒙氢能	固定	1000	建成投运
12	乌海市	纬七街加氢站	中石化乌海分公司	撬装	500	建成
13	乌海市	乌海化工加氢站	乌海化工	固定	860	建成
14	唐山市	佳华加氢站	河钢工业	固定	500	建成投运
15	唐山市	东海加氢站	滦逸氢能	撬装	500	建成投运
16	唐山市	燕阳冷轧撬装站	燕阳冷轧	撬装	500	建成投运
17	定州市	加氢、加油、加LNG三合一站	旭阳氢能	固定	500	建成投运
18	邯郸市	邯钢加氢站	河钢工业	固定	500	建成投运

表6　河北省城市群在建加氢站

序号	城市	加氢站名称	建设运营主体	类型	加注能力（kg/12h）	状态
1	张家口市	现代产业园站	交投氢能	固定	1000	完成方案
2	张家口市	阳原中泰加氢站	阳原时泰能源	固定	500	规划中
3	邯郸市	华丰清洁能源加氢综合能源服务区项目	华丰能源	固定	2000	建成未使用
4	乌海市	海勃湾产业园区加氢站	—	撬装	214	已立项
5	乌海市	乌海双海西来峰制氢加氢一体站	双海新能源	固定	500	规划中

序号	城市	加氢站名称	建设运营主体	类型	加注能力（kg/12h）	状态
6	乌海市	乌海双海千里山制氢加氢一体站	双海新能源	固定	500	规划中
7	雄安新区	容东综合加能站	国家电投河北公司（雄安公司）	固定	1000	开工

（四）示范应用

河北省城市群是国内较早开展燃料电池汽车示范应用的区域之一，目前已有一定规模的燃料电池公交车队和重卡车队，示范应用已初具成效。截至2023年6月底，河北省城市群累计推广燃料电池汽车897辆（燃料电池客车494辆、燃料电池重型牵引车394辆、燃料电池厢式运输车9辆）（见表7），其中仅307辆燃料电池车接入国家氢能及燃料电池汽车示范评价平台。从行驶里程看，接入国家数据平台的307辆车单车平均累计用氢行驶里程11021公里。

分城市来看，张家口市借助筹办北京2022年冬奥会的历史机遇，积极推动燃料电池客车示范应用，分6批次在城区10余条公交线路上累计投运燃料电池客车380辆，另有64辆燃料电池客车用于旅游包车，车队累计运行里程超过2800万公里，单车最高行驶里程超过18万公里。保定市的"容易线"是雄安新区主要建材运输通道之一，主要功能是保障徐水调蓄库砂石骨料到雄安新区的运输任务，"容易线"氢燃料电池重卡项目投入燃料电池重型牵引车40辆（河北省城市群），此外还有12辆燃料电池货车用于汽车零部件运输。唐山市依托钢铁至港口等运输场景优势，已投入306辆燃料电池重型牵引车（河北省城市群），开通了多条钢材运输中短途运输线路；2022年2月起，乌海市50辆燃料电池公交正式在4条公交线路上线运营，线路往返里程在6.9~35km。邯郸市河钢集团在邯钢厂内运行20辆燃料电池重型牵引车用于短倒，还有25辆燃料电池重型牵引车用于中短途钢材运输。

表7　河北省城市群车辆示范应用场景

城市	场景名称	线路	线路长度（km）	推广车型	数量（辆）
张家口市	公共交通	1路、10路、k3路、33路、23路等10余条公交线路	6.3~20	9.5米、10.5米和12米客车	380
张家口市	旅游包车	不固定	不固定	9.5米、10.5米客车	64
保定市	砂石骨料运输	"容易线"砂石骨料运输专线	47	49吨牵引车	40
保定市	汽车零部件运输	长城集团部件园-徐水工业园区	45	49吨牵引车	3
保定市	汽车零部件运输	长城集团部件园-徐水工业园区	45	18吨厢式运输车	9
唐山市	钢材运输	东海-首钢/河钢	100~130	49吨牵引车	136
唐山市	钢材运输	京唐港-佰工钢铁	90~100	49吨牵引车	20
唐山市	钢材运输	燕钢-曹妃甸港	231	49吨牵引车	6
唐山市	钢材运输	东海-曹妃甸	100	49吨牵引车	70
唐山市	钢材运输	滦州东海特钢-京唐港	80	49吨牵引车	22
唐山市	钢材运输	—	—	49吨牵引车	52
乌海市	公共交通	海南汽车站-拉僧庙	35	10.5米客车	50
乌海市	公共交通	凯阳建材城-乌海火车站	9.0	10.5米客车	
乌海市	公共交通	红星美凯龙-市民中心	11.8	10.5米客车	
乌海市	公共交通	永昌一区-铁路西水塔	6.9	10.5米客车	
邯郸市	厂区短倒	邯钢厂区内	—	49吨牵引车	20
邯郸市	钢材运输	金鼎潞宝-天津铁厂	183	49吨牵引车	25
合计					897

三　城市群建设出现的新问题和挑战

（一）城市群车辆推广任务进展缓慢

鉴于第一考核年度车辆推广任务完成率仅17.9%，未完成的车辆推广任务将顺延至第二考核年度。按实施方案任务来看，第一和第二考核年度河北省城市群需要推广燃料电池汽车 3145 辆。截至 2023 年 6 月底，河北省城市群共有 307 辆燃料电池车接入国家氢能及燃料电池汽车示范评价平台，任务完成率 9.76%，可以看出河北省城市群车辆推广任务进展缓慢，且第二考核年度车辆推广任务压力较大，各参与城市亟须加快任务落实。

（二）绿氢电价上涨推高制氢成本

张家口市绿氢成本上升。按照《河北省发展和改革委员会关于做好冀北电网 2022 年绿电市场化交易工作的通知》（冀发改电力〔2022〕41 号）要求，2022 年 5 月起"四方交易"机制取消，导致网电制氢用电价格上涨。其中：海珀尔制氢电价从 0.15 元/kWh 上涨至约 0.7 元/kWh，制氢用电成本从 8.7 元/kg 增加到 40.7 元/kg，生产总成本从 23.4 元/kg 增加到 55.4 元/kg；风电制氢项目享受的"自发自用、余量上网和免收容量费"优惠政策也于 2022 年 10 月到期，造成风电制氢用电价格从 0.33 元/kWh 上升至 0.56 元/kWh，以新天风能为例，其制氢用电成本 32.4 元/kg，生产总成本达到 39.5 元/kg。由此可以看出，目前在无电价优惠政策的情况下，张家口绿氢生产成本已高于国家燃料电池汽车示范城市群 35 元/kg 的氢气售价要求，也高于张家口市 30 元/kg 的加氢站终端售价，出现成本与价格倒挂，亟须完善绿氢用电价格机制，推动绿氢成本下降。

四 城市群下一步工作计划及建议措施

（一）车辆推广

1. 探索更多燃料电池汽车示范应用优质场景

一是优先在适合燃料电池汽车使用的重卡领域进行规模化推广。依托唐山市港口、钢厂、矿山等应用场景为重点，充分利用此类场景货物运输量大，货物运距较短等特点，加速燃料电池重卡规模化应用，同时加快加氢站等基础设施建设，为后续实现燃料电池重卡大规模应用做铺垫，也为城市群其他城市推广燃料电池重卡提供经验。二是探索燃料电池在环卫作业车、冷链物流车等高能耗且对续驶里程有一定要求的车辆上应用。三是找出长距离、高载重和高寒等纯电动汽车无法应用的场景，充分发挥燃料电池汽车耐低温和长续航的特点，与纯电动汽车形成互补，共同完成车辆在各应用场景下的电动化替换。四是对于钢铁、炼焦化学工业（常规焦炉）、水泥行业、平板玻璃、建筑陶瓷、火电、垃圾焚烧发电等有环保绩效创 A 任务的行业，在大宗物料和产品运输端，公路运输优先使用燃料电池重型载货车辆；在厂内运输方面使用纯电动或燃料电池重型货车进行全面替代，并优先选用燃料电池车辆。

2. 建设城市群氢能示范线路

推动京唐港、曹妃甸港等沿海港口重型货车使用氢燃料电池车辆进行替代，打造疏港通道示范线路。推动容城-易县砂石料运输专线，迁安-曹妃甸铁矿石钢材运输专线等示范线路应用推广。打造跨区域氢能运输示范线路，积极参与京津冀氢能高速建设。

3. 扩大燃料电池汽车路权

给予长距离重型货物运输场景的燃料电池重卡更多通行权，如延长通行时间、扩大通行范围等。针对跨区域的优质场景给予通行费优惠政策，如在城市群内通行免收高速通行费、过路过桥费等，以增强燃料电池汽车在优质场景使用体验，加速车辆推广落地。鼓励出台公共停车场停车费限时减免等支持措施。

（二）氢能供应

1. 给予绿氢优惠政策支持

建议国家可以让网电制氢企业通过类似"四方协作机制"，获得优惠电价，并执行单一电价，取消容量费，以降低绿氢成本。给予风电制氢企业继续享受"自发自用、余量上网、免收容量费"的政策。

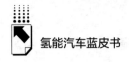

2.合理规划加氢站布局

在满足城市群的燃料电池示范车辆氢气需求的基础上，适度超前布局加氢网络，统筹规划加氢站的选址布局，对氢气供给方和加氢站做好匹配。

3.推动高压气态储运装备量产应用

依托优势企业，推动高压气态储运装备生产，提高设备储氢压力和储氢密度，推广 50MPa 长管拖车应用，提高氢气运输效率，降低运氢成本。

（三）政策制度

1.提升城市群组织保障能力

主要措施有：一是聘用河北省城市群第三方服务机构为城市群提供技术支撑，负责对城市群示范工作指导、跟踪、监督、考核、评估等具体工作推进。二是建设城市群燃料电池汽车全产业链示范运营安全监测中心，既能实时监控城市群推进进展，又能作为国家和地方燃料电池汽车示范推广奖励资金审核发放的重要依据。

2.加快完善城市级资金扶持政策

督促尚未出台资金扶持政策的城市加快出台相关政策，包括给予可再生能源制氢电价优惠支持、燃料电池车辆购置补贴、车辆运营补贴、加氢站建设补贴、氢气价格补贴、关键零部件技术创新配套资金奖励等。

3.提前预拨财政补贴

建议省级和市级补贴采用预拨制，在产业发展初期有效缓解企业的资金压力，保障企业技术创新与示范应用资源投入，提升产业链各企业的示范积极性，增强产业发展的信心。

B.17
郑州燃料电池汽车示范城市群发展报告（2023）

原　田　孟德水　张龙海*

摘　要： 郑州城市群抢抓国家燃料电池汽车示范应用重大战略机遇，加快推动燃料电池汽车示范应用发展。郑州城市群各地市出台一系列发展规划和支持政策，各环节优势企业以市场为导向，加强核心技术创新，协同探索应用场景、车辆推广以及加氢基础设施建设，形成了开放合作、布局合理、协同推进的发展模式。未来，郑州燃料电池汽车示范城市群将进一步加快构建安全、稳定、低价的车用氢能供给体系，高质量完成示范应用目标任务，建设国内领先的燃料电池汽车产业集群，助力建立我国自主可控的燃料电池汽车产业链。

关键词： 郑州　城市群　燃料电池汽车　氢能

氢能的利用是全球能源技术革命的重要方向，开发和利用氢能是当前全球产业创新和能源转型的重大战略路径之一。燃料电池汽车是氢能在交通运输领域的重要应用，也是新能源汽车发展的重要方向，大力发展氢能与燃料电池汽车产业，加快燃料电池汽车技术创新和示范应用，促进燃料电池汽车与可再生能源协同发展，是实现"碳达峰、碳中和"目标、保障国家能源

---

* 原田，宇通客车股份有限公司，主要研究方向为燃料电池汽车技术开发；孟德水，宇通客车股份有限公司，燃料电池技术科科长；张龙海，宇通客车股份有限公司，燃料电池专业首席工程师、河南省氢能与燃料电池汽车产业研究院院长。

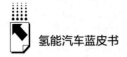
供应安全和实现可持续发展的重要举措。

2021 年 12 月，国家五部门印发《关于启动新一批燃料电池汽车示范应用工作的通知》（财建〔2021〕437 号）文件，郑州城市群获批启动燃料电池汽车示范应用工作，示范城市群以郑州为牵头城市，按照"全国一盘棋"统筹规划，联合张家口、保定、辛集、上海嘉定区、奉贤区、临港区、烟台、淄博、潍坊、佛山、宁东等 11 个产业链共建和绿氢示范应用城市，以及洛阳、开封、新乡、安阳和焦作等 5 个省内氢源供给和车辆示范应用城市，形成"1+5+N"的城市群组合，开展燃料电池汽车示范应用。目标通过 4 年时间，建设 76 座加氢站，推广应用 4295 辆燃料电池汽车，探索可持续发展的燃料电池汽车商业化推广模式；并通过示范引领和技术创新，全面实现燃料电池电堆、膜电极、双极板、催化剂、空压机、质子交换膜、碳纸、氢循环系统等 8 大关键领域的产业化突破，建立我国自主可控的燃料电池汽车产业链。

一　郑州城市群示范进展

郑州城市群自获批以来，立足于河南省产业优势基础和发展氢能与燃料电池汽车产业内生动力，在推动产业链技术创新、探索多元示范场景、推进基础设施建设、政策体系完善等方面统筹推进，多措并举，各项示范任务有序开展，产业发展初见成效。

（一）持续技术创新，建立自主可控的产业链

围绕整车龙头企业宇通集团的各类客车、卡车产品，在城市群内开放合作，通过整车优势企业的牵引带动，驱动燃料电池汽车关键核心技术的创新发展，重点扶持技术研发能力较强的亿华通、重塑科技等系统集成企业，围绕应用场景和整车技术要求，联合八大领域的优势企业持续开展技术攻关和车规级产品设计验证，共同推进场景应用与技术研发创新的产业链协同发展，同时加强氢气制-储-运-加等各环节氢能装备等相关优势企业的研发和

产业化，推动全产业链的技术创新，初步建立了自主可控的燃料电池汽车产业链。

一是燃料电池整车产品性能领先，宇通集团布局研制了燃料电池客车、渣土车、水泥罐车、环卫车、物流车和重型牵引车等燃料电池系列化商用车产品，联合国内外知名高校和研发机构，开展高效自适应电电混合动力系统、超低温快速无损启动、全工况高可靠整车集成等关键技术攻关，实现氢耗较上一代同类产品低10%、最低-26℃气温下5年稳定运行，研制的"长续航高环境适应性燃料电池公交车"被评为国家十三五重点科技成果，"高速长续航燃料电池重型牵引车商"已列入工信部产品公告并实现批量生产。

二是提前实现了电堆、空压机、氢循环泵、双极板和膜电极5个关键零部件自主国产化，并批量装车应用。其中上海韵量150kW电堆开展了高性能单边框六合一膜电极、定制化石墨材料及模压工艺等技术创新，优化了流道设计和提高了膜电极的可靠性与寿命，实现了整体的高性能；金士顿无油空压机产品可满足30~120kW燃料电池发动机系统需求，最大流量140g/s，满足20万次启停要求，已实现批量化应用；亿华通自行开发适配引射器方案，满足系统不同功率段需求，且纯机械件，可靠性和效率更高；上海唐锋自主研发生产的膜电极活性面积达到332cm^2，铂载量阴极0.46/阳极0.09gPt/kW，指标处于行业领先水平；上海神力自行设计生产了石墨模压板，具有高导电、导热性能，更易加工、成本更低。

三是氢能装备取得长足进步，其中正星科技在加氢机等关键设备、油氢合建站建设以及整站解决方案等领域处于行业领先地位；豫氢装备具备加氢站组装总成和关键零部件生产能力；开封市亚普汽车具备0~105MPa高压和超高压氢气和其他高压气体阀门的设计、仿真、样品试制、工艺试制和试验验证能力，已完成氢燃料电池汽车用35MPa和70MPa级瓶阀、减压阀、加氢口、单向阀的研制开发工作，联合宇通等单位承担了2022年度河南省重大科技和研发专项。

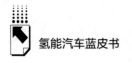

（二）优化示范场景，探索可持续的推广模式

按照"宜电则电、宜氢则氢、氢电互补"的整体原则，结合在现有技术水平下，车辆不同技术路线全生命周期成本对比分析，优化了车辆示范推广结构。截止到2023年8月，郑州城市群累计推广燃料电池汽车1161辆，车辆累计纯氢运行总里程超过1350万公里，其中郑州市累计推广923辆，洛阳市累计推广40辆，开封市累计推广30辆，新乡市累计推广70辆，安阳市累计推广98辆，重点打造公交、环卫、冷链、渣土/搅拌、重型牵引等场景开展示范应用。

1. 城市公交和环卫

未来将以纯电动为主，燃料电池车辆全生命周期成本略高于纯电动。但公交、环卫线路固定、工况简单，利于示范初期加氢基础设施布局建设和产业培育，且对氢能示范的宣传作用较好。基于以上要素，郑州城市群适度推广燃料电池公交和环卫车辆，但即使在补贴情况下，全生命周期成本较纯电动也有一定劣势。因此，推广燃料电池公交车客户主体是公交公司，运营场景有两种，包括市内普通公交和快速公交；推广环卫车主要客户是各区县城市管理局，运营场景为垃圾运输，典型运营线路为郑州管城区垃圾清运公司至郑州东升环保，往返程约65公里。

2. 冷链物流

河南省是全国第二大冷链运输省份，在支线配送或市区日运营250公里以上的场景中，纯电动单次充电难以满足，频繁补电对物流时效性有较大影响。4.5吨燃料电池物流车在满足运营里程需求的情况下，加氢只需5~8分钟，具备一定优势，可实现与纯电动的互补。郑州城市群加大冷链物流推广力度，主要客户是河南大河四季冷链物流有限公司，运营场景为冷链运输，典型运营线路为郑州北四环沿线运输。

3. 渣土/搅拌车

在大气污染防治的牵引下，城市工程车辆正逐步电动化，随着城市半径逐步扩大，周边工地也向外辐射更远，针对200km以上的部分作业场景可发挥燃料电池汽车加氢运营效率高、续驶里程长的优势。推广渣土/搅拌车主要客户有郑州帝丰、河南淄翎、洛阳国苑等 16 个，渣土车典型运营场景为新密至管城区，往返 70km；搅拌车运营场景为搅拌站至各基建用地，往返 30~60km。

4. 重型牵引车

与纯电动相比燃料电池重卡具有轻量化、加氢时间短、续驶里程长的优势。在 24 小时不间断运营、城间支线物流运输等场景中，日均运营里程 200~400km，对整车功率需求不大，且行驶线路相对固定，便于加氢基础设施布局和燃料电池示范运营。推广重型牵引车主要客户有亿恒泓达、安阳利源集团等 4 个，运营场景为砂石谷料，典型运营线路为登封砂石厂至郑州各搅拌站，标载 49 吨，往返里程约 160km。

（三）推进加氢站建设，探索有效商业模式

随着示范城市群各项工作逐步推进，郑州城市群结合车辆实际应用场景在氢能来源、氢能经济性以及加氢站建设等方面开展探索产业发展的有效商业模式，初步打通了氢能制—储—运—加产业与燃料电池汽车实际应用协同发展的局面。

1. 氢能来源

牵头城市郑州氢能来源主要为周边城市的工业副产氢提纯，省内参与城市依托本地氢能企业供应，距离郑州市 200km 范围内。焦作、安阳、开封等地有数十亿标方低成本工业副产氢，可提纯供郑州及当地燃料电池汽车使用。主要参与示范企业有伟祺新洁能源有限公司、华久氢能源（河南）有限公司、河南利源焦化有限公司、河南心连心化工集团有限公司等企业（见表 1），现阶段城市群供燃料电池汽车使用的氢气年产能超过 1.3 万吨。随着燃料电池汽车示范规模扩大，相关企业可进一步扩大产能，满足数万辆燃料电池汽车使用。

表1 郑州市氢气主要来源

企业	类型	所在地市	产量	运输方式	距郑州距离
伟祺化工	工业副产氢	焦作	2900吨/年	拖车	65km
华久氢能	工业副产氢	洛阳	7000吨/年	拖车	120km
河南心连心	工业副产氢	新乡	2~3万吨/年	拖车	90km
利源燃气	工业副产氢	安阳	2300吨/年	拖车	180km
东大化工	工业副产氢	开封	2000吨/年	拖车	60km
宝丰成业	工业副产氢	平顶山	1900吨/年	拖车	150km
硅烷科技	工业副产氢	许昌	1600吨/年	拖车	120km

2. 氢能经济性

积极出台政策支持燃料电池汽车用氢，探索可持续的商业模式。示范第一年度省级财政按照中央财政1∶1配套，示范城市结合当地实际情况出台支持政策，确保氢气终端售价≤35元/kg。

焦作、安阳等地工业副产氢经过提纯，出厂价在24~26元/kg，考虑加氢站综合费用，扣除中央和省级两级用氢财政奖励为18元/kg，省内参与城市终端用户用氢价格在18~23元/kg。相比焦作、安阳等地，郑州市增加了氢气运输费用百公里8~11元/kg，在用氢三级奖励的政策下，郑州市实现加氢结算价格在35元/kg，终端用户用氢价格在17~25元/kg，燃料电池各类卡车车型在补贴下，运营成本相比传统燃油车具备一定的优势，利于示范初期车辆推广。为降低运氢成本，探索发展管道输氢，率先建成济源市至孟津区的氢气输送管道。随着郑州周边纯化产能增加，供应量持续稳定增大，氢气的出厂价格、运输和加氢站运营成本预期有所下降，到示范周期末，在无奖补的情况下有望实现35元/kg。

3. 加氢基础设施建设

郑州城市群结合车辆实际应用场景，统筹规划建设加氢站建设，截止到2023年8月，已建成各类加氢站24座，其中郑州17座、洛阳2座、安阳5座，详细情况见表2。

表 2　郑州城市群建成加氢站情况

序号	所在城市	加氢站名称	加氢站类型	日供氢能力（kg）	服务场景
1	郑州	宇通加氢站	固定站	1700	各类车型
2	郑州	郑州氢枫能源技术有限公司	固定站	500	公交、自卸
3	郑州	焦作伟祺杲村加氢站	固定站	1000	公交、自卸
4	郑州	宝丰成业毛庄加氢站	固定站	500	公交、自卸
5	郑州	森思达新能源东三环加氢站	固定站	500	自卸
6	郑州	宇通新密德润站	撬装站	500	牵引
7	郑州	宇通淄翎站	撬装站	1300	自卸
8	郑州	宇通融佳站	撬装站	500	环卫、自卸
9	郑州	河南大河四季能源科技有限公司–四季物流港加氢站	固定站	1000	冷藏
10	安阳	安阳晶晖新能源有限公司内黄加氢站	撬装站	1000	牵引
11	安阳	宝舜科技股份有限公司铜冶加氢站	固定站	500	自卸、牵引
12	洛阳	华久新能源综合能源站	固定站	1000	自卸
13	安阳	河南利源物流有限公司	固定站	700	自卸、牵引
14	安阳	宝舜科技股份有限公司	固定站	2300	自卸、牵引
15	郑州	森思达新能源陇海西路加氢站	撬装式	1000	自卸
16	郑州	郑州华润燃气股份有限公司航海东路车用能源站	固定站	1000	自卸
17	安阳	安阳晶晖新能源有限公司水冶加氢站	撬装站	1000	自卸、牵引
18	郑州	花溪加氢站	固定站	1000	环卫、物流
19	郑州	隆瑞东三环站	撬装站	1500	环卫、自卸
20	郑州	河南丈一建筑工程有限公司	撬装站	1200	自卸、搅拌
21	洛阳	洛阳国苑运输加氢站	撬装站	1000	自卸
22	郑州	河南金马氢能有限公司化工路加氢站	固定站	2000	各类车型
23	郑州	郑州重塑氢能科技有限公司二七正创站	撬装站	500	搅拌、牵引
24	郑州	森思达新能源正新加氢站	撬装站	1000	自卸、牵引

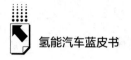

（四）完善政策体系，支撑示范应用加快推进

在顶层规划设计方面，河南省出台了《河南省氢能产业发展中长期规划（2022—2035年）》和《郑汴洛濮氢走廊规划建设工作方案》等，围绕"一轴带、五节点、三基地"建设，打造优势突出、特色明显、功能完善、辐射全省的"郑汴洛濮氢走廊"，逐步探索将氢能作为能源管理的路径，破除制约郑州城市群氢能及燃料电池汽车产业发展的体制机制障碍。

在具体支持政策方面，省级层面发布了《河南省加快建设燃料电池汽车示范应用城市群行动方案（2022—2025年）》，起草的《河南省加氢站建设审批暂行办法》正在进行发文程序。郑州市作为牵头城市，起草了《郑州城市群燃料电池汽车示范应用奖励资金实施方案（试行）》，经征求各参与城市意见，已印发实施执行，将国家和省级财政资金作为统筹资金使用，用于支持燃料电池汽车示范、关键零部件研发产业化、降低用氢成本等；率先制定了《郑州市燃料电池汽车示范应用工作方案》《郑州市2022年燃料电池汽车示范应用和产业发展行动计划》《郑州市支持燃料电池汽车示范应用若干政策》《郑州市汽车加氢站管理暂行办法》，其中《郑州市支持燃料电池汽车示范应用若干政策》明确了车辆购置、用氢奖补按照国家1∶1配套，在用氢奖励方面，综合考虑有效商业模式可持续，将国家用氢奖励给到加氢站运营方，省、市两级用氢补贴给到终端运营方，确保示范期内加氢站运营方有积极性建设加氢基础设施，终端客户用车运营成本较燃油车有优势，有效推动燃料电池汽车持续示范应用；起草的《郑州市主城区燃料电池加氢站布局专项规划（2022—2025）》已通过联审联批发布，有效破除加氢站建设瓶颈，鼓励各类市场主体积极参与加氢站建设实施，为车辆推广、加氢站建设运营和产业培育提供了资金支持和政策依据。

城市群其他参与城市立足发展实际，因地制宜也相继出台了多项支持政策（见表3）。

表3　郑州城市群氢能及燃料电池汽车产业相关政策汇总

序号	政策名称	发布单位	发布时间
1	《河南省加快建设燃料电池汽车示范应用城市群行动方案(2022—2025年)》	河南省工业和信息化厅、财政厅、科技厅、发展改革委	2022年8月
2	《河南省氢能产业发展中长期规划(2022—2035年)》	河南省政府办公厅	2022年9月
3	《郑汴洛濮氢走廊规划建设工作方案》	河南省政府办公厅	2022年9月
4	《郑州燃料电池汽车示范城市群工作机制》		—
5	《郑州城市群燃料电池汽车示范应用奖励资金实施方案(试行)》	郑州市燃料电池汽车示范应用领导小组办公室	2022年11月
6	《关于成立郑州市燃料电池汽车示范应用领导小组的通知》	郑州市政府	2022年8月
7	《郑州市支持燃料电池汽车示范应用若干政策》	郑州市政府	2022年8月
8	《郑州市2022年燃料电池汽车示范应用和产业发展行动计划》	郑州市政府	2022年8月
9	《郑州市燃料电池汽车示范应用工作方案》	郑州市政府	2022年8月
10	《郑州市汽车加氢站管理办法》	郑州市城管局	2022年6月
11	《郑州市主城区燃料电池加氢站布局专项规划(2022—2025)》	郑州市自然资源和规划局	2023年5月
12	《安阳市燃料电池汽车产业发展领导小组关于明确组织构成的通知》	安阳市政府	2022年6月
13	《安阳市氢能及燃料电池汽车"3+4+4示范应用行动方案2022—2025年"》	安阳市政府	2022年9月
14	《安阳市汽车加氢站管理暂行办法》	安阳市政府	2022年9月
15	《安阳市加快燃料电池汽车产业高质量发展若干政策》	安阳市政府	2023年6月
16	《开封市燃料电池汽车示范应用工作机制》	开封市新能源汽车推广应用及产业化发展工作领导小组办公室	2022年4月
17	《开封市燃料电池汽车示范应用行动方案(2022—2025年)》	开封市政府	2022年9月

续表

序号	政策名称	发布单位	发布时间
18	《洛阳市加快推动燃料电池汽车产业发展行动方案(2022—2025)》	洛阳市政府	2022 年 8 月
19	《洛阳市氢能与制造业产业政策》	洛阳市政府	2023 年 6 月
20	《焦作市氢能与氢燃料电池产业发展规划》	焦作市政府	2021 年 4 月
21	《焦作市氢能与氢燃料电池产业发展实施意见》	焦作市政府	2021 年 4 月
22	《焦作市燃料电池汽车示范应用工作方案(2022—2025 年)》	焦作市政府	2022 年 5 月
23	《焦作市汽车加氢站建设审批管理暂行办法》	焦作市政府	2022 年 8 月
24	《新乡市燃料电池汽车示范应用工作方案》	新乡市政府	2022 年 3 月
25	《新乡市加氢站运营管理办法(试行)》	新乡市政府	2022 年 3 月
26	《新乡市燃料电池汽车运营管理办法(试行)》	新乡市政府	2022 年 3 月
27	《新乡市氢能产业发展中长期规划(2022—2035 年)》	新乡市政府	2022 年 12 月

（五）强化组织建设，健全各项保障机制

（1）建立城市群工作机制，为推进郑州城市群示范应用工作，郑州市起草了《郑州燃料电池汽车示范城市群工作机制》，经征求各成员城市意见、修改完善，正式建立城市群工作机制。

一是成立郑州燃料电池汽车示范城市群领导小组，以郑州市政府主要领导为组长，各成员城市分管领导为成员，负责城市群示范应用全面工作，统筹安排燃料电池汽车示范应用过程中的重大事项，协调解决重大问题。

二是强化城市间沟通协调，成立领导小组办公室，负责领导小组日常工作，建立城市群各参与城市间的沟通、协调、信息分享和互访交流机制，构建企业交流平台，加强城市间产业协作，跟踪示范应用情况，协调推动示范

应用工作。2022年9月至10月，领导小组赴洛阳、开封、新乡、安阳、焦作和濮阳等地，开展示范推广和产业链对接专项活动，通过燃料电池车辆巡展和设立河南省产业研究院分院等形式，指导和推进城市群内氢能与燃料电池汽车产业链错位布局和共建发展。

（2）河南省政府高度重视，省政府明确工信、财政、科技、发改、住建等省级部门职责，制定工作方案和支持政策，完善制度机制，协调推进示范工作开展。2022年12月3日，省长王凯主持召开省长办公会议，研究郑汴洛濮氢走廊及郑州城市群燃料电池汽车示范应用工作，要求抢抓机遇，协同推进郑汴洛濮氢走廊和郑州燃料电池示范应用城市群创建，实现全省氢能产业高质量发展。时任省委常委、副省长费东斌，于2022年3月2日主持召开郑州城市群国家燃料电池汽车示范应用工作会议，强调了示范应用的重大意义，明确了工作重点和职责分工，要求完善工作机制，压实压细责任，推进工作开展；4月1日主持召开示范应用推进工作会议，全面推进示范应用；9月6日主持召开工作调度会，听取各地市示范应用工作进展，要求加快进度、加大力度，提前完成推广任务。

（3）牵头城市郑州市及各地市政府分别成立以主管市长为组长的领导小组，负责本城市燃料电池汽车产业发展的规划指导、统筹推进、监督检查等工作。郑州市高度重视，还成立了由市人大常委会主任担任组长的氢燃料电池汽车产业工作专班，针对示范任务进展及存在问题定期召开专班会议，周度报送工作周报，破解体制机制障碍，协调解决加氢站建设和车辆推广中出现的困难和问题。

（4）加强企业间交流合作，宇通对各类商用车进行研发、运营和推广，与城市群产业链共建城市的优势企业联合攻关，持续进行关键技术产业化研究，提升整车、关键零部件的技术水平、可靠性及安全性。

（5）财政资金管理与使用，郑州市牵头制定《郑州城市群燃料电池汽车示范应用奖励资金实施方案（试行）》，筹集国家与省级奖励资金，重点支持城市群内车辆示范应用、关键零部件核心技术产业化、降低氢气成本和支持加氢站建设等工作开展。省级配套资金采用"申报-预拨-考核"的方

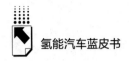
式进行使用与管理，后续根据五部委对郑州城市群的考评结果，按照各示范城市实际完成情况，进行积分清算和考核。

为加快推动示范应用工作，河南省财政厅印发《关于预拨 2022 年燃料电池汽车示范应用省级补助资金的通知》，预拨给省内示范城市 2022 年省级补助资金，帮助企业减轻资金压力。

各参与城市参照国家、省级财政奖补资金实施方案，结合地市实际制定奖补资金配套方案。郑州市出台的《郑州市支持燃料电池汽车示范应用若干政策》明确车辆推广、用氢奖补按照国家 1∶1 配套，以及加氢站、关键零部件研发奖励等细化支持措施。安阳、洛阳等参与城市也出台对应的财政奖补支持政策。

二 下一步工作计划

（一）探索优质场景，建立可持续商业模式

郑州城市群将继续按照"宜电则电、宜氢则氢、氢电互补"的整体原则，充分发挥燃料电池汽车加氢速度快、低温性能好、适用中重载长距离运输的性能优势。

一是结合各地区特色在城际配送、城市建设、钢铁企业清洁运输等领域推广应用燃料电池汽车，以场景应用为牵引，结合现有技术保障示范运行效果，充分验证当前整车和关键零部件技术水平和产品性能。

二是持续探索燃料电池商用车在中重载、长距离的应用场景，不断扩大燃料电池汽车的运距、载重和环境适应性，满足跨区域的运输需求，创造新的市场增长点，找到更适合燃料电池汽车的优质场景。

（二）提升技术创新能力，建立自主可控的产业链

一是围绕实际应用场景需求，用好整车规模示范和产业龙头带动效应，部署整车动力系统匹配与节能控制、燃料电池系统高集成与高可靠性、长寿

命电堆及基础材料自主研发、高安全高集成管阀件等一系列创新产品布局，完善技术创新链条。

二是以"补链、强链、延链"为重点，培育燃料电池汽车和氢能产业上下游重点企业，协同发展、聚点成链，加快打通氢能制取、提纯、运输、基础设施、氢能装备等氢能产业链和薄弱环节，实现燃料电池汽车产业链与氢能供给产业链双向协同发展。

下一步，郑州城市群将加大研发支持力度，力争在催化剂、碳纸和质子交换膜等领域实现突破，解决卡脖子关键技术环节，助力国家建立自主可控的燃料电池汽车产业链。

（三）统筹氢能供给，尝试开展非化工园区站内制氢

一是结合当地资源禀赋，统筹协调资源，适度超前布局，形成应用场景-车辆推广-加氢基础设施建设-氢能供应的联动，形成多方共赢。同时引导优势企业和科研院校对长距离氢气储运等环节开展产学研联合技术攻关，提高氢气储运效率，降低用氢成本。

二是 2022 年 3 月国家发改委和能源局发布的《氢能中长期规划（2021—2035 年）》中明确了氢的能源属性，示范城市群将先试先行，推动政策突破，在有条件的地区尝试开展非化工园区站内绿电制氢示范项目，一方面降低用氢成本，另一方面缓解可再生能源消纳难题，构建更加均衡、可持续的能源供给网络。

B.18
山东省"氢进万家"科技示范工程
发展报告（2023）

金 馨 门军辉 赵小军 赵 强 赵朝善 潘凤文*

摘 要： 近年来，山东省委、省政府把加快氢能产业发展作为超前布局先
导产业、抢占新能源技术制高点的重要领域，于2021年与科技
部联合开展"氢进万家"科技示范工程，"氢进万家"科技示范
工程是目前全球氢能领域覆盖面最全、规模最大的综合示范工
程，对我国氢能产业实现全球引领有显著的带动作用。示范工程
启动以来，山东省及相关地市围绕示范目标相继出台了40余项
氢能产业扶持政策和法规，为工程顺利实施起到了良好的政策指
引作用。在各级政府的支持下，产业链上下游企业不断加快技术
攻关和产品研发进度，关键技术逐步实现突破、氢能产业链日趋
健全、应用场景逐步拓宽，建成了高速和港口加氢站、高速零碳
服务区等多项氢能应用基础设施，形成了氢燃料电池车、氢能热
电联供、氢燃料电池客运船等多项氢能应用示范成果。报告最后
总结了"氢进万家"科技示范工程面临的挑战并提出相应措施
建议。

关键词： 氢能 产业链 氢进万家 山东模式

---

* 金馨，山东省科学技术情报研究院，助理研究员；门军辉，齐鲁空天信息研究院，工程师；
赵小军，国家燃料电池技术创新中心，高级工程师；赵强，国家燃料电池技术创新中心，高
级工程师；赵朝善，国家燃料电池技术创新中心，工程师；潘凤文，国家燃料电池技术创新
中心，正高级工程师。

一 项目概况

2021年4月16日，科技部和山东省签署"氢进万家"科技示范工程联合实施协议，以"一条氢能高速、两个氢能港口、三个科普基地、四个氢能园区、五个氢能社区"为示范目标，开展副产氢纯化、可再生能源制氢、管道输氢、氢能交通、热电联供、氢能产业链数据监控等氢能生产和利用技术的工程化示范，探索氢能在多种场景下的高效、安全应用新模式，打造可复制、可推广的氢能规模化应用样板。"氢进万家"科技示范工程是目前全球氢能领域覆盖面最全、规模最大的综合示范工程，对我国氢能产业实现全球引领有显著的带动作用。示范工程启动以来，山东省及相关地市围绕示范目标相继出台了40余项氢能产业扶持政策和法规，为工程顺利实施起到了良好的政策指引作用；在各级政府的支持下，产业链上下游企业不断加快技术攻关和产品研发进度，建成了高速和港口加氢站、高速零碳服务区等多项氢能应用基础设施，形成了氢燃料电池车、氢能热电联供、氢燃料电池客运船等多项氢能应用示范成果。通过开展"氢进万家"科技示范工程，吸引带动山东省超过100家企业进入氢能领域，加速了山东省氢能产业的发展。

二 示范工程进展情况

（一）关键技术逐步突破

在膜电极组件及关键材料国产化方面，青岛创启新能催化科技有限公司（简称"新能催化"）已实现燃料电池催化剂的批量生产，产品已应用在鸿基创能、神力科技、东方电气、氢启新能源、永安行等公司的产品中，同时正在进行催化剂碳载体的制备工艺研发。山东仁丰特种材料股份有限公司（简称"仁丰特材"）已完成气体扩散层用原纸生产和碳化石墨化片材制备，正在开展卷材制备工艺研发；山东同有新材料科技有限公司（简称

"同有新材") 自主研发的膜电极边框密封材料已完成国产化替代，并批量应用于未势能源、苏州擎动、鸿基创能等公司的膜电极产品，实现了膜电极关键密封材料的国产化替代；国家燃料电池技术创新中心（简称"国创中心"）基于国产化材料开展膜电极关键技术研发，膜电极性能达 0.60V@2.0A/cm^2，已具备商业化应用潜力。

在氢能动力系统开发方面，潍柴动力股份有限公司（简称"潍柴"）、海卓动力（青岛）能源科技有限公司（简称"海卓"）完成了 50kW、80kW、110kW、200kW 级燃料电池发动机开发，并实现 8 个车型的应用配套；济南绿动氢能科技有限公司（简称"济南绿动"）研发的"氢腾"燃料电池发电和空冷燃料电池产品，为燃料电池在综合供能和无人机等领域的应用奠定了坚实基础。通过技术创新和高品质规模化生产，实现动力系统的持续优化与迭代升级，推进燃料电池在道路交通、轨道交通、船舶等领域的商业化应用，为氢能在交通运输领域的可持续发展提供强有力的支撑。

在固定式发电研发方面，济南绿动、国创中心、爱德曼氢能源装备有限公司（简称"爱德曼"）、潍柴等企业围绕氢能及 SOFC（固态氧化物燃料电池）技术路线，开展了固定式热电联供综合供能系统关键技术攻关，并实现工业园区、高速公路服务区等场景的示范应用。其中，国创中心开发的 50kW 级氢能热电联供系统已累计运行时间超 2000 小时，累计发电量超 80MWh，累计产热超 200GJ，目前已完成 100kW 级发电模块迭代升级与性能开发，正在潍柴新能源产业园示范验证；此外，基于 100kW 级标准化发电模块的 200kW 级（应用于高速氢能服务区）和 500kW 级（应用于化工园区）热电联供产品已完成详细设计，预计 2023 年 11 月中旬完成样机试制。2023 年 2 月 18 日，潍柴在济南发布的全球首款大功率金属支撑商业化 SOFC 产品，系统功率达到 120kW，热电联产效率高达 92.55%；济南绿动推出燃料电池发电专用产品品牌"氢腾"，系统功率 100kW，产品可实现氢-电-热的深度耦合；固定式综合供能产品在工业园区、家庭住宅等场景的规模化示范应用，为碳达峰、碳中和目标的实现探索了新的技术路径。

（二）氢能产业链日趋健全

氢能产业重大项目投资方面，2020 年 3 月潍柴建成年产 20000 台燃料电池发动机及电堆生产线，建成行业首个同时具备氢燃料电池和固体氧化物燃料电池产品试验检测能力的 CNAS 认证试验中心；济南绿动黄河流域氢能产业基地项目，总投资 100 亿元，一期投资 40 亿元，聚焦燃料电池及关键材料研发，通过打造氢能研发创新平台与装备制造基地，扩大氢能在交通、供能等领域的应用范围；山东华电潍坊氢储能示范项目已完成立项批复，并于 2023 年 3 月发布水电解制氢系统设备采购招标公告。

氢气制备方面，依托山东省本地氢资源禀赋优势，积极推动可再生能源制氢与副产氢纯化项目，助力氢气本地化稳定供应体系建设，燃料用氢气产能达 40 吨/天，可满足 5000 辆燃料电池汽车的用氢需求，为燃料电池车辆推广提供充足的燃料支撑。此外，山东海化氯碱树脂有限公司（简称"山东海化"）年产 2700 吨高纯氢气的氯碱副产氢纯化项目已建成投产，提前完成承担的项目任务指标。2022 年 11 月山东赛克赛斯氢能源有限公司（简称"赛克赛斯"）完成国内首套 1200 标方 PEM（质子交换膜）电解水制氢设备交付，实现了兆瓦级 PEM 电解水制氢的商业化运行；山东海氢能源科技有限公司（简称"海氢能源"）已建成 8 条电解槽产线，设计制造的 HELA-1000（$1000Nm^3/h$）碱性水电解制氢装备成功入围中国氢能联盟举办的首期"氢能领跑者行动（电解槽专项）"白名单，开发的单槽 $2500Nm^3/h$ 碱性电解水制氢装备直流电耗达到 $4.2kW/m^3$，并已具备大规模量产能力。

车载储氢方面，威海光威复合材料股份有限公司（简称"光威复材"）、山东奥扬新能源科技股份有限公司（简称"奥扬"）等企业面向氢能产业积极开展高压储氢瓶用碳纤维、高压储氢等技术研发与产品布局，实现产业转型升级。光威复材自主研发的 T00S/T800S 碳纤维，成功应用于 70MPa 高压储氢瓶，并实现批量化生产。国创中心针对应用车型空间及行车工况差异，开发了不同构型车载储氢系统，首创"分时分区诊断"、"压

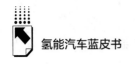

力护肩泄漏预警"等精细化氢安全策略,建立整车级"主动预警型"氢安全管理体系,车辆运营安全性提升25%以上。

氢气输运方面,目前氢气运输以20MPa管束方式为主,运输效率低、经济性差,难以满足高用氢量以及稳定供氢需求。山东中材大力专用汽车制造有限公司(简称"中材大力")积极开展45MPa氢气管束技术攻关,投用后运氢效率将提升50%以上,极大地提升运氢效率并降低成本。"氢进万家"科技示范工程二期实施专项中纯氢管网输氢以及天然气掺氢攻关任务,可为氢能车辆及固定式发电系统的大范围应用提供稳定的能源供给。山东泰山钢铁集团有限公司(简称"泰山钢铁")基于工业副产氢和管道输氢的加氢母站已实现商业运营,加氢枪口成本低至25元/kg。中国石化在淄博新建油氢合建站采用工业副产氢纯化后管道输送方式实现在不依赖补贴情况下加注价格33.6元/kg。

加氢站建设方面,在国家各项政策指引下,山东省在加氢基础设施建设方面取得了显著的成果,依托"氢进万家"示范工程,建成全国首座高速加氢站、港口行业首座加氢站、钢铁行业首座管道供氢加氢母站、累计建成加氢站35座,数量居全国第二位,综合加氢能力达到20吨/天。烟台东德实业有限公司(简称"东德实业")开发出国内首款可满足70MPa氢气加注需求的90MPa超高压加氢站用隔膜压缩机,零部件国产化率达到95%,其中DM45系列加氢站隔膜压缩机已通过德国TüV莱茵ATEX防爆安全评估,标志着此款压缩机的各项标准均符合欧盟ATEX防爆指令要求,满足欧盟市场准入法规要求。

氢能车辆推广方面,在《山东省氢燃料电池汽车推广应用实施方案》以及省、市政策支持下,全省已累计推广燃料电池车辆超1500辆,示范车型包括公交客车、物流配送、重型载货车辆,覆盖城市公交、高速、港口和园区等典型场景。开通燃料电池公交专线30余条,在济南、青岛、淄博、潍坊、聊城、济宁等地实现规模化上线运营。2021年10月27日,国内第一台拥有完整知识产权的氢燃料电池雪蜡车—黄河X7交付国家体育总局,打破国外垄断,为冬奥会的成功举办贡献了山东力量。

山东省通过实施"氢进万家"科技示范工程，带动了中国重型汽车集团有限公司（简称"中国重汽"）、山东东岳未来氢能材料股份有限公司（简称"东岳氢能"）、东德实业、奥扬科技、中通客车股份有限公司（简称"中通客车"）、山东海化、华润燃气控股有限公司（简称"华润燃气"）、泰山钢铁、山东豪迈机械科技股份有限公司（简称"豪迈科技"）、赛克赛斯、山东海氢能源等超过 100 家企业积极布局氢能，初步形成了氢能"关键材料-零部件-系统-整车"及氢能装备的产业链条，发挥出强大的产业拉动效果，助力山东省氢能产业加速发展。

（三）应用场景逐步拓宽

当前，氢能产业发展进入加速期，"氢进万家"科技示范工程先行先试，在高速、港口、园区等场景探索氢能应用新生态、新模式，为氢能应用场景大规模拓展奠定了基础。

面向高速应用场景，山东高速集团在济青高速北线探索以氢能为核心的高速公路能源供给新模式，构建了以管束车、管道、原位制氢协同的高速公路氢能接入机制；高速沿线规划建设 6 座加氢站（已建设完成 2 座），其中淄博服务区（南区）加氢站是全国首座高速加氢站，济南东服务区（北区）建成全国首座零碳服务区；此外，济南东服务区 3.2MW 和高密服务区 1.6MW 光伏发电系统均已完成并网，两座服务区年发电量 540 万千瓦时，每年可减少碳排放 4800 吨。首批 49 吨燃料电池重卡已开始高速场景示范运营，行驶总里程超 25 万公里，对燃料电池商用车的跨区域应用起到了良好的验证效果，加速了氢能高速的商业化落地。

港口作为水陆交通的集结点和枢纽，其用能结构优化是港口节能与保护环境的重要途径之一，为适应我国改善环境空气质量的新需求，助力我国能源安全，拓展开发和应用新能源或清洁能源是港口企业的重要社会责任。以"氢进万家"为契机，青岛港着力打造全国首座"氢+5G"智慧港口，结合港区周边副产氢源和港口特点，构建了"港外输氢+港内制氢"的氢源输入双保障体系；港内建设的全国首座港口加氢站，配备全球首创双枪双计量

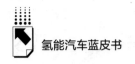

TK25 大口径加氢机，可同时为两辆氢燃料电池车补能，大幅提升加氢站工作效率。针对港口倒短工况，由中国重汽开发的氢能重卡已连续运行超 440 天，用氢量超过 12 吨，累计行驶里程超 9.5 万公里；根据港口装卸用吊装设备用能工况与规模，形成港口氢能轨道吊供能方案，规划建设 10 座氢能轨道吊，其中 8 座已开工建设，预计 2023 年底完成 4 座建设并投用。

在工业园区方面，以"氢进万家"示范工程为牵引，基于东岳氢能与潍柴新能源产业园区特点，分析全天候用能规模，开展氢能在园区的"制-储-输-用"全链条工程设计与示范应用，济南绿动、国创中心根据热-电用能规律，开发 50kW、100kW 和 500kW 级氢能热电联供系统及控制策略，实现氢能热电联供系统在工业园区的高效运行，其中潍柴新能源产业园示范运行的 50kW 和 100kW 氢燃料电池热电联供系统已稳定运行超过 2000 小时，完成了不同气候下园区热-电用能时段与规模的精确分析，支撑了系统控制策略精准优化。

（四）政策标准体系化增强

结合山东省产业基础以及氢能产业发展现状，山东省率先在全国范围内实现氢能标准法规的零突破，助力全国氢能产业标准体系建设。截至 2023 年 7 月，山东省累计出台氢能相关政策法规 40 余项，覆盖了氢能产业"制-储-输-加-用"各个环节，其中《山东省氢能产业中长期发展规划（2020—2030 年）》是全国首个省级氢能中长期产业发展规划；《车用加氢站运营管理规范》（DB37/T 4073-2020）是全国首个省级加氢站运营管理地方标准。同时，为加快"氢进万家"科技示范工程实施，潍坊市人民政府办公室印发的《关于支持氢能产业发展的若干政策》明确提出"鼓励天然气管道掺氢及纯氢管网建设。将掺氢管道和化工园区以外的输氢管道暂时按城镇燃气管道进行管理。并给予相应纯氢管道建设和燃气掺氢项目相应补贴。"这将有利于探索管道输氢新方式，降低终端用氢成本。氢能产业链标准体系化可引领氢能在现代能源体系建设、用能终端绿色低碳转型中的载体作用，努力实现氢能产业发展可复制、可推广的"山东模式"。

（五）三链融合模式新突破

国创中心积极探索产业链、创新链、人才链"三链"融合推进实施新模式，大力推动人才交流和技术支持互动。围绕"氢能技术"重点专项《管道氢气在城镇供能领域关键技术研究与规模应用》项目的开展，以课题牵头单位为主，结合专项任务的快速落地为目标，结合新时期国家在科技创新、成果转化等方面的新要求，自2022年10月开始，北京理工大学、山东大学、同济大学、重庆大学、中石油管道设计院等高校及科研院所10余名硕/博士研究生、技术骨干，到国创中心、华润燃气、港华燃气、华电潍坊发展有限公司等单位参与氢能产业链关键技术研发与工程技术应用攻关工作，并为"氢进万家"重点专项的实施提供技术指导；同时，高校人员在驻企工作中获得的工程化经验和数据，反哺高校科研，为高校工程实用化研究工作的开展提供了产业信息支持，增强了产学研工作融合。

三　面临挑战与措施建议

（一）交通领域燃料电池车辆推广难度大

燃料电池汽车存在购置成本高、使用成本高的"两高"问题，造成用户"不愿用"的僵局，导致车辆推广难度大，且山东省未进入"燃料电池汽车示范城市群"，给"氢进万家"工程的车辆推广带来了巨大挑战。

为了加大燃料电池汽车的示范推广规模，需增强国家、省、市级政策支持力度，建议按照均衡和普惠的方式鼓励在全国有条件的地区推广应用，同时给予燃料电池物流车核心城区路权，制定燃料电池车高速通行费用减免或特惠政策。在限行时间段或重污染天气情况下，燃料电池物流车可不受通行限制，在有条件的区域（如获批建设第三批绿色货运配送城市）划定区域给予7.5吨以下燃料电池物流车专有路权，快速拉动氢燃料物流车辆应用规模。

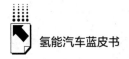

济青高速沿线已建成高速加氢站 2 座、在建 3 座，但由于氢燃料电池汽车通行数量少，加氢站利用率低，资源浪费的同时也降低了企业对氢能产业的信心与积极性。对于高速等新开拓的氢能应用场景，建议给予通行的燃料电池车一定里程和时间段的免费或优惠，办理专用 ETC 用于费用核算。目前重型载货车高速通行费约 2.6 元/km，按照每年营运 300 天，每天 800km 测算，每台车年消耗氢气约 24 吨，高速通行费约 60 万元，每新增 100 台燃料电池重型载货车可以带动包含加氢站、氢气制备和运输等产业链产值近 3 亿元，可有效拉动产业链产值 8 亿~10 亿元。

（二）纯氢/掺氢管网建设管理政策缺失

"氢进万家"示范工程的实施涉及氢能制、储、输、加、用全产业链条，但目前氢能产业扶持与管理政策整体呈散点式，体系性差，尤其是关于纯氢/掺氢等管网输氢的管理办法缺失，增大了示范工程实施推动难度。建议住建和市场监管部门协调推动，制定省级层面的掺氢和纯氢管道建设、验收、抢维修等指导性文件和相关地方标准，同时鼓励示范地市和参研单位依托"氢进万家"示范工程进行纯氢/掺氢管网输送示范先行先试，由项目建设单位组织行业专家评审通过后实施，为相关标准、法规制定积累范例和数据。同时，将《山东省城镇氢气管网工程技术规范》《山东省纯氢压力管道维护和抢修安全技术规则》《山东省城镇纯氢管网设施运行、维护和抢修安全技术规程》《城镇天然气管网掺氢工程技术规范》《城镇天然气管网供应设施适应性评价方法》等标准规范纳入 2023 年/2024 年地方标准制定计划。

（三）省级加氢站管理办法不明确

山东省虽已建成加氢站 30 余座，但加氢站建设立项政策缺乏统一标准，项目审批难的问题亟须解决。为加快氢能基础设施建设进度，建议省级层面出台加氢站建设等相关管理办法，明确加氢站省级主管部门，从省级层面统筹全省加氢站建设和审批，各地市参照执行，同时氢气管理可参照城镇燃气管理条例。如《广东省加快建设燃料电池汽车示范城市群行动计划（2022—

2025 年）》明确加氢站参照城镇燃气加气站管理，不核发加氢站的危化品经营许可证，并由住房城乡建设部门作为加氢站行业主管部门。

四　未来展望

（一）进一步扩大氢能车辆推广范围

按照《山东省氢燃料电池汽车推广应用实施方案》要求，在省、市两级财政支持下，按照"总量控制、突出重点、分类支持、注重绩效"的原则，优先支持划定范围内的 11 地市面向公共交通、环卫园林、城区配送、港口物流、渣土运输、矿山开采等领域开展氢能车辆推广，同时鼓励省内其他 5 市积极支持氢能产业发展。同时配套出台了《山东省氢燃料电池汽车推广应用奖补资金实施细则》，基于财政补贴政策，同步开展加氢站、燃料电池用氢气制备纯化等氢能基础设施建设相关项目支持。

（二）加快燃料电池热电联供场景验证，拓展氢能应用场景

围绕工业园区、高速服务区等场景用能需求，形成场景特点与产品构型相匹配的热电联供解决方案，以高效、稳定运行为目标，聚焦模块化氢能综合供能系统开发，面向潍柴新能源产业园、东岳氢能工业园、山东高速服务区等已确认场景，加快不同功率、不同工况热电联供系统的差异化验证速度，加速燃料电池固定发电产品的迭代升级。

（三）加大"氢进万家"科技示范工程专项推动力度

针对"氢进万家"科技示范工程"一条氢能高速，两个氢能港口，三个科普基地，四个氢能园区，五个氢能社区"总体目标，对于已开展的前两期重点实施专项，各参研单位在总体保基本、局部促增量的原则下，做好项目上下游协同，围绕多途径氢能动力与发电系统开发及应用、管道氢工程方案设计及实施、氢能产业链深度融合与智慧管控，加大研发人员投入，提

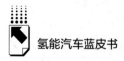

前组织论证并布局验证场景，在科技部、科技厅、示范地市政府等相关政府部门的支持下，保证氢能产业链全链条技术攻关、标准建设与人才培养的平衡发展，努力让可复制、可推广的氢能综合应用"山东模式"早日走出山东。

（四）稳步推进国创中心建设，打造战略科技新力量

结合国创中心筹建方案与目标，依托"氢进万家"科技示范工程研发任务，加强燃料电池共性关键技术、应用开发技术与测试评价技术平台建设，同时以中心使命与定位为核心，向氢能产业链条上下游延伸，全面建设国创中心氢能与燃料电池技术研发与服务咨询能力。

B.19

四川省氢能及燃料电池汽车 产业发展报告（2023）

刘珂 李妍*

摘 要： 四川省积极完善产业发展政策环境，加快布局氢能及燃料电池汽车产业。目前，四川省氢气来源丰富，可再生能源制氢加快推进，氢能产业链上下游基本打通，产业集群建设取得显著成效，形成了一批行业内领先的龙头企业，多项核心技术取得突破，燃料电池汽车示范应用初具规模。着眼于未来，四川省将加大氢能及燃料电池汽车核心技术攻关，进一步完善产业链上下游，构建互联互通的氢能基础设施体系，推动氢能多领域示范应用。

关键词： 氢能 燃料电池汽车 产业链

氢燃料电池汽车是未来汽车产业技术竞争的制高点，被视为新能源汽车发展的终极解决方案，对保障能源安全、优化能源结构、引领产业转型、实现碳达峰碳中和目标有重要作用。近年来，四川省以氢燃料电池研发为突破口，通过汽车示范运行带动氢气制备、储存、运输以及氢能汽车发动机、整车、加氢站基础建设以及关键零部件和相关材料领域的创新发展，发挥示范引领作用，并与重庆携手打造成渝氢走廊，为氢燃料汽车研发成果产业化打下坚实基础，受到国家有关领导、部委、省市及行业广泛关注。

---

* 刘珂，四川省经济和信息化厅；李妍，四川省经济和信息化厅。

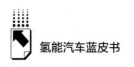
氢能汽车蓝皮书

一 政策体系不断完善

2020年9月至2023年8月，四川省已出台约30项氢能与燃料电池汽车支持政策，覆盖顶层设计、推广应用、研发支持、加氢站建设及运营、补贴政策等各环节，如表1所示。四川省制定发布了《四川省氢能产业发展规划（2021—2025年）》，编制四川省氢能及燃料电池产业链全景图，先后出台支持新能源与智能汽车产业发展若干政策措施、氢能源及智能汽车实施方案等政策文件，并与重庆联合发布《成渝地区双城经济圈汽车产业高质量协同发展实施方案》，共同打造成渝氢走廊。成都、内江、资阳等多地也出台多项配套政策，大力支持氢能与燃料电池汽车产业发展。

表1 四川省燃料电池汽车产业相关支持政策

序号	政策名称	时间	主要内容
1	《中共四川省委关于以实现碳达峰碳中和目标为引领推动绿色低碳优势产业高质量发展的决定》	2021.12.2	积极发展氢能产业，统筹推进氢能安全生产和"制储输用"全链条发展，开展氢能运营试点示范，丰富应用场景，建设全国重要的氢能产业基地，支持成都打造"绿氢之都"、攀枝花打造氢能产业示范城市。合理利用林草、秸秆、垃圾等开发生物质能，有序发展生物质发电。推进地热资源勘探开发，因地制宜开展地热资源综合利用示范。
2	《四川省氢能产业发展规划(2021—2025年)》	2020.9.21	明确示范目标：到2025年，燃料电池汽车应用规模达6000辆，建成多种类型加氢站60座；实现热电联供(含氢能发电和分布式能源)、轨道交通、无人机等领域示范应用，建设氢能分布式能源站和备用电源项目5座，氢储能电站2座。
3	《成渝地区双城经济圈汽车产业高质量协同发展实施方案》	2021.6.25	共同推进氢燃料电池汽车示范运营，明确提出探索开通成渝地区氢燃料电池汽车省(市)际示范线，加快氢燃料电池汽车商业化进程。

序号	政策名称	时间	主要内容
4	《四川省支持新能源与智能汽车产业发展若干政策措施》	2020.10.3	对省内氢燃料电池汽车产业研发项目的开发、推广给予政策指导，并明确具体奖励措施。其中，对省内企业新开发的氢燃料电池汽车产品，满足条件的，按照每个车型100万元给予开发生产企业一次性奖励，单个企业奖励最高不超过500万元。将氢燃料电池产品纳入四川省重大技术装备首台(套)支持范围，根据成套设备和单台设备的单价和实际销售总额按一定比例给予研制单位和用户单位一次性奖励，最高不超过500万元。氢燃料电池企业年供货量首次达到10MW的，给予最高不超过500万元一次性奖励。氢燃料电池企业获得奖励后的下一年度，年供货量同比增长达到20%的，分别给予最高不超过200万元、100万元一次性奖励。
5	《四川省国民经济和社会发展第十四个五年规划和二〇三五年远景目标纲要》	2021.3.16	面向产业技术前沿和新兴市场需求，重点培育氢能及燃料电池等产业，打造一批新兴产业未来增长引擎。
6	《四川省"十四五"能源发展规划》	2022.3.3	以氢能、新型储能为重点，着力推动新兴能源技术装备发展，围绕关键技术、核心材料、装备制造等短板弱项，建立技术研发平台，加大核心技术攻关。对接国家氢能规划，着眼抢占未来产业发展先机，统筹氢能产业布局，推动氢能技术在制备、储运、加注、应用等环节取得突破性进展。支持成都、攀枝花、自贡等氢能示范项目建设，探索氢燃料电池多场景应用。
7	《四川省"十四五"节能减排综合工作方案》	2022.7.21	推动绿色铁路、绿色公路、绿色港口、绿色航道、绿色机场建设，有序推进充换电、加注(气)、加氢、港口机场岸电等基础设施建设。发展氢燃料汽车，构建成渝"氢走廊"。
8	《川渝汽车产业链供应链协同工作方案》	2021.4.20	稳步推进成渝氢走廊建设，实现氢燃料电池汽车产业一体化发展。联合争创国家氢燃料电池汽车示范城市群，稳步推动成渝氢走廊建设，加快加氢站等基础设施建设，打造成渝专线、港口物流等示范应用场景。
9	《关于促进氢能产业高质量发展若干意见实施细则》	2020.7.10	共35条实施细则内容，从氢气制储运加、燃料电池及关键零部件研发、车辆推广应用、加氢站、项目招引、产业集群培育等全方位支持氢能产业发展。

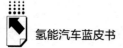

序号	政策名称	时间	主要内容
10	《成都市新能源和智能网联汽车产业发展规划（2023—2030 年）》	2023.6.25	支持氢燃料电池客车、公交车、物流车、专用车、环卫车龙头企业开展示范运营,探索布局氢燃料电池轿车、SUV/MPV 等乘用车项目。打造"12 公里加氢网"。鼓励社会资本参与加氢站建设,探索"氢—油—气"综合能源站、"站内制氢—储氢—加氢"一体化示范站建设新模式,引导现有加油/气站进行改、扩建升级,推动成渝、成德绵、成雅、成自、成南等高速沿线布局加氢站,2025 年累计建成(含改/扩建)加氢站 40 座。
11	《关于成都市促进新能源汽车产业发展的实施意见》	2023.3.8	引导支持整车企业开展纯电、氢燃料电池整车集成技术创新,鼓励引导整车企业与国内国际相关领域优势企业合作研制新能源汽车。全市新增和更新的执法执勤和公务用车,新能源汽车(含插电式混合动力汽车、纯电动汽车、氢燃料电池汽车)有适配车型的全部采购新能源汽车。全市新增和更新的公交车、巡游出租车、网约车、共享汽车、小型自动挡驾考驾培车、环卫车、城市物流配送车原则上全部使用纯电动汽车(或氢燃料电池汽车)。
12	《成都市加氢站建设运营管理办法(试行)》	2021.3.22	《管理办法》共计五章二十五条,明确了加氢站的供应原则、标准规范、建设类型、鼓励方向等。
13	《成都市"十四五"能源发展规划》	2022.5.24	打造中国"绿氢之都",开展规模化富余水电制氢试点,推进彭州电解水绿氢工厂一期、二期项目建设,在郫都、彭州、都江堰等区域试点建设小规模电解水制氢加氢一体站,到 2025 年形成 11 万吨/年的供氢能力。鼓励社会资本参与加氢站建设,力争规划建设(含改建、扩建)40 座加氢站(含具有加氢功能的综合能源站),适当加密示范区加氢站布局,初步建成高效便捷的加氢站服务保障体系。联合区域申报国家氢燃料电池汽车示范城市群,推动成渝、成德绵、成雅、成自、成南等高速沿线布局加氢站,形成以成都为枢纽,辐射川渝地区的绿色"氢走廊"。推动燃料电池汽车在公共交通、城建运输、接驳转运、环卫服务等中远途中重型商用车领域应用。规划建设燃料电池轨道示范线路。发挥产业基础和场景优势,推动氢能在叉车、无人机、应急保供等多领域应用。

续表

序号	政策名称	时间	主要内容
14	《成都市危险化学品建设项目行政审批会商工作制度的通知》	2021.6.17	制氢、加氢站等危险化学品建设项目和在建项目是否落地和实施的具体意见和建议。
15	《攀枝花市氢能产业示范城市发展规划》	2022.6.17	到2025年,攀枝花市氢能发展初具规模,氢能产业链集群初步形成,到2030年核心技术取得阶段性突破,氢能产业成为攀枝花市主要产业之一,产值力争突破300亿元,实现年度碳减排量超过100万吨,将攀枝花打造成"氢能产业示范城市",成为全国氢能产业重要城市。
16	《攀枝花市燃料电池汽车加氢站建设运营管理办法(试行)》	2023.3.29	从规划建设、审批流程、运营管理、企业安全管理、政府监管等五个方面,对加氢站从规划建设到运营管理工作提出了具体要求,明晰了加氢站建设审批过程中各有关部门所承担的职责。
17	《攀枝花市国民经济和社会发展第十四个五年规划和二〇三五年远景目标纲要》	2021.1.23	大力发展氢能源产业,打造绿色经济氢源基地和氢能基础设施、设备及应用示范基地。发展新能源电解水制氢产业,充分利用攀枝花丰富的焦炉煤气等工业副产品制氢。
18	《攀枝花市"十四五"工业发展规划》	2021.11.24	力争到2025年,氢能产业发展取得突破性进展,在公交、物流等领域建成氢能示范应用2个以上,氢燃料电池汽车运行规模达到1000辆,制氢能力达到10000吨以上,产值达到50亿元。
19	《内江市氢能产业发展规划(2021—2025年)》	2022.1.13	到2025年,制取氢气产能达10000吨/年;形成氢气制备和氢能装备制造两个园区;具备氢燃料电池汽车整车(改装车)生产能力;运营氢燃料电池汽车各类车辆累计超100辆;建成加氢综合能源站6座以上;全市氢能产业产值超50亿元。
20	《内江市国民经济和社会发展第十四个五年规划和二〇三五年远景目标纲要》	2021.1.24	抢抓内江纳入全省"成渝氢走廊"重大布局机遇,充分利用工业副产氢和页岩气资源优势,以威远县、市中区为重点,全产业链布局氢能源产业。继续参与国家氢燃料电池汽车示范应用城市(群)申报,积极引进氢燃料电池和氢能源整车生产龙头企业。

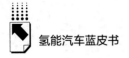
续表

序号	政策名称	时间	主要内容
21	《内江市"十四五"新型基础设施建设规划》	2023. 1. 4	融入成渝地区双城经济圈和内自同城化氢能产业布局,结合内江自身优势,大力发展氢气制备、氢能综合利用、氢燃料电池汽车的关键零部件、原材料及整车制造产业,打造"川南氢港"和贯通成渝"氢走廊"。以"两园、两轴、多点"为氢能产业总体空间布局,充分发挥威远县氢源与应用优势,加快推进实施氢能产业发展战略,重点打造成渝氢走廊沿线,同时发展内江主城区氢燃料电池汽车应用场景,加快形成内江氢能产业生态圈。
21	《内江市"十四五"能源发展规划》	2022. 1. 29	全力争取纳入国家氢能源产业发展示范城市。按照全省关于构建"成渝氢走廊"的规划布局,依托页岩气资源和川威集团年产焦炉煤气 8 亿多立方米、转炉煤气 6 亿多立方米的优势(焦炉煤气含氢 57%),坚持"蓝氢为主、灰氢为辅"的发展路径,启动川威年产 9 万吨焦炉煤气制氢综合利用项目。启动上海汉兴能源页岩气制氢工厂项目,建设成渝地区双城经济圈氢能制备中心。加大应用场景开发,以区域间物流和市域内公交为重点,推行区域重卡物流示范线和公交示范线,并配套完善氢能加注站、专输管网等基础设施。
22	《乐山市氢能产业规划纲要 2021~2025》	2022. 7. 11	到 2025 年,乐山市氢能发展初具规模,氢能产业链集群初步建成,副产氢提纯和电解水制氢总计实现高纯氢气 10 吨/天的产能;氢燃料电池车辆保有量达到 50 辆,开通公交线路 2 条,建成加氢站 2 座;分布式发电系统、备用电源、热电联供系统装机容量达到 5000kW;氢能产业累计总产值达 20 亿元。
23	《德阳市"十四五"制造业高质量发展规划》	2022. 3. 18	培育壮大氢燃料电池产业,积极培育发展氢气循环泵、氢气电控喷射等氢燃料电池汽车关键零部件。

续表

序号	政策名称	时间	主要内容
24	《德阳市"十四五"能源发展规划》	2022.7.7	扩大建设氢能全产业链。着力扩大氢能产业发展，以德阳市工业及科技创新能力为基础，降低氢能生产成本，拓展氢能消费渠道，打造"制造—储存—运输—消费"于一体的氢能源体系。培育形成10家以上具有行业影响力的制氢、储氢、加氢技术装备与工程化应用的重点企业，与成都、重庆等城市形成协同发展效应。初步建立涵盖制氢、储运氢、加氢、氢能利用等领域的氢能产业体系，打造国内一流的氢能产业装备制造基地。配合其他市（州），构建成渝地区双城经济圈内城市加氢网络。
25	《凉山彝族自治州"十四五"氢能产业发展规划》	2022.11.28	到2025年，形成以可再生能源制氢为主体的氢能能源供应体系，构建制氢-运氢-加氢-用氢的完整产业链；培育产业链核心企业3~5家，氢能及其相关企业10家以上。在交通运输领域扩大氢燃料汽车示范线路数量和加氢站示范建设，氢燃料汽车示范投放数量达到一定规模以上，示范性加氢站数量达到5座，氢燃料公交路线实现西昌、德昌、冕宁等县市主要交通路线覆盖，并逐步向旅游车、景区专用车、物流车、叉车、观光车、房车、游船等方面拓展。
26	《凉山州"十四五"工业经济发展规划》	2022.9.22	积极开展氢能综合利用，重点探索富余风、光、水能源制氢产业和储氢、运氢、加氢以及氢燃料汽车等氢能源综合利用的试点，推动建设凉山—雅安—成都绿色氢路。加快地热能、生物质能等可再生能源开发利用，实现水电、风电、光伏发电、生物质能、氢能"五能并举""多能互补"的清洁能源开发利用格局，争取在风光水发电汇集区布局多能互补示范储能电站，积极发展抽水蓄能、电化学储能、氢储能等技术集成应用。

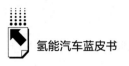
序号	政策名称	时间	主要内容
27	《雅安市"十四五"工业发展规划》	2022.4.19	依托丰富的水电资源和市场需求,着力形成可再生能源发电—电解水制氢、电网灵活调峰电解水制氢的多元化制氢格局;并逐步向制氢装备制造、储存装备制造、氢燃料电池等产业链延伸。大力推动氢能利用示范,分阶段、稳妥有序推进加氢站建设和氢能在公共交通领域的试点示范,积极谋划氢能在工业领域、发电与备用电领域的示范应用场景。加快构建协同高效的氢走廊,打通成渝地区双城经济圈西向通道绿色氢能供应链,着力形成"雅安制氢、成渝应用"的空间格局,力争打造成为全国重要的氢能源全产业基地。
28	《雅州新区发展规划》	2023.2.20	大力布局氢能产业。依托周边丰富的水电资源和市场需求,围绕制氢、氢储存、氢运输、加氢、集成应用等产业链核心环节,全面布局氢能产业,打造绿氢基地。发挥雅安电力优势,重点发展电解水制氢装备、化工副产品纯化制氢装备、可再生能源绿色制氢装备,积极发展高压储氢、低温液态储氢、固态储氢和复合储氢等储氢装备制造,引进和培育氢气控制柜、高压氢燃料加注设备、加氢反应器、加氢设备电磁阀、加氢机配件等制造。大力推进加氢储氢核心部件、运输装置及加氢站等配套设施建设。围绕成渝新能源汽车产业,战略布局氢燃料电池领域,包括电控系统、电堆核心组件等,加强关键技术研发和平台建设,降低成本,提升产业附加值,推动氢能产业与汽车产业、先进材料产业联动发展。

二 示范应用初具规模

示范应用方面,四川是全国第2个、西部第1个开通氢燃料电池公交示范线和氢燃料电池重卡示范线的省份,在西部地区首先建成加氢站。截至2023年8月底,全省已累计推广应用氢燃料电池汽车597辆,建成加氢站

17座。分车型来看，燃料电池客车333辆，燃料电池货车264辆。分地区来看，成都投入运营505辆车，4座加氢站，其中郫都区2座，龙泉2座；攀枝花投入运营22辆车，2座加氢站，其中仁和区和西区各1座；德阳投入运营20辆车，1座加氢站，位于旌阳区；内江投入运营10辆车，2座加氢站，其中市中区和威远县各1座；凉山投入运营10辆车，1座加氢站，位于西昌市；乐山投入运营10辆车，1座加氢站，位于五通桥区；广安投入运营10辆车，1座加氢站，位于官盛新区；雅安投入运营10辆车，1座加氢站，位于雨城区；南充1座加氢站，位于嘉陵区；自贡1座加氢站，位于自流井区；资阳1座加氢站，位于高新区。

四川省燃料电池汽车示范运营形成一定特色。一是国内率先在高原地区投入燃料电池汽车运行。2021年1月，由东方电气集团所属东方电气（成都）氢燃料电池科技有限公司自主研制的全国首批"高原"燃料电池发动机正式交付装车，该批燃料电池发动机是东方氢能为四川省西昌市燃料电池公交示范线"量身定制"的"动力模块"，是国内第一批为高原地区自主研发设计的燃料电池发动机，能够在空气稀薄的高原地区长期稳定运行。二是开展"西部首条氢燃料电池重卡示范线"，由川威集团、亿华通、大运汽车联手打造西部成渝氢走廊中心，投入燃料电池重卡应用于川威集团矿石、矿渣、钢材等原材料运输，2021年建成西部首条氢燃料电池绿色重卡示范线，推广应用7辆氢燃料电池重卡，并配套建成1座日供氢能力500公斤以上的"油电气氢"综合能源站。三是与重庆联合打造成渝氢走廊，围绕成都—重庆主干线，辐射成德眉资、川南及渝西、川东北及渝东北城市群，连接天府新机场、德阳重装基地、自贡国家级骨干冷链物流基地和西南（国际）陆港、重庆九龙坡汽配集散基地、两路寸滩保税港区等支线，形成互联互通的氢能经济网络。计划到2025年，在成渝氢走廊分批投入燃料电池汽车1000辆，建成加氢站60座。2021年11月，互联互通的成渝氢走廊正式启动贯通，现已累计投入运营氢燃料电池汽车825辆，建成加氢站26座。四是建成西南地区首座管道供氢加氢母站。2022年11月马店河加氢站建成投运，氢源取自攀枝花欣宇化工副产氢提纯，通过输氢管道至加氢站，分别经过一

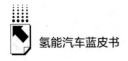

级压缩、二级压缩后储存至储氢瓶组合储氢罐，供槽车外销和氢能公交、氢能重卡使用，日供氢能力达 1 吨，每天可为 50 辆氢燃料电池公交车提供加氢服务，2 辆管束车提供充装，预计全年可实现减排二氧化碳 7200 余吨。

此外，四川还率先开展氢燃料电池的热电联供和储能示范，进一步拓展氢能的应用范围。通过示范应用，四川在氢能领域形成了包括国内首套自主研发 100 千瓦等级氢燃料电池供能系统等一批具有自主知识产权和较强市场竞争力的核心技术和产品，在德阳建成了全国首个氢能综合智慧园区，深入探索氢能与光伏的深度融合，开展可再生能源制氢、高效储氢加氢、园区氢能交通及燃料电池冷热电联供等全产业链的协同示范，助力工业园区绿色低碳发展，荣获国家能源发展年会 2021 年"助力'碳达峰、碳中和'·能源行业年度高效解决方案"。四川作为氢能产业基地、示范应用特色区域和绿氢输出基地的影响力持续增加。

三 产业发展进程加快

（一）氢气来源丰富，可再生能源制氢加快推进

四川氢气来源多样，包括可再生能源制氢、工业副产氢和化石能源制氢等多种制氢途径。其中，可再生能源制氢是制氢发展终极方向。

四川省依托丰富的可再生能源，加快推进可再生能源制氢项目。四川是全国最大的水电开发基地，水电装机超 9200 万千瓦，还有大量风电、光伏发电资源待开发，电解水制氢潜力巨大。中国华能在成都彭州建设的水电解制氢示范项目，采用华能清能院和四川氢能科技公司牵头研制的国际首套 1300Nm³/h 电解水制氢系统，投运后年产高纯度绿氢 1890 吨。该项目入围《中国绿色氢能发展路线图》白皮书，是唯一入围的绿氢提效降本示范项目。

四川省发展工业副产氢和化石能源制氢潜力较大，拥有相关领域规模以上企业 45 家，每年工业副产氢规模超 20 万吨。化石能源制氢方面，可通过

丰富的天然气或页岩气重整制氢。天然气资源储量超 39.5 万亿立方米，页岩气累计探明地质储量约 1.2 万亿立方米，可用于发展无碳排放的等离子体裂解制氢。

（二）产业链条基本打通，核心技术取得突破

四川省现有从事氢能产业的企业及科研院所超 100 家，覆盖氢气制备、储运、加注、燃料电池、整车制造等全产业链主要环节，形成一批龙头企业，多项核心技术取得突破。

1. 燃料电池及关键材料

燃料电池方面，东方电气、荣创新能、成都亿华通等国内领先企业掌握燃料电池全套关键技术并实现 100% 国产化，技术安全可控，材料自主供应，达到国内领先、国际同步水平。

东方电气从 2010 年启动氢燃料电池技术自主研发，累计申报专利 200 余项，建成西南唯一省级"长寿命燃料电池重点实验室"，开发出具有国际先进水平的车用膜电极，形成高效率高功率密度电堆序列，研制成功 40~110kW 等级燃料电池发动机，其产品已配套超过 400 辆燃料电池汽车，配套车辆累计运行 1300 万公里，单车最高运营里程超过 20 万公里，百公里氢耗低至 3.4kg，在同等车型中处于国内领先水平，产品安全性、可控性得到实践验证；此外，还研制了分布式发电装备、千瓦级燃料电池备用电源、兆瓦级氢储能装备等系列产品，广泛应用于华电、南方电网、三峡集团热电联供示范项目。

成都亿华通是一家集氢能与燃料电池研发与产业化的国家级高新技术企业，覆盖制氢、加氢、燃料电池及核心零部件、燃料电池整车集成、燃料电池应用氢能全产业链。目前，公司率先构建起具备自主核心知识产权的涵盖原材料、双极板、MEA、电堆、燃料电池发动机以及控制器、智能 DC/DC、测试设备、测试实验室全套解决方案等在内的纵向一体化产品与服务体系。建立在核心自主知识产权基础上的全新一代氢燃料电池发动机，提前完成国家燃料电池系统技术目标，达到国际先进水平。

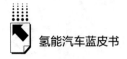

荣创新能致力于大功率燃料电池在轨道交通领域的应用，掌握了氢燃料电池系统集成与控制、混合动力能量管理、燃料电池故障诊断和寿命预测等领域核心技术，产品已在国内首辆氢燃料电池混合动力机车、全球首辆氢能接触网检修车、国内首辆氢能地铁施工作业车、国内首列氢能铰接轻轨车、全球首列时速160公里氢能源全自动市域A型车等重大创新产品上应用。公司拥有西南地区功率最大的氢燃料电池综合实验室，具备百瓦级到兆瓦级燃料电池及混合动力系统测试能力。已建成完整的燃料电池系统生产线，具有年产5000套燃料电池系统的装配生产能力。公司燃料电池动力系统产品已形成系列化，涵盖从30kW至2000kW不同功率等级，可提供轨道交通、公路交通、水运交通和移动发电等多种应用场景的燃料电池动力系统解决方案。

关键材料方面，东材科技质子交换膜和中自环保催化剂产业化进程加快。东材科技已实现对燃料电池关键材料质子交换膜的核心技术研发并建成实验生产线，将在广东投资建设"年产50万平方米质子交换膜项目"，致力于电解水制氢、燃料电池等领域用质子交换膜的研发和制造。中自环保承担的国家重点研发计划"高性能/抗中毒车用燃料电池催化剂的合成技术与批量制备"已完成中试。目前，公司自主开发的量产产品SEC系列催化剂（包括第一代SEC100和第二代SEC200），具有核壳结构的低铂催化剂，在质量活性、耐久性、含铂量、抗中毒能力等核心技术指标方面，业界领先。

2. 燃料电池汽车

整车制造领域，四川省汇聚了南充吉利、四川一汽丰田、成都客车、现代商用车、中植一客等整车企业，氢燃料电池汽车研发生产能力居国内前列。

四川一汽丰田研制的超百辆氢燃料电池柯斯达客车成功服务保障北京冬奥会和冬残奥会，该批车辆采用的是丰田汽车与成都亿华通合作研发的氢燃料电池动力系统，由74kW氢燃料电池和70MPa高压储氢系统组成，可储氢8kg，续航里程可达600公里。

吉利四川商用车研制的12米吉利星际氢燃料电池城市客车80余辆，经过严苛的"三高"验证，成功服务保障北京冬奥会，为在道路坡度大、弯道多、高寒气候的张家口崇礼赛区提供优质服务，确保赛事期间零故障、零抛锚、零投诉。目前，吉利星际客车已在北京、西安、成都、杭州、青岛等近50座城市实现车辆运营，持续获得客户认可。

成都客车自2018年以来就致力于氢燃料电池汽车的研发制造。与东方电气合作研制的氢燃料电池公交车已无故障累计运行1300万公里，单车最高运营里程超过20万公里，系统最高效率达到61%。研制的80辆氢燃料电池大巴为成都大运会提供服务保障。

韩国现代将在四川资阳投资建造燃料电池汽车。2021年2月24日，国内首家外商独资商用车企业现代商用汽车（中国）有限公司宣布将投资22.3亿元改造现有的四川资阳生产线，增加研发、试验、生产和检测等设备设施，使工厂具备燃料电池汽车等车型的生产能力。

3. 制氢、储运氢及加氢设备

东方锅炉建立了全球顶尖的能源装备设计制造基地，具备高强高压储氢容器设备的研发制造能力，产品最大制造压力100MPa，单条生产线产能达到12台/年，具备丰富的工程建设经验，掌握天然气零碳排放等离子体裂解制氢和副产炭黑综合利用技术，可与加氢站、分布式发电等系统耦合；掌握生物质吸附增强式气化制氢技术，可实现生物质的高值化利用；掌握高密度高安全性储运氢技术，研制出多层包扎固定式储氢罐，并承担国家级课题《固态储供氢装置热管理系统设计和加氢站集成技术》。2021年10月22日，东方锅炉研制成功国内首套自主研发100千瓦等级氢燃料电池供能系统。该系统采用撬装设计，将微型甲醇裂解装置与东方氢能燃料电池发电系统集成设计，甲醇裂解产氢规模$30Nm^3/h$，燃料电池供能等级达到100千瓦，发电同时提供生活用热水，有利于实现分布式电源与可再生能源的大规模接入与储存利用，为负荷地区提供可靠的电热供给。

厚普股份已形成高端装备制造、工程设计、燃气运营、物联网、技术服务五大业务板块，是国内清洁能源加注领域的龙头企业，国内氢能加注应用领域的领军企业，国内目前唯一具备加氢站及综合加能站、制加一体站等从场站工程设计、零部件研发生产、成套设备集成、运营到现场安装和服务的EPC总承包商。目前已获得授权专利超500项，参与了20余项国家标准及6项地方标准的起草和编制。公司先后参与了目前全球最大的北京大兴加氢站、北京冬奥会首座加氢站、西南地区首座70MPa加氢站、西北地区首座液驱式氢能加注站及综合加能站、制加一体站等70多个国家级、省级示范项目的建设，在行业中创造了多个第一加氢站引领标杆，填补了多个地区在氢能基础设施领域的空白。公司主要产品包括70MPa加氢机、加氢站（出口型、标准型）、加/卸氢柱，参与建设的加氢站项目成功保障北京冬奥会和冬残奥会，并服务于国内燃料电池汽车示范城市群。其中，公司生产的70MPa加氢机主要由红外通信加氢枪、氢流量计、调节阀、预冷换热器以及新一代智能控制系统等核心部件组成。加氢机通过控制系统实现智能采集车辆信息、一键充装，可更智能、更安全、更可控的给氢燃料车辆快速补给，有效提升充装率，增加续航里程，在业界领先。

四川金星从事天然气的开采、加工、输送、存储以及应用，氢能源装备的设计、制造及销售。公司燃气产业技术研究院是国家认定企业技术中心、四川省"博士后创新实践基地"、"成都市院士（专家）创新工作站"，专职研发人员140余人。2018年2月28日，金星股份承建的四川省及中国西部地区首座加氢站成功揭幕。公司主要产品包括全集成加氢站、加氢站用隔膜式压缩机（具备膜片等易损件使用寿命长，单台设备加气量高达1000kg/天以及采购费用低、场地占用面积小、能耗低、安全性好等优势）、加氢机（具备高性能处理、高精度测量、高安全可靠等优势）。

深冷股份研制的液体空分装置设计和制造能力达到日产量1000吨，同时具备氢液化、氢储运及加注等技术能力，产品技术性能指标在国内处于领先水平，拥有专利授权95项（其中发明专利授权24项，实用新型专利授权62项、软件著作权9项）。目前公司天然气液化装置、空气分离装置、天然气（甲醇）制氢装置、大型低温液体储槽等产品已广泛应用于国内外大型氢能项目，以及钢铁企业和医疗、石化等行业，并参与工业副产氢制取提纯、电解水制氢提纯和加氢站建设等项目运营，以产品能耗低、质量稳定可靠及一站式整体服务解决方案获得了广大用户一致好评。

中材科技研发了国内最大容积 320L 燃料电池氢气瓶，开发取证燃料电池车用及无人机用 35MPa 氢气瓶等 20 余种规格，成功掌握 70MPa 铝内胆碳纤维复合氢气瓶关键技术。中材科技形成成都、苏州、九江三个生产基地，氢气瓶产能 3 万只/年，35MPa 储氢瓶已与陕重汽、江铃重卡、中通、上海申龙、成都客车等企业建立合作，70MPa 燃料电池乘用车车载储氢瓶已与长城汽车、东风乘用车、一汽红旗、一汽大众等企业建立合作。

（三）积极建设氢能产业园，加快打造氢能产业集群

东方氢能产业园，位于成都郫都区，由东方电气集团东方锅炉股份有限公司、东方电气集团国际投资有限公司、东方电气（成都）氢燃料电池科技有限公司共同投资建设，规划占地 87 亩，现已建成一期项目，正加快推进二期项目建设。一体推进氢能产业全产业链发展，构建氢能科技创新中心、生产制造中心、科普中心、大数据中心、应用示范中心"五个中心"。通过引入产业上下游企业，构建燃料电池核心原材料及核心零部件企业集群，覆盖制氢、储运氢、加氢、氢能综合利用全产业链，充分发挥产学研合作、技术渗透、资源集聚、示范带动的作用，打造氢能全产业链生态圈。

西部氢能源产业园，位于成都经开区，由成都交子金控集团与龙泉驿区共同建设运营，现已完成全部主体结构封顶，预计年内竣工验收。项目总建筑面积 41 万平方米，以氢能制储加用企业和氢燃料汽车的电堆系统、整车生产、关键零部件生产为核心，以智能制造、智能网联、电动汽车为重点，致力于打造涵盖科研、成果孵化转化、中试生产、检测测试、规模生产等全产业链的载体空间。

厚普氢能装备产业园，位于成都市新都区，由厚普清洁能源（集团）股份有限公司投资建设，总占地近 500 亩，2022 年 6 月开工，分为四大功能区，包含年产 300 套加氢站智能装备生产基地，氢能关键设备国产化替代自主研发基地，与四川大学合作的低压固态储氢等大规模氢储能

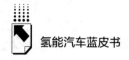

装备基地，将在西南地区打造一个国际领先的氢能装备产业集圈和氢能应用生态圈。

四 未来发展路径基本明确

未来，四川将把氢能及燃料电池汽车作为构建全省"6+1"现代产业体系的抓手之一，坚持以市场化为导向，坚持安全、绿色、经济发展方向，以创新合作为重点，突破关键技术、提升产品性能、扩大示范应用、构建安全标准体系，优化全省氢能及燃料电池汽车产业链。

（一）提升创新研发能力

构建高效协同的多层次创新体系，支持高校、科研院所、企业等加快建设国家级和省级创新研发平台，围绕示范应用实际场景，着力开展基础理论研究和前沿技术研究，在燃料电池系统、电解水制氢、氢能装备关键零部件和高性能燃料电池汽车等领域实现技术突破，在关键零部件和原材料领域实现更多国产化替代，降低全产业链成本。

（二）进一步加大示范应用

支持构建以物流配送、建筑材料运输、港区矿区作业、市政环卫等为主和以公交客运为辅的多种示范应用场景，为新装备、新技术提供示范应用场景，加快产业化进程。与重庆市共同推动成渝"氢走廊"提质扩容，并组建成渝地区双城经济圈燃料电池汽车示范应用城市群，联合申报国家新一批燃料电池汽车示范。通过燃料电池汽车示范应用，逐步带动氢能在交通、工业、发电、储能、健康、旅游等领域的应用。

（三）健全完善产业发展体系

依托东方氢能产业园、西部氢能源产业园、厚普氢能装备产业园等重大项目建设，培育一批国际知名、国内领先的骨干企业，引进一批具有带动作用的头部企业，支持一批发展潜力强的专精特新企业，不断完善产业链，打造氢能装备产业集群和氢能应用生态圈，推动四川氢能及燃料电池汽车产业高质量发展。

（四）加强氢源供应

依托四川丰富的可再生能源，在攀枝花、雅安、凉山等水电、风电、光伏资源丰富的地区开展可再生能源制氢，在成都、内江、乐山、广安等地开展工业副产氢提纯，构建高密度、轻量化、低成本、多元化的氢能储运体系，探索建设制氢加氢一体站、综合能源站、输氢管道等基础设施，降低氢源供应成本。

附表1　四川省重点燃料电池系统、关键零部件、整车企业、高校及科研院所、检测机构、行业协会汇总

序号	产业链环节	企业名称	所在地	主要产品或业务
1		成都亿华通动力科技有限公司	成都市	燃料电池系统、电堆、双极板、膜电极、车载氢系统
2		东方电气（成都）氢燃料电池科技有限公司	成都市	燃料电池系统、电堆、双极板、膜电极、催化剂
3		四川锋源氢能科技有限公司	成都市	燃料电池系统、电堆、双极板、膜电极、催化剂
4		四川荣创新能动力系统有限公司	成都市	燃料电池系统、电堆。氢燃料电池客车、氢燃料电池重载货车、氢燃料电池多功能抑尘车、氢能城际动车组（氢轨城际车组）、氢能源轻轨（氢能源城市有轨电车）、氢轨城市动车（氢能有机电车）
5		大洋电机燃料电池（成都）有限公司	成都市	燃料电池系统
6		成都新研氢能源科技有限公司	成都市	燃料电池系统
7	燃料电池系统及关键零部件	势加透博（成都）科技有限公司	成都市	空气压缩机
8		大洋电机燃料电池（成都）有限公司	成都市	空气压缩机
9		四川九运气浮科技有限公司	德阳市	空气压缩机
10		中自环保科技股份有限公司	成都市	催化剂
11		东方凯特瑞（成都）环保科技有限公司	成都市	催化剂
12		菱辰氢能科技（成都）有限公司	成都市	氢气循环泵
13		中材科技（成都）有限公司	成都市	车载氢系统
14		四川国富氢能源装备有限公司	成都市	车载氢系统
15		厚普清洁能源装备股份有限公司	成都市	加氢机、加氢站（固定或撬装）、控制系统、加/卸氢柱等
16		成都深冷液化设备股份有限公司	成都市	空气分离设备、液氢储运设备等
17		四川金星清洁能源装备股份有限公司	成都市	35MPa加氢站用高压氢气压缩机、加氢机、顺序控制盘
18		四川亚联高科技股份有限公司	成都市	甲醇裂解制氢装置及技术/甲醇裂解制氢；天然气蒸汽转化提氢装置及技术天然气净化及提氢装置、焦炉煤气提氢装置设备；氢气技术、煤制氢装置设备、以煤为原料制取

续表

序号	产业链环节	企业名称	所在地	主要产品或业务
19	燃料电池系统及关键零部件	成都安迪生测量有限公司	成都市	加氢站和加氢枪计量设备
20		四川金星石油化工机械设备有限公司	成都市	空气压缩机及成套设备
21		优捷特清洁能源有限公司	成都市	加氢站设计、开发、制造等
22		成都同创伟业新能源科技有限公司	成都市	清洁能源和气体分离净化领域（氢能）技术；天然气（沼气）SMR法制氢、甲醇裂解制氢技术
23		四川省达科特能源科技股份有限公司	成都市	吸附剂、专用程控阀等，用于氢气制备
24		东方锅炉股份有限公司成都分公司	成都市	高压气瓶、高压储氢罐、加氢站等
25		成都客车股份有限公司	成都市	客车、物流车、专用车
26		中植一客成都汽车有限公司	成都市	客车、物流车、专用车
27		成都广通汽车有限公司	成都市	客车、物流车、专用车
28		成都雅骏新能源汽车科技股份有限公司	成都市	物流车、专用车
29		四川野马汽车股份有限公司	成都市	乘用车、客车、物流车
30		四川一汽丰田汽车有限公司	成都市	商务车、考斯特
31		成都大运汽车集团有限公司	成都市	卡车
32	燃料电池汽车生产企业	中国重汽集团成都王牌商用车有限公司	成都市	卡车
33		一汽解放汽车有限公司成都分公司	成都市	专用车、氢燃料电池洗扫车、氢燃料电池垃圾压缩车
34		四川天路通环保机械制造有限公司	成都市	专用车
35		今创城投（成都）环境工程有限公司	成都市	专用车
36		成都泰坦弘正科技有限公司	成都市	客车
37		一汽（四川）专用汽车有限公司	成都市	客车
38		四川新筑通工汽车有限公司	雅安市	客车、物流车、专用车
39		现代商用汽车（中国）有限公司	资阳市	

续表

序号	产业链环节	企业名称	所在地	主要产品或业务
40	燃料电池汽车生产企业	吉利四川商用车有限公司	南充市	客车、物流车、专用车
41		四川陆缘专用车制造有限公司	内江市	专用车：燃料电池冷藏车、蜀牛牌半挂车（货车）
42		四川渝高（勇图精创）汽车部件有限公司	广安市	专用车
43		四川大学	成都市	金属固态储氢、熔融介质催化热裂解制氢等研究
44		电子科技大学	成都市	有机纳米纤维的超活络储氢研究（用于检测氢气）
45		西南交通大学	成都市	氢能轨道交通研究与产业化
46		清华四川能源互联网研究院	成都市	氢能技术攻关、氢能实验平台体系建设方案、氢能产业技术规划和项目策划等研究
47		西华大学	成都市	燃料电池汽车
48	高校及科研院所	西南石油大学	成都市	天然气制氢、污水电解水制氢、高温固体燃料电池（SOFC）、有机储氢技术研究
49		东方电气中央研究院	成都市	燃料电池、可再生能源制氢
50		大连理工大学成都研究院	成都市	燃料电池电催化领域研究
51		成都氢能产业技术研究院	成都市天府新区	氢能技术攻关、氢能实验平台体系建设方案、氢能标准化测试平台等研究
52		上海交大四川研究院西昌研究所	凉山州	清洁能源研究
53		攀钢集团研究院	攀枝花	"绿氢"生产技术（氢气生产工艺、氢安全传输和使用等关键技术研究）
54		氢阳能源研究院	攀枝花	氢能车、交通用制氢以及分布式能源站等产业化研究
55	检测机构	中国测试技术研究院	成都市	氢能标准、设备检测
56	行业协会	成都市氢能及燃料电池发展促进会	成都市	燃料电池

附表2 四川省氢气制备储运、加氢站建设运营及燃料电池汽车运营企业

序号	产业链环节	企业名称	所在地
1	氢气制备	成都汉尊能源有限公司	成都市
2		四川虹加气体有限公司	成都市
3		四川侨源气体股份有限公司	成都市
4		四川华能氢能科技有限公司	成都市
5		中国石油四川石化有限责任公司	成都市
6		成都艾尔普气体产品有限公司	成都市
7		空气化工产品(彭州)有限公司	成都市
8		国电大渡河流域水电开发有限公司	成都市
9		三峡机电工程技术有限公司	成都市
10		成都玉龙化工有限公司	成都市
11		四川梅塞尔气体有限公司	成都市
12		林德气体(成都)有限公司	成都市
13		玖源化工(集团)有限公司	广安市
14		东方电气(西昌)氢能源有限公司	凉山州
15		东方电气石化氢能(凉山)有限公司	凉山州
16		安思卓雷波科技有限公司	凉山州
17		四川鑫盛源化工有限责任公司	凉山州
18		蓝星(西昌)航天化工有限公司	凉山州
19		四川省川威集团有限公司	内江市
20		攀枝花钢城集团欣宇化工有限公司	攀枝花市
21		四川省能投攀枝花水电开发有限公司	攀枝花市
22		国家电投集团四川电力有限公司凉山分公司	攀枝花市
23		四川美丰化工股份有限公司	德阳市
24		雅安汉宏氢能科技有限公司	雅安市
25	氢气储运	成都欣国立低温科技有限公司	成都市
26		成都科瑞尔低温设备有限公司	成都市
27		东方电气集团东方锅炉股份有限公司成都分公司	成都市
28		昊华化工科技集团股份有限公司	成都市
29		四川和盛源合金材料有限公司	凉山州
30		大有硕能(凉山)实业有限公司	凉山州
31		国机重型装备集团股份有限公司	德阳市

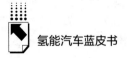

续表

序号	产业链环节	企业名称	所在地
32	加氢站建设与运营	成都国氢华通科技有限公司	成都市
33		中国石油天然气股份有限公司四川销售分公司	成都市
34		四川省能源投资集团有限责任公司	成都市
35		四川省天然气投资有限责任公司	成都市
36		成都厚普氢能科技有限公司	成都市
37		西南化工研究设计院有限公司	成都市
38		东方电气集团东方锅炉股份有限公司成都分公司	成都市
39		东方电气氢能(成都)有限公司	成都市
40		四川省氢捷动能科技有限责任公司	成都市
41		成都蒙济科技有限公司	成都市
42		攀枝花市花城新能源有限公司	攀枝花市
43		四川能投攀枝花氢能有限公司	攀枝花市
44		东方电气(内江)氢能源有限公司	内江市
45		内江能源投资有限公司	内江市
46		东方电气集团东方锅炉股份有限公司	德阳市
47		雅安交建集团资源开发有限责任公司	雅安市
48	燃料电池汽车运营企业	成都中物盛通运输有限公司	成都市
49		成都市龙泉公交营运有限公司	成都市
50		民生物流四川有限公司	成都市
51		成都市郫都区巴士公交有限公司	成都市
52		四川能投宽窄绿色供应链有限公司	成都市
53		四川路威特物流有限公司	成都市
54		青柠物流(成都)有限公司	成都市
55		大河四季(成都)物流科技有限公司	成都市
56		氢装前行供应链管理(成都)有限公司	成都市
57		成都市新都区蓉桂公共交通有限公司	成都市
58		攀钢集团坤流物流公司	攀枝花市
59		攀枝花市公共交通有限责任公司	攀枝花市
60		攀枝花市渡口低碳新能源发展有限责任公司	攀枝花市
61		延边钒钛集团有限公司	攀枝花市
62		德阳裕兴公共交通有限责任公司	德阳市市
63		德阳国信机动车检测有限公司	德阳市
64		四川东方物流有限公司	自贡市
65		内江天辰物流有限公司	内江市
66		西昌月城公交公司	凉山州
67		乐山市福翔运输有限责任公司	乐山市
68		广安弘正能源有限公司	广安市
69		雅安交建集团资源开发有限责任公司	雅安市

国 际 篇

International Report

B.20
国际氢能产业发展对我国的启示

王晓涵 孟子厚 于丹*

摘　要:　氢能是国际社会公认的被誉为 21 世纪最有发展潜力的清洁能源,
正成为新一代能源革命各国竞逐的重要赛道。目前,全球氢能产
业提速发展,世界主要经济体皆欲抢抓氢能先机,采取多方举措
推进氢能产业化发展。本篇聚焦欧盟、美国、日本和韩国等氢能
先行国家近期新发氢能相关政策,其中德国、日本更新其国家氢
能战略,释放其产业化发展步入新阶段信号;美国发布《国家
清洁氢能战略和路线图》,部署其近、中、长期发展的目标和行
动计划;韩国也公布新的氢经济政策方向。同时梳理相关国家在
产业端的重大项目和产业动态,借鉴国际上氢能先行国家的经
验,对我国氢能产业发展提出启示,加强国家层面氢能战略引

* 王晓涵,中汽数据有限公司补能战略室,中级经济师,主要研究方向为国际氢能及燃料电池
汽车市场;孟子厚,中汽数据有限公司补能战略室,工程师,主要研究方向为国际氢能产
业;于丹,中汽数据有限公司清洁能源研究部补能战略室,工程师,主要研究方向为燃料电
池汽车示范应用。

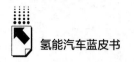
导，提高对氢能产业链关键技术创新攻关的支持力度，开发多元
应用场景，创新示范应用模式，强化国际交流与合作。

关键词： 氢能产业　氢能先行国家政策　氢能产业动态

氢能是国际社会公认的被誉为 21 世纪最有发展潜力的清洁能源。如今
国际能源转型进程持续提速，全球可再生能源领域竞争不断升级，在应对全
球气候变化的大背景下，氢能以其来源广、零碳排、清洁高效、能量密度
高、应用场景丰富等特征成为加速全球碳中和进程的重要基石和新一代能源
革命的重要赛道，进而也成为各国构建"去碳化"能源体系、保障能源安
全的重要支撑以及绿色能源赛场竞逐的必争领域。世界主要经济体皆欲抢抓
氢能发展先机，纷纷制定氢能发展战略、发展路线图，出台发展规划、产业
支持政策等，加速推进氢能的产业化发展。截至 2023 年上半年，全球共有
40 多个国家和地区公布氢能战略。美国、欧盟、日本、韩国作为氢能先发
国家和地区，较早布局氢能领域发展，结合本国资源国情和产业技术条件，
制定多样化的政策措施，将氢能源在国家能源体系的定位逐步确立并优化，
引导氢能产业的健康有序发展。其发展经验对我国加速氢能产业创新发展、
完善产业体系具有重要的借鉴意义。在不断的发展实践中，各国也形成了差
异化的发展模式。

一　政策进展

（一）欧盟——绿色脱碳转型驱动抓手

欧盟及其成员国普遍将氢能看作助力国民经济深度脱碳、实现清洁能源
转型的重要载体，旨在通过大力发展氢能促进 2050 年气候中立型经济目标
达成。为此欧盟制定了全面的氢能源发展战略，并相继发布了针对不同发展

阶段的补贴政策，持续推动氢能技术创新和产业化发展。

为增强欧盟清洁技术的制造能力和可持续性、减少能源进口依赖、保障能源安全、推动欧盟清洁能源转型，2023 年 3 月，欧洲委员会（简称"欧委会"）公布了《净零工业法案》（简称《法案》），《法案》旨在确保 2030 年欧盟本土制造的战略性净零排放技术产能达到欧盟部署总需求的 40%，包括太阳能光伏、风电、热泵和地热能、电解槽和燃料电池、碳捕集和存储、电网技术等 8 项清洁净零技术需求的本土制造比例。其中，电解槽的本土制造能力至少要达到 100 吉瓦（GW）。"欧洲氢银行"（第二节展开介绍）的设立将有助于保障《法案》目标的实现。此外，《法案》还提出简化特定项目许可程序、引入净零监管沙盒、成立净零工业学院、建立净零工业合作伙伴关系促进净零技术的投融资和贸易多样化措施以刺激相关投资及技术创新。

2023 年 3 月德国联邦政府发布了《国家氢能战略 H2.0》（简称新版《战略》），相较 2020 年 6 月发布的初步搭建氢能作为德国低碳转型载体的绿色能源框架的《国家氢能战略》，《国家氢能战略 H2.0》为德国的氢能产业发展制定了更为详细的发展路线图，包括各部门可以享有氢市场平等进入权、加速氢能基础设施网络扩张、对不同形式氢气的支持以及进一步深化国际合作等内容，也制定了包含制、储、运、用和市场的氢产业链的行动框架，有利于德国氢经济的加速发展。

《国家氢能战略 H2.0》指出，2030 年德国氢能的需求总量将扩大至 130 太瓦时（TWh），且有 50% 到 70% 的需求量将来源于进口，因而，德国政府正加紧研制相关氢进口战略。同时，为满足上述需求，新版《战略》还将德国 2030 年绿氢产能目标由 5 吉瓦（GW）（初版《战略》）提高到至少 10 吉瓦（GW），大力提升国内绿氢生产能力。而在基础设施方面，德国也将建设更为高效的氢能基础设施，计划于 2027~2028 年通过新建或者改造的方式，建设约 1800 公里氢能管道网络设施。根据新版《战略》，德国致力于成为"氢技术的主要供应商"。除工业、交通等领域，新版《战略》还指出，将建立补贴计划使绿色氢气成为建筑供热脱碳的一个必然选择。在资

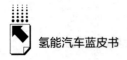

金方面，德国将为其政府全球氢基金 H2Global 提供更多资金，保障短期内国内绿色氢气生产能力提升所需的资金需求。

2023 年 5 月，法国政府公布了《绿色产业法案》（简称《法案》）（草案），根据《法案》，法国政府将重点打造电池、风能、绿氢、热泵和光伏等本土绿色产业，积极吸收这些领域的投资，同时关注新能源产业进程中的碳足迹，据此制定补贴，《法案》指出，政府将给予可再生能源设备、电池、热泵制造商投资额 20%~45% 的税收抵免政策。

（二）美国——战略技术储备全面布局

氢能是美国能源多元化发展战略的重要选择，美国作为全球首先提出"氢经济"概念的国家之一，致力于大力发展氢能并积极开展氢能全产业链布局，以形成战略技术储备。

2023 年 6 月，美国能源部（DOE）发布《国家清洁氢能战略和路线图》（简称新版《氢能战略和路线图》）。继 2002 年发布首个氢能路线图之后，新版《氢能战略和路线图》制定了更具全面性和综合性的清洁氢能国家发展框架。明确美国发展清洁氢能的近、中、长期行动计划，旨在促进清洁氢气的大规模制取、运输、储存和利用，助力实现几乎所有经济部门的脱碳目标。

美国《国家清洁氢能战略和路线图》明确了氢能开发和利用以成为有效脱碳工具的三个关键战略，一是明确清洁氢能的战略性地位及高价值用途。即清洁氢的利用要在战略上集中于提供最大效益，侧重于缺乏替代品的应用场景，尤其针对脱碳顽固的行业，如化工、炼油、钢铁等工业领域、重卡以及清洁电网的长期储能。二是降低清洁氢的成本。加快氢能技术创新，促进私营部门投资，开发可持续和高供应弹性的途径如电解、CCS 热转化或混合生产方式使清洁氢成本得到大幅降低。三是聚焦于建设区域网络。比如打造区域清洁氢能创新中心，催化区域基础设施网络和生态系统，通过区域内供应链上下游集聚效应形成参与各方最大利益，通过枢纽方式开发利用氢能产生区域氢经济。

新版《氢能战略和路线图》还确定了美国发展清洁氢能的近、中、长期行动计划，如图 1 所示。

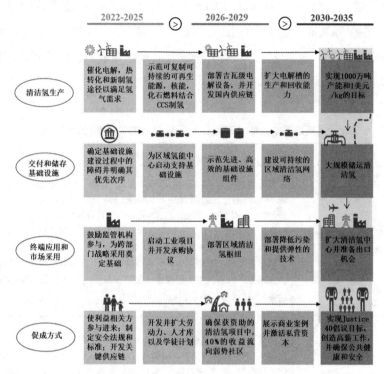

图 1　新版《氢能战略和路线图》近、中、长期行动计划

资料来源：笔者译制。

（三）日本——构建氢能社会，能源安全保障

日本是较早布局氢能发展并发布氢能战略的国家之一，也是全球氢能产业的重要推动者。继 2017 年日本颁布《氢能基本战略》提出 2050 年前日本氢能产业的近、中、长期发展目标后，2023 年 6 月，日本经济产业省（METI）发布修订版《氢能基本战略（草案）》（简称《战略（草案）》），以适应扩张的全球氢能市场，以及日本构建氢能社会的步伐由原来的技术发展阶段迈向商业化阶段。修订版《战略（草案）》基本沿用并进一步强化日本第

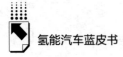

五次及第六次能源基本计划中的"3E+S"能源政策基本方针,明确了三大
主要发展方向:一是打造稳定、价廉、低碳的氢能和氨供应链;二是"氢
能产业战略",旨在提升日本氢能的产业国际竞争力;三是"氢能安全战
略",重在保障氢能源的安全应用(见表1)。修订版《战略(草案)》仍
要促进碳中和目标的实现,并将提升全球氢能产业竞争力、发展海外市场纳
入氢能战略框架。

表1 《氢能基本战略(草案)》三大战略方向主要目标或行动

战略方向	主要目标或行动
"打造稳定、价廉、低碳的氢能和氨供应链"	·保障氢能供应。增设到2040年氢能(含氨)供应量目标为1200万吨/年。与原计划的到2030年供应量(300万吨/年)和到2050年供应量(2000万吨/年)目标组成更为完善的阶段性发展规划。 ·降低供氢成本。致力于将氢能供应成本降低到30日元/立方米(2030年),20日元/立方米(2050年)。 ·转型低碳氢。设定全生命周期碳排放指标:低碳氢的碳强度目标,即从原料生产到氢气生产的碳排放低于 $3.4kgCO_2/kgH_2$,低碳氨(含制氢过程)的碳排放低于 $0.84kgCO_2/kgNH_3$。
"氢能产业战略"	·氢能供应(包括制氢及供应链)。提升电解制氢技术,开发和推广高温蒸汽电解、阴离子交换膜电解等新一代技术。发展高压储氢、液氢、甲基环己烷、氨、管道运氢、储氢合金等技术,和基于液氢、氨的海上船运供应链,到2030年实现海上大型液氢运输船的商业运营。 ·低碳燃烧发电。重点发展更具有本土优势的大型氢/氨燃气轮机技术。 ·燃料电池。关注燃料电池的多样化应用,加速降低成本与燃料电池的商业化,建立面向全球的战略。 ·氢气直接利用。包括在钢铁、化工、氢燃料船舶等领域。 ·氢基化合物使用。包括氨燃料、碳回收产品(如合成甲烷、合成燃料、化学品等)。
"氢能安全战略"	·建立科学数据基础,形成安全的数据获取和共享,制定相关安全标准,构建相关示范试验环境。 ·验证和优化实现氢能社会的阶段性实施规则。研究和制定技术标准,发展和培育符合标准的第三方认证和检验机构。 ·发展适合氢能应用的环境。促进与各方的交流,开发相关技能人员,协调氢能国际安全法规和标准。

资料来源:笔者译制。

修订版《战略（草案）》还指出，未来 15 年将向氢能供应链投入超过 15 万亿日元。推进全国范围内的基础设施发展和推动氢能的广泛应用。未来 10 年建设 3 个大型氢中心、5 个中型氢中心，并在港口地区发展氢能枢纽。在技术创新方面，制氢技术除持续开发高效、低成本的电解制氢技术，也将开发煤气化、甲烷热解制氢等高温制氢技术和光催化制氢；储运技术则开发高效氢气液化装置、储氢合金、低成本氢载体、氨裂解等；开发碳回收产品生产技术，如合成甲烷、合成燃料等。国际合作层面，日本将从战略层面考虑推进氢能标准化工作，也将加强与资源丰富国家的合作，建立国际氢能供应链。未来日本将持续加深氢能的公众普及度，利用 2025 年的大阪-关西世博会宣传日本的氢能技术和愿景。

（四）韩国——提升能源效率，振兴产业经济

韩国将氢能列为"三大战略投资"领域之一（与人工智能和大数据并列）。在氢能发展方面，韩国重视技术创新与研发，在燃料电池技术和电池汽车方面全球领先，通过下游应用反向推动中上游加快创新研发。近年来也在加速政策出台追赶领先国家。

2022 年 11 月，韩国新的氢经济政策方向由韩国总理在第五次氢经济委员会会议上公布，有别于过往政策多侧重于氢燃料电动汽车、发电用燃料电池等局部应用领域，此次提出了促进氢经济发展的新政策，包含"规模发展，即创造发电、运输领域大规模氢需，扩大清洁氢能生态；"基础和制度发展"，建设高水平氢气液化设备和液化加氢站，起草《氢能事业法》，为氢能应用打通流通渠道、打造制度基础；"产业和技术发展"，研发掌握氢能全周期的关键技术。培育世界一流的氢能产业，加大研创支持力度，加强技术创新。

同年 11 月，韩国科学技术信息通信部审议通过《碳中和技术创新战略路线图》，明确提出氢气应用是实现"碳中和"的关键举措。应尽快形成绿氢大规模制取等氢能产业全周期的关键技术。根据路线图，韩国将在国内新设世界最大规模的二氧化碳储存库，以增加氢气供给，并扩大零排放燃料的使用比例。

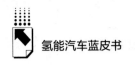

二　产业动态

（一）全球主要国家加快推进以绿氢为核心的氢能产业，电解槽市场布局加大

2022 年 8 月以来，全球多个国家和地区不仅抢抓政策布局，发布或更新了氢能与燃料电池相关战略、规划和路线图，在产业端也在积极推进各大项目和投资保障氢能与燃料电池产业的持续发展。

为整合欧盟现有融资机制，促进和支持欧盟内部可再生氢的生产和吸收以及从国际合作伙伴进口氢，更高效地推动绿氢产业发展，扩大欧洲绿氢产业领先优势。2022 年 9 月，欧盟委员会公布了"欧洲氢银行"（European Hydeogen Bank）计划，将投资 30 亿欧元保障氢能供应，打造氢能未来市场。通过三方面加强融资整合，一是精简现有融资工具；二是协调欧盟成员国现有氢能融资需求，推动建立欧盟统筹、面向成员国的支持机制；三是协调欧盟"全球门户"战略、欧洲投资银行（EIB）及各成员国对外发展融资项目，针对性地支持欧洲企业的域外氢能项目。欧洲氢银行对于实现欧盟净零工业法目标以及到 2050 年实现气候中和目标具有重要的推动作用。

继 2022 年 7 月欧洲委员会批准 54 亿欧元的"IPCEI Hy2Tech"项目后，9 月，欧委会再次批准通过总投资共 52 亿欧元公共资金的"IPCEI Hy2Use"项目。两个项目都是专门用于氢价值链的国家援助项目，与侧重移动领域最终用户的 Hy2Tech 不同之处在于，Hy2Use 重点关注工业领域以及与氢能相关的基础设施建设和应用。Hy2Use 由奥地利、法国、波兰、比利时、西班牙、意大利、丹麦、荷兰、葡萄牙、芬兰、瑞典、希腊、斯洛伐克等 13 个成员国联合开展，成员国将提供 52 亿欧元的公共资金，预计还将吸引额外的 70 亿欧元私人投资，整个项目计划于 2036 年完成。投资资金将主要用于支持建设与氢相关的基础设施（特别是大型电解槽和运输基础设施，各种大型电解槽预计将在 2024~2026 年投入使用），以生产、储存和运输可再生和低碳氢；支持可持续技术开发和创新，实现氢能与工业领域更多行业的耦合发展，尤其是钢铁、水泥和玻璃等脱碳难度较大的行业。

此外，欧盟成员国都在加大对绿氢的关注和投入力度，2023 年 6 月，荷兰政府表示将在 2024 年增加 10 亿欧元财政投入，作为专用于绿氢生产项目的补贴，以促进《巴黎气候协议》中荷兰到 2030 年实现最低 4GW 的电解能力进而形成绿色制氢规模的目标顺利实现。2023 年 5 月，法国政府宣布为现有的氢能发展再提供 1.75 亿欧元（约合 1.88 亿美金）资金，重点用于氢能交通领域基础设施建设，降低绿氢供应成本。

美国在推出《通胀削减法案》和《两党基础设施法》等政策工具，分别通过根据制氢碳排水平不同给予不同税收补贴以及通过财政预算直接补贴氢能产业链各细分环节的基础上，美国政府于 2023 年 7 月投入 10 亿美元为首批大规模生产商提供初始收入，促进清洁氢的需求并补贴绿氢的生产。

（二）欧洲海上制氢、跨境管道输氢领域取得突破

2022 年 9 月，法国绿氢技术供应商 Lhyfe 在法国西部海岸启动全球首个海上绿氢工厂。平台上漂浮的风力涡轮机产生的电力将为试点项目提供电力，每天将生产可再生氢达 400 公斤。

2022 年 12 月，西班牙、葡萄牙与法国政府共同公布将为欧洲提供氢气的 H2Med 能源互联项目，项目将投入约 28 亿欧元用于完成跨境管道兴建计划，该管道每年将由西班牙向法国和葡萄牙输送 200 万吨绿氢，将于 2030 年正式投入使用。2023 年 1 月，德国与挪威签订战略合作协议构建能源合作伙伴关系。双方计划于 2030 年前建造一条海底氢能运输管道，并合作建造氢能发电站。2023 年 5 月，意大利、奥地利、德国宣布合作筹建"南部氢气走廊"，输氢管道预计长 3300 公里，年输氢能力可达 400 万吨，用于将南地中海地区生产的可再生氢运抵欧洲，预计将满足欧盟 2030 年 40% 的氢气进口目标。德国《国家氢能战略 H2.0》也再次指出，2027~2028 年，将初步完成氢能基础设施网络打造，其中包含 1800 公里氢能管道网络设施建设（含新增和改造），并在欧洲增加大约 4500 公里氢气管道，将其建成为欧洲氢能基础设施网络的重要部分。

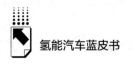
（三）国际车企积极布局，掀起燃料电池汽车发展热潮

截至 2022 年底，日本丰田于 2014 年和 2020 年分别推出的 MIRAI 和 MIRAI 二代全球累计投放量已超 2 万辆。丰田始终重视燃料电池汽车产业发展，积极开展国际合作，2022 年 10 月，丰田燃料电池研发与生产项目（一期）奠基仪式在北京举行，这是丰田在中国导入和推广氢燃料电池技术的重大战略布局，也将助推国内燃料电池推广进程加快。除丰田外，韩国在燃料电池汽车领域的表现也很积极，现代汽车旗下 Nexo 自 2018 年上市至今销量也突破 3 万台，2023 年 6 月，现代汽车集团在中国氢能领域深入布局和发展的重大项目——海外首个氢燃料电池系统研发、生产、销售基地"HTWO 广州"正式竣工并量产和销售，将为中国的氢燃料电池乘用车，以及船舶、发电等领域提供全球领先的氢燃料电池系统，促进以商用车为主的先行示范运营。2023 年 3 月，宝马集团宣布 BMW iX5 Hydrogen 氢燃料电池汽车项目已进入下一阶段，近 100 辆 BMW iX5 Hydrogen 车型即将开展大规模路试。2022 年下半年以来，燃料电池汽车不仅在乘用车成果颇丰，在重卡领域也有诸多进展和喜讯。2022 年 9 月，奔驰携 GenH2 液氢重卡亮相德国汉诺威车展，两个可以放置共 80 公斤液态氢的储氢罐替代了传统油箱，经官方测试，续航里程可达 1000 公里以上。美国尼古拉公司在 2023 年初得到加州物流公司 Biagi Bros 的帮助后，氢燃料电池汽车制造得到很大提升。据悉，上半年总计订购氢燃料电池卡车已达 200 台，将于 9 月开始交付首批产品。

三 对我国氢能发展的启示

为构建清洁低碳、安全高效的能源体系，应对国际气候治理、达成碳达峰碳中和目标，我国也越发重视氢能的发展，陆续出台多项政策措施支持氢能产业的发展与推广应用。但在政策统筹层面起步略迟，对于氢能先行国家和区域的发展经验，可作如下借鉴：

（一）加强顶层战略引导，系统谋划氢能产业发展蓝图

加速国家氢能发展1+N政策体系的出台，系统谋划氢能产业的高质量发展。加快落实我国《氢能产业发展中长期规划》，并细化近、中、长发展路线图，推动实现氢能发展跨部门、跨行业深度融合。避免出现地区间产业协调不足、产业链环节间协同不够问题，自上而下谋划以形成资源充分利用产业发展合力。借鉴先行国家和区域的政策引领产业发展相关经验，也建议充分发挥氢能在能源行业的耦合性，促进氢能与可再生能源及核能等清洁能源协同发展，推进以氢能为基础的能源系统整合战略。也要在战略层面优化部门责任制度，弱化甚至规避"九龙治水"现象对氢能产业发展的掣肘。

（二）加大投入支持力度，推动产业链关键技术创新攻关

首先应在科技、产业等规划布局中加强对氢能技术创新攻关的重视与部署。可借鉴欧盟统筹运用财政补贴、税收和公共投资三大政策工具精准支持氢能全产业链发展的做法，加大我国对氢能领域研发攻关、产业应用的公共投入支持，引导、鼓励各级资本参与技术创新和成果转化，打造国家战略科技储备力量。亦可参考欧美绿色金融和监管沙盒等机制设计经验，优化并丰富我国支持氢能产业发展以及绿色低碳转型的政策工具库。同时应重视氢能全产业链人才培养对于产业发展的重要意义，逐步健全氢能技术人才培养专业学科体系。

（三）开发多元应用场景，创新示范应用模式

发挥氢能的行业耦合性，扩大其在供暖、航空、建筑等领域的应用规模。构建跨区域因地制宜部署产业链和基础设施建设。可在具备成熟条件的部分区域试点将氢气纳入能源类产品管理，让站内制氢逐步走向实际应用。参考国际上区域氢能中心的建设经验，我国应加大力度支持氢能"生产+利用"的跨区域协作，深入开展"西氢东送"。同时开发"氢能+"发展新模式，开展数字化、质量化和氢碳协同机制深入研究，打造产业协同大生态。

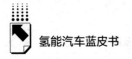
（四）强化国际交流与合作，把握机遇争取国际竞争话语权

全球氢能市场已随技术和产业的迅猛发展加快形成并不断扩张，我国需把握发展机遇，关注氢能国际金融贸易进展，并争取尽快在氢能领域形成自主规则并接轨国际标准。一方面要加强国际贸易往来，不断扩大氢能国际市场份额，充分开发本国市场需求并发力构建亚洲氢能市场，推动我国氢能国际贸易发展。另一方面积极参与国际标准、规则的制定。可通过参与合作试点项目或建立常态化对外技术交流机制提高我国参与国际标准制定的能力和水平。利用我国可再生能源丰富的天然优势，立足"低碳氢"供应，加强技术创新和市场化应用等方面的国际交流与合作，通过参与国际规则的建构在氢能领域发出"中国声音"。

（五）正视与先进国家的竞合博弈，同时重视预警机制的构建

要始终加强与发展先行国家和地区的合作与对话，友好拓展国际合作的广度和深度，力争寻求各方在氢能发展及气候治理方面合作的最大公约数。同时也要持续关注国际地缘政治及全球经贸关系，及时跟踪世界主要经济体的政策及产业动向，科学研判其技术及贸易壁垒，全面评估其对我国产业发展和转型升级的潜在影响，及时有效地构筑预警机制应对来自其他国家的挑战。

Abstract

At present, the profound changes unseen in a century are accelerating, the new round of energy revolution and scientific and technological revolution is in the ascendant, the energy structure of the world is accelerating to green and low-carbon, the global climate governance pattern is taking a new stage, and the energy system and development model are entering a new stage dominated by non-fossil energy. It is urgent for China to make the modern energy industry bigger and stronger, accelerate the planning and construction of a new energy system, enhance the flexibility and resilience of the energy supply chain, and improve the level of security. Hydrogen energy is an important part of the new energy system. The new round of scientific and technological revolution and industrial transformation have formed a historic convergence with the requirements of high-quality China's economic development. Major breakthroughs have been made in the development and utilization of hydrogen energy represented by fuel cells, providing important solutions for zero-emission energy utilization. It is necessary to firmly grasp the development trend and opportunities of global energy reform, accelerate the cultivation and development of hydrogen energy industry, and accelerate the transformation of clean and low-carbon energy in China. Fuel cell vehicles are an important direction for the application of hydrogen energy and an important route for the development of new energy vehicles. The utilization and development of hydrogen fuel cell vehicles meet the requirements of China's energy technology revolution and the transformation and upgrading of the automobile industry. It is an important measure for the energy and transportation industry to accelerate the implementation of the dual-carbon strategic goal and address climate change.

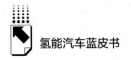

This annual report includes eight parts, including the *General Report*, the *Expert Perspective Report*, the *Industry Report*, the *Policy & Standard Report*, the *Safety Assessment Report*, the *Application Report*, the *Regional Report* and the *International Report*. Research content covers the hydrogen automobile industry chain upstream and downstream each link, research analysis found that the top design of hydrogen industry in China tends to be clear, fuel cell vehicle industry policy process accelerated, urban agglomeration demonstration application policy, the hydrogen in a number of national key industries and support policy, industry depth fusion trend is obvious. Hydrogen fuel cell automobile industry system to improve, automotive fuel cell technology rapid progress, independent controllable fuel cell technology chain and supply chain, multiple hydrogen production system is forming, hydrogenation infrastructure construction rapidly, standards and regulations and test evaluation system, provides a good supporting for hydrogen fuel cell car development environment. Since 2023, the domestic fuel cell vehicle market has maintained a rapid growth momentum under the policy opportunities of dual-carbon and demonstration application, the demonstration scenarios have been expanding, and the application of heavy trucks has attracted wide attention. Remarkable results have been achieved in the demonstration and demonstration of industries in Beijing – Tianjin – Hebei, Shanghai, Guangdong, Hebei and Zhengzhou, and in typical regions of Shandong and Sichuan. At the same time, the hydrogen fuel cell vehicle industry development in China still has some outstanding problems, based on energy management of hydrogen policy system mechanism also need to innovation, support the future commercial application of scale, stable, economic automotive hydrogen supply system construction needs to be perfect, independent controllable key parts and core material technology innovation ability need to be made up the shortcomings, authors increase terminal scenario application enthusiasm also need to strengthen analysis, careful study. It is suggested to continue to strengthen policy support, deeply integrate into the national "two-carbon" policy system, gradually break through the traditional policy constraints, strengthen core technology innovation, create an independent and controllable supply chain, carry out diversified scenario application, and take multiple measures to promote the hydrogen energy and fuel cell vehicle industry to the direction of high-quality development.

With the theme of "*Development of Hydrogen fuel cell Vehicle Industry on the new Journey*", the Blue Book introduces and analyzes the development of hydrogen fuel cell vehicle industry in a comprehensive and systematic way based on the actual development of China's hydrogen energy and fuel cell vehicle industry in China. From the perspective of the audience, let the readers understand the development status and trend of China's hydrogen fuel cell vehicle industry, publicize and popularize the development concept of hydrogen energy and fuel cell vehicles; and objectively evaluate the technology and products of hydrogen fuel cell vehicle from a professional perspective, analyze the problems faced by the industrial development and put forward suggestions and measures. This book will help the government at all levels of energy and automobile industry management department, industry research institutions and research institutes, international institutions and international enterprises, hydrogen and fuel cell related enterprises, vehicle enterprises, investment institutions, the public understand the hydrogen and fuel cell vehicle industry progress, grasp the new dynamic and new situation, for the government to formulate hydrogen and fuel cell vehicles related policies and regulations, energy and automobile related enterprise related strategic planning to provide the necessary reference and reference.

Keywords: Hydrogen Energy; Fuel Cell Vehicles; Industry Development; Demonstration Applications

Contents

I General Report

Abstract: Accelerating the development and application of hydrogen energy, technology, and carrying out the demonstration of fuel cell vehicles are important measures for the energy and automobile industry to implement the strategic goal of "double carbon". Fuel cell vehicles are the first pilot field of hydrogen energy application, which plays an important role in driving the development of hydrogen energy industry. In recent years, the hydrogen and fuel cell vehicle policy environment continues to improve, accelerate the key technology innovation, system, storage, transport, with industrial chain upstream and downstream system, fuel cell vehicle demonstration scale growing, domestic fuel cell vehicle market for rapid growth, but also face policy environment still need to perfect, independent controllable industry system also need to repair board, authors and competitive challenges. This paper as the general report of the book, system research and summarizes the hydrogen and fuel cell vehicle industry progress, put forward "strengthen the top-level design, innovation system and mechanism, guide the local orderly development, strengthen the core technology innovation, expand demonstration application scenario, perfect form a complete set of ecological system" development Suggestions, promote the development of hydrogen fuel cell vehicles with high quality.

Keywords: Hydrogen Energy; Fuel Cell Vehicle; Industry Development; Demonstration Application

Ⅱ   Expert Perspective

Ⅲ   Special Subject

Abstract: With the rapid development of fuel cell vehicle industry, the

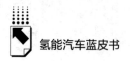

iteration of fuel cell system and reactor independent reactor products has basically realized domestic production. In order to be suitable for the application scenarios of commercial vehicles, it gradually develops to high performance, long life and high power, with remarkable results. However, in the core materials and components of fuel cells, the domestic production has not been fully realized, so it is necessary to accelerate the technological breakthrough and domestic alternative application of key materials and components, so as to promote the development channel of domestic materials and components into a virtuous cycle, and promote the healthy and orderly development of the fuel cell vehicle industry chain.

Keywords: Fuel Cell Vehicle; Fuel Cell System; Key Components

B.4 Current Situation and Prospect of Hydrogen Production Technology in China in 2023 *Yang Zheng, Wen Qian* / 046

Abstract: The main sources of hydrogen production in China are hydrogen production from fossil fuels, industrial by-product hydrogen and hydrogen production from renewable energy. In this paper, it analyzes the technical status, supply and application, competitiveness and development trend of hydrogen production of different technological routes, and proposes the future development trend and development path of low-carbon of energy and chemical industry in China: gradually increase the application proportion of green hydrogen, optimize the process of the industry of green hydrogen decarbonization; improve the policy support system of green hydrogen; promote technological innovation and cost reduction and efficiency increase; accelerate the construction of standard system and certification system. And analyzed the future development prospects, the study found that renewable energy hydrogen production integration project development prospects, good policy, but most of the project is still in the early stage of industrial demonstration, project profit prospects uncertain, different technology relative competitiveness change faster, so also need to focus on industry related technology progress and industrialization development, in the condition of appropriate conditions to promote planning project large-scale landing, promote energy low carbon transformation in our country.

Keywords: Fossil Fuel Hydrogen Production; Industry Byproduct Hydrogen; Renewable Energy Hydrogen Production; Coal To Hydrogen; Green Hydrogen

B.5 Infrastructure Construction and Operation Report of The Hydrogen Refueling Station in 2023

Wang Chao, He Chunhui / 063

Abstract: Hydrogen fuel cell vehicles are an important application field of hydrogen energy industry. Compared with fuel vehicles, it has the advantage of no pollution, which determines the development trend of hydrogen fuel cell vehicles to become the field of energy transportation. As an indispensable infrastructure to promote the development of hydrogen fuel cell vehicle industry, hydrogenation station plays an important role in the development of hydrogen energy industry. This paper combined with the current domestic hydrogenation station construction progress, the domestic hydrogenation station construction trend, analysis and domestic hydrogenation station construction of existing problems and challenges, this paper introduces the domestic hydrogenation station infrastructure construction and operation, finally for the problems existing in the hydrogenation station, from the daily maintenance, perfect standards, technical research Suggestions are put forward.

Keywords: Hydrogenation Station; Fuel Cell Vehicle; Construction and Operation

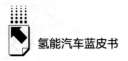

IV   Policy & Standard Reports

B . 6   Policy Trends and Suggestions for China's Hydrogen
Energy and Fuel Cell Vehicle Industry

Wang Jianjian , Li Bingyang , Lv Wang and Wang Pingping ∕ 076

Abstract: Under the guidance and support of national and local policies, China's hydrogen energy and fuel cell vehicle industry is developing rapidly. This paper systematically reviews and studies the industrial policies on hydrogen energy and fuel cell vehicles released from January 2022 to July 2023. Focusing on the systematic analysis and research of the national hydrogen energy planning and related policies, the 14th Five−Year Plan of local provinces and cities, and the special policies of hydrogen energy, fuel cell vehicles and hydrogenation stations. The analysis shows that the whole society continues to pay more attention to the hydrogen energy industry, national and local governments have issued a series of supporting policies, hydrogen energy and fuel cell vehicle industry development policy environment continues to improve. Some localities have carried out innovative exploration and management breakthroughs in policy aspects. Finally, according to the current situation and situation of the policy, the policy suggestions are put forward on "strengthening top-level design, increasing core technology innovation, improving supporting policies, expanding demonstration and application scenarios, and improving the standard evaluation system" and other aspects.

Keywords: Hydrogen Energy; Fuel Cell Vehicle; Industrial Policy; Demonstration Application

B.7 Progressin The Standardization of Fuel Cell Electric

Vehicles in China *Su Zhiyang, Lan Hao and He Yuntang* / 102

Abstract: Standards play a normative and leading role in industrial development. Since 2009, the National Automobile Standardization Technical Committee for Electric Vehicles has issued 15 national and industrial standards for fuel cell vehicles, forming a relatively perfect standard system for fuel cell electric vehicles. With the development of the fuel cell vehicle industry and the improvement of technology, on one hand, the development of new products and new technologies is in urgent need of standards and norms; on the other hand, some contents of the original standards do not conform to the current situation of the industry. This paper mainly introduces the latest progress of Chinese and international standards and regulations for fuel cell electric vehicles. Look forward to the future, in terms of the domestic standards, major efforts include accelerating the promotion of the hydrogenation communication protocol for fuel cell electric vehicles, fuel cell engine fault classification, on-board hydrogen system online monitoring and other in-development standards, and to develop safety requirements for fuel cell electric vehicles, fuel cell engine for humidifier, ejector, conductivity meter and other standard pre-research work. In terms of the coordination of international standards and regulations, China will continue to be deeply involved in the GTR and the relevant standards and regulations of the International Organization for Standardization ISO, vigorously promote the formulation and coordination of international standards and regulations for fuel cell vehicles.

Keywords: Fuel Cell Vehicle; Fuel Cell System; Standard; International Regulations

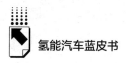
V Assessment Safety Reports

B.8 Inspection and Evaluation of Key Components of
Vehicle Fuel Cells

Hao Dong, Zhang Yanyi, Zhao Xin, Jiao Daokuan and Wang Ruidi / 112

Abstract: Fuel cell is the key carrier to realize the conversion of hydrogen energy into electric energy utilization. After the goal of *Carbon Neutrality and Carbon Peak* was put forward, it has gained new high attention from basic research and industrial application. With the rapid development of fuel cell vehicle industry, the inspection and evaluation technology of key components of fuel cell also tends to be perfect. The performance of the key components of fuel cells has always been the focus of enterprises. This part of the fuel cell vehicle policy first, then analyze the key components of the technology development status and development trend of fuel cells, finally combined with the author of the accumulation of fuel cell key components assessment technology, to include proton exchange membrane, catalyst, carbon paper, membrane electrode fuel cell key components inspection evaluation index system is introduced, in order to provide the necessary evaluation of technical information. To continue to carry out fuel cell key component performance index, safety, durability to carry out the inspect method research and inspect verification work, on the one hand, will form a scientific and perfect key component test method, on the other hand form the key component product advanced evaluation method, common support "award" policy in the evaluation of key components products.

Keywords: Fuel Cell Vehicle; Key Components; Inspection And Evaluation

Contents ◣⟩

B. 9 Safety Statusand Suggestions of Hydrogen

Leakage in Fuel Cell Vehicles

Wang Guiyun, Hu Chenshu and Li Yanpei / 128

Abstract: With the booming development of the hydrogen energy industry, the safety problems caused by hydrogen leakage, combustion and explosion have become increasingly prominent. In this paper, hydrogen leakage safety of fuel cell vehicles is studied from three aspects: hydrogen leakage accident cases, current hydrogen safety standards and hydrogen leakage safety research. On the basis of understanding the characteristics of hydrogen leakage diffusion, the contributing factors, possible causes, losses and equipment of typical hydrogen leakage accidents are analyzed. Research progress and focus of hydrogen safety standards at home and abroad, summary analysis of domestic and foreign research on hydrogen leakage diffusion, spontaneous combustion, jet fire and cloud explosion, etc. , to provide theoretical support for hydrogen leakage safety research of fuel cell vehicles.

Keywords: Fuel Cell Vehicle; Hydrogen Leakage; Hydrogen Safety

B. 10 Fuel Cell Inspection Industry Safety Guarantee

Technology and Development Direction

Duan Zhijie, Sun Hui, Wang Dawei, Shi Zhaohui and Zheng Heting / 141

Abstract: Fuel cell vehicle (FCV), as one of the most promising development directions of new energy vehicles, received widespread attention both at home and abroad. The fuel cell system, as the core component of FCV, has received great attention from hydrogen energy enterprises at this stage, and a lot of costs have been invested in the research and development of fuel cell systems and related accessories. However, due to the complex system structure, involving the high-pressure hydrogen storage system, fuel cell stack system and related valve components, newly developed products need to be tested and verified, check

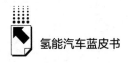

product functional safety, product quality and design reliability. So at the current stage, The fuel cell testing industry is critical to hydrogen fuel cell product development. In view of the fact that product reliability needs verification and confirmation in the research and development stage, abnormal situations are easy to occur in the testing process. Therefore, it is particularly important to establish a risk prevention and guarantee mechanism to ensure the safety of the testing process of the testing industry. This paper will analyze the requirements of relevant safety technical regulations and standards of the fuel cell testing industry, relevant typical risk analysis, safety guarantee technology and safety challenges faced by the industry, and put forward suggestions on safety measures to deal with the guarantee.

Keywords: Fuel Cell Detection; Risk Prevention Mechanism; Process Safety; Safety Challenge

Ⅵ   Application Reports

B.11   Analysis and Outlook of Chinese Fuel Cell Vehicle Market

Ren Haibo, Kong Weifeng and Zhang Xiuli / 163

Abstract: In 2022, China sold 5, 009 fuel cell vehicles, up 164% year on year. From January to July in 2023, China sold 3, 213 fuel cell vehicles, up 98.7% year on year. At present, the structure of fuel cell vehicle models in China is constantly enriched, large and medium-sized buses and heavy trucks account for a high proportion, the main marketing areas are mainly demonstration city clusters, the market competition pattern continues to change, the power of fuel cell vehicle system is increasing year by year, and the fuel cell vehicle market is entering a period of rapid development. With the gradual improvement of the industrial policy system of hydrogen energy and fuel cell vehicles, the continuous improvement of the technical level and economy of fuel cell vehicles, the construction of hydrogen supply system accelerated, and the application scenarios of fuel cell vehicles, China's fuel cell vehicle market will usher in sustained and rapid growth. It is estimated that the sales volume of fuel cell vehicles in China will be about 8, 000 in 2023, and the sales volume of fuel cell vehicles in China will exceed 12, 000 in 2024.

Keywords: Fuel Cell Vehicle Market; Market Influencing Factors; Market Forecast

B. 12　Research on Carbon Emission of The Life Cycle of Hydrogen Fuel Heavy Tractor

Liu Huanran, *Qi Liang*, *Liu Di*, *Chang Wei*,
Kong Xi, *Lu Linfeng and Sun Xiaoxing* / 177

Abstract: This study analyzes the strategic significance of hydrogen fuel cell vehicle to realize the carbon peak and carbon neutrality in the automobile industry and transportation industry from the perspective of the whole life cycle. The results show that the emission reduction potential of diesel, conventional hybrid and heavy natural gas tractors is limited, but with the progress of hydrogen fuel technology and large-scale production, carbon emissions during hydrogen production and storage are effectively controlled, and hydrogen fuel cell has the potential to become a zero-emission vehicle. In the medium and long term, the hydrogen fuel cell path is an effective technical path for the decarbonization of the heavy tractor sector. The relevant administrative departments should strengthen the guidance of policies and regulations on the development of hydrogen fuel heavy tractor, and promote the research and application of hydrogen fuel technology.

Keywords: Carbon Peak Carbon Neutralization; Heavy Tractor; Hydrogen Fuel Cell; Life Cycle Evaluation

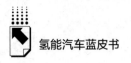
氢能汽车蓝皮书

Ⅶ Regional Reports

B.13 Beijing－Tianjin－Hebei Fuel Cell Vehicle Demonstration
City Agglomeration Development Report (2023)

Wang Shengding , Bai Lu , Chen Ziyi , Li Yilun ,

Xue Qing and Wang Pinxi / 193

Abstract: As a clean and efficient renewable energy, hydrogen energy is an important part of China's future energy system. In order to help realize the strategic goal of "*carbon peak, carbon neutral*" and build a clean, low-carbon, safe and efficient energy system, China attaches great importance to the development of hydrogen energy industry. In August 2021, the Beijing－Tianjin－Hebei fuel cell vehicle demonstration urban agglomeration (hereinafter referred to as the Beijing－Tianjin－Hebei urban agglomeration) officially approved, after two annual demonstration construction, Beijing－Tianjin－Hebei urban agglomeration has preliminary implementation key technology independent innovation breakthrough, high quality industrial cluster preliminary build agglomeration, vehicle scale application demonstration results. From five aspects: key technologies, vehicle promotion, hydrogen energy supply, policy empowerment, and hydrogen energy intelligent platform, this paper focuses on the second year demonstration effect of the Beijing － Tianjin － Hebei urban agglomeration, and proposes the next development suggestions of the Beijing－Tianjin－Hebei urban agglomeration in combination with the key issues identified in the demonstration and promotion process.

Keywords: Beijing－Tianjin－Hebei; Hydrogen Energy Industry; Fuel Cell Vehicle; Hydrogenation Station

Contents ⟵⟩

Abstract: As one of the first fuel cell vehicle demonstration and application city clusters in China, Shanghai city agglomeration takes Shanghai as the leading city, and consists of Suzhou, Nantong, Jiaxing, Zibo, Ordos and Ningdong Chemical Industry Base. Since the launch of the Shanghai Demonstration City cluster, local governments have accelerated the release of relevant supporting policies, actively carried out the demonstration and application of fuel cell vehicles, and strengthened the coordination of application scenarios and accelerated scientific and technological innovation. This paper sorts out the relevant policy support at the provincial and urban level, analyzes the current situation of industrial development in each region in the demonstration city cluster, including vehicle operation, hydrogenation station construction, core technology research, etc. , and finally puts forward the corresponding development suggestions: strengthen hydrogen safety management, improve the safety standards and supervision mechanism of each link of the industrial chain, guarantee funds and policy support; explore the high-speed construction of hydrogen energy and promote the combined development of industry and finance.

Keywords: Hydrogen Energy; Fuel Cell Vehicle; Demonstration City Agglomeration

Abstract: The national fuel cell vehicle demonstration and application urban

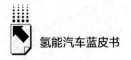

agglomeration has been promoted for more than two years, and the major urban agglomerations have made some achievements in policy system innovation, technology and industrial chain progress, hydrogen source supply guarantee, infrastructure construction and vehicle demonstration and promotion. This paper shares the Guangdong urban agglomeration demonstration of demonstration practice progress, and combining the actual industry, combing the current national fuel cell vehicles demonstration process of low cost, efficient hydrogen supply security problems gradually highlighted, vehicle scale, sustainable promotion of gas synergy "station" common problems, put forward "key through the hydrogen supply security network, optimizing national urban agglomeration daily supervision, assessment and subsidies to carry out the work, focusing on the key core technology innovation, joint market business model to explore" and other related Suggestions, promote fuel cell vehicles to speed up the demonstration application.

Keywords: Fuel Cell Vehicle; Technology Innovation; Industrialization; Demonstration And Promotion; Policy Innovation

B.16　Development Report ofHebei Province Fuel Cell Vehicle Demonstration Urban Agglomeration（2023）

Li Yiping，Zhang Chengbin，Liang Zheng，
Gao Guoqiang，Meng Xiaomin and TongTiantian / 238

Abstract: In 2023, fuel cell vehicle demonstration city in Hebei province into the second appraisal year, under the provincial government attaches great importance to and strongly promote, urban agglomeration construction work steadily orderly, policy environment and industry development has made some new progress, but also appeared the new problems new situation, comprehensive summary work in Hebei urban agglomeration and problems, to the targeted measures for the next step. This paper briefly introduces the construction of policy system of urban agglomeration in Hebei Province, focuses on the latest progress of scientific and technological innovation, industrial chain construction, hydrogen energy supply and demonstration application, and puts forward the next work plan and suggested measures of urban agglomeration in Hebei Province. In terms of vehicle promotion, exploring more high quality scenarios of demonstration and application of fuel cell vehicles, building demonstration lines of hydrogen energy in urban agglomeration, and expanding the right of way of fuel cell vehicles. In terms of hydrogen supply, preferential policy support for green hydrogen, reasonable planning of hydrogenation stations, and promotion of mass production and application of high-pressure gaseous storage and transportation equipment.

Keywords: Hebei Province; Demonstration Urban Agglomeration; Fuel Cell Vehicle; Demonstration Application; Green Hydrogen

B.17 Zhengzhou Fuel Cell Vehicle Demonstration City Agglomeration Development Report (2023)

Yuan Tian, Meng Deshui and Zhang Longhai / 261

Abstract: Zhengzhou city agglomeration seized the major strategic opportunity of national fuel cell vehicle demonstration and application and accelerates the development of fuel cell vehicle demonstration and application. Zhengzhou City agglomeration has issued a series of development plans and supporting policies, and competitive enterprises in each link take the market, strengthen core technology innovation, jointly explore application scenarios, vehicle promotion and hydrogenation infrastructure construction, forming a development mode of open cooperation, reasonable layout and coordinated promotion. In the future, Zhengzhou Fuel cell vehicle Demonstration City cluster will further accelerate the construction of a safe, stable and low-price vehicle hydrogen energy supply system, complete the demonstration application targets and tasks with high quality, build a domestic leading fuel cell vehicle industry cluster, and help establish China's independent and controllable fuel cell vehicle industry

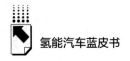

chain.

Keywords：Zhengzhou; Urban Agglomeration; Fuel Cell Vehicle; Hydrogen Energy

B . 18 Development Report of "Hydrogen into Ten Thousand Homes" Science and Technology Demonstration Project of Shandong Province（2023）

Jin Xin, Men Junhui, Zhao Xiaojun, Zhao Qiang,

Zhao Chaoshan and Pan Fengwen ∕ 274

Abstract：In recent years, the Shandong provincial party committee, the provincial government to speed up the hydrogen industry development as advance layout leading industry, seize the new energy technology the commanding heights of the important field, in 2021 with the Ministry of Science and Technology in the "Hydrogen into Ten Thousand Homes" science and technology demonstration project, "Hydrogen into Ten Thousand Homes" science and technology demonstration project is the global hydrogen field coverage is the most complete, the largest comprehensive demonstration project, the hydrogen industry in our country has a significant leading role. Since the launch of the demonstration project, Shandong Province and related cities have issued more than 40 policies and regulations supporting the hydrogen energy industry around the demonstration target, which has played a good role in guiding the smooth implementation of the project. With the support of governments at all levels, industry chain upstream and downstream enterprises to accelerate technical research and product development progress, the key technology gradually achieve breakthrough, hydrogen industry chain, application scenarios gradually widened, built a high speed and port refueling station, high-speed zero carbon service area many hydrogen application infrastructure, formed the hydrogen fuel cell car, hydrogen cogeneration, hydrogen fuel cell passenger ship hydrogen application demonstration results. The report concludes with a summary of the challenges facing the "Hydrogen into Ten Thousand Homes" technology demonstration project and puts forward corresponding measures.

Keywords: Hydrogen Energy; Industry Chain; Hydrogen into Ten Thousand Homes; Shandong Model

B.19 Sichuan Province Hydrogen Energy and Fuel Cell Vehicle Industry Development Report (2023)

Liu Ke, Li Yan / 285

Abstract: Sichuan province actively improves the policy environment for industrial development, and speeds up the layout of hydrogen energy and fuel cell vehicle industry. At present, Sichuan province is rich in hydrogen sources, hydrogen production from renewable energy is accelerated, the upstream and downstream of the hydrogen energy industry chain are basically connected, and the construction of industrial clusters has achieved remarkable results. A number of leading enterprises in the industry have been formed, a number of core technologies have been made, and the demonstration and application of fuel cell vehicles has begun to take shape. Focusing on the future, Sichuan Province will strengthen the core technologies of hydrogen energy and fuel cell vehicles, further improve the upstream and downstream of the industrial chain, build an interconnected hydrogen energy infrastructure system, and promote the demonstration and application of hydrogen energy in various fields.

Keywords: Hydrogen Energy; Fuel Cell Vehicle; Demonstration Application; Industry Chain

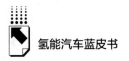
氢能汽车蓝皮书

Ⅷ　International Report

B . 20　The Enlightenmentof International Hydrogen Energy Industry Development to China

Wang Xiaohan, Meng Zihou and Yu Dan / 307

　　Abstract: Hydrogen energy is recognized by the international community as the most potential clean energy in the 21st century, and becoming an important track for the new generation of energy revolution. At present, the global hydrogen energy industry is speeding up, and the world's major economies all want to seize the opportunity of hydrogen energy and take various measures to promote the industrial development of hydrogen energy industry. This paper focuses on the recent development of hydrogen energy policies in the European Union, the United States, Japan and South Korea, in which Germany and Japan update their national hydrogen energy strategies to release the signal that their industrialization development enters a new stage; the United States releases the National Clean Hydrogen Energy Strategy and Roadmap and deploys its goals and action plan, and South Korea also announces the new policy direction of hydrogen economic policies. At the same time combing the relevant countries in the major projects and industry dynamic, draw lessons from the experience of international hydrogen leading countries, the hydrogen industry development in China enlightenment: strengthen the national level hydrogen strategic guidance, improve the support of hydrogen industry chain key technology innovation research, development of multiple application scenarios, innovation demonstration application mode, strengthen the international exchanges and cooperation.

　　Keywords: Hydrogen Energy Industry; Hydrogen Energy First National Policy; Industry Dynamics

社会科学文献出版社

皮 书

智库成果出版与传播平台

❉ 皮书定义 ❉

皮书是对中国与世界发展状况和热点问题进行年度监测，以专业的角度、专家的视野和实证研究方法，针对某一领域或区域现状与发展态势展开分析和预测，具备前沿性、原创性、实证性、连续性、时效性等特点的公开出版物，由一系列权威研究报告组成。

❉ 皮书作者 ❉

皮书系列报告作者以国内外一流研究机构、知名高校等重点智库的研究人员为主，多为相关领域一流专家学者，他们的观点代表了当下学界对中国与世界的现实和未来最高水平的解读与分析。

❉ 皮书荣誉 ❉

皮书作为中国社会科学院基础理论研究与应用对策研究融合发展的代表性成果，不仅是哲学社会科学工作者服务中国特色社会主义现代化建设的重要成果，更是助力中国特色新型智库建设、构建中国特色哲学社会科学"三大体系"的重要平台。皮书系列先后被列入"十二五""十三五""十四五"时期国家重点出版物出版专项规划项目；自2013年起，重点皮书被列入中国社会科学院国家哲学社会科学创新工程项目。

皮书网

（网址：www.pishu.cn）

发布皮书研创资讯，传播皮书精彩内容
引领皮书出版潮流，打造皮书服务平台

栏目设置

◆ **关于皮书**

何谓皮书、皮书分类、皮书大事记、
皮书荣誉、皮书出版第一人、皮书编辑部

◆ **最新资讯**

通知公告、新闻动态、媒体聚焦、
网站专题、视频直播、下载专区

◆ **皮书研创**

皮书规范、皮书出版、
皮书研究、研创团队

◆ **皮书评奖评价**

指标体系、皮书评价、皮书评奖

所获荣誉

◆ 2008年、2011年、2014年，皮书网均
在全国新闻出版业网站荣誉评选中获得
"最具商业价值网站"称号；

◆ 2012年，获得"出版业网站百强"称号。

网库合一

2014年，皮书网与皮书数据库端口合
一，实现资源共享，搭建智库成果融合创
新平台。

皮书网

"皮书说"
微信公众号

权威报告·连续出版·独家资源

皮书数据库
ANNUAL REPORT(YEARBOOK)
DATABASE

分析解读当下中国发展变迁的高端智库平台

所获荣誉

- 2022年，入选技术赋能"新闻+"推荐案例
- 2020年，入选全国新闻出版深度融合发展创新案例
- 2019年，入选国家新闻出版署数字出版精品遴选推荐计划
- 2016年，入选"十三五"国家重点电子出版物出版规划骨干工程
- 2013年，荣获"中国出版政府奖·网络出版物奖"提名奖

皮书数据库

"社科数托邦"
微信公众号

成为用户

　　登录网址www.pishu.com.cn访问皮书数据库网站或下载皮书数据库APP，通过手机号码验证或邮箱验证即可成为皮书数据库用户。

用户福利

- 已注册用户购书后可免费获赠100元皮书数据库充值卡。刮开充值卡涂层获取充值密码，登录并进入"会员中心"—"在线充值"—"充值卡充值"，充值成功即可购买和查看数据库内容。
- 用户福利最终解释权归社会科学文献出版社所有。

数据库服务热线：010-59367265
数据库服务QQ：2475522410
数据库服务邮箱：database@ssap.cn
图书销售热线：010-59367070/7028
图书服务QQ：1265056568
图书服务邮箱：duzhe@ssap.cn

社会科学文献出版社 皮书系列
SOCIAL SCIENCES ACADEMIC PRESS (CHINA)

卡号：236695334852
密码：

S基本子库
UB DATABASE

中国社会发展数据库（下设 12 个专题子库）

紧扣人口、政治、外交、法律、教育、医疗卫生、资源环境等 12 个社会发展领域的前沿和热点，全面整合专业著作、智库报告、学术资讯、调研数据等类型资源，帮助用户追踪中国社会发展动态、研究社会发展战略与政策、了解社会热点问题、分析社会发展趋势。

中国经济发展数据库（下设 12 专题子库）

内容涵盖宏观经济、产业经济、工业经济、农业经济、财政金融、房地产经济、城市经济、商业贸易等 12 个重点经济领域，为把握经济运行态势、洞察经济发展规律、研判经济发展趋势、进行经济调控决策提供参考和依据。

中国行业发展数据库（下设 17 个专题子库）

以中国国民经济行业分类为依据，覆盖金融业、旅游业、交通运输业、能源矿产业、制造业等 100 多个行业，跟踪分析国民经济相关行业市场运行状况和政策导向，汇集行业发展前沿资讯，为投资、从业及各种经济决策提供理论支撑和实践指导。

中国区域发展数据库（下设 4 个专题子库）

对中国特定区域内的经济、社会、文化等领域现状与发展情况进行深度分析和预测，涉及省级行政区、城市群、城市、农村等不同维度，研究层级至县及县以下行政区，为学者研究地方经济社会宏观态势、经验模式、发展案例提供支撑，为地方政府决策提供参考。

中国文化传媒数据库（下设 18 个专题子库）

内容覆盖文化产业、新闻传播、电影娱乐、文学艺术、群众文化、图书情报等 18 个重点研究领域，聚焦文化传媒领域发展前沿、热点话题、行业实践，服务用户的教学科研、文化投资、企业规划等需要。

世界经济与国际关系数据库（下设 6 个专题子库）

整合世界经济、国际政治、世界文化与科技、全球性问题、国际组织与国际法、区域研究 6 大领域研究成果，对世界经济形势、国际形势进行连续性深度分析，对年度热点问题进行专题解读，为研判全球发展趋势提供事实和数据支持。

法律声明